语文名家自选集

怎样教语文

宁鸿彬 著

商务印书馆
创于1897 The Commercial Press

图书在版编目（CIP）数据

怎样教语文 / 宁鸿彬著．—北京：商务印书馆，2020（2023.3 重印）
（语文名家自选集）
ISBN 978-7-100-18020-7

Ⅰ.①怎…　Ⅱ.①宁…　Ⅲ.①语文课—教学研究—中小学　Ⅳ.① G633.302

中国版本图书馆 CIP 数据核字（2019）第 289546 号

语文名家自选集
怎样教语文
宁鸿彬　著

商　务　印　书　馆　出　版
（北京王府井大街 36 号　邮政编码 100710）
商　务　印　书　馆　发　行
北京艺辉伊航图文有限公司印刷
ISBN 978－7－100－18020－7

2020 年 2 月第 1 版　　开本 880×1230　1/32
2023 年 3 月北京第 3 次印刷　　印张 $10\frac{1}{2}$　插页 4

定价：46.00 元

2018 年 5 月，作者应邀在浙江衢州讲学

2017 年，指导入门弟子北京八十中特级教师涂洁

2018 年夏，作者在北京八十中为青年教师讲解卡片辅助教学法

20 世纪 80 年代，作者在北京八十中上课

1987 年，作者出席北京市政协全体会议

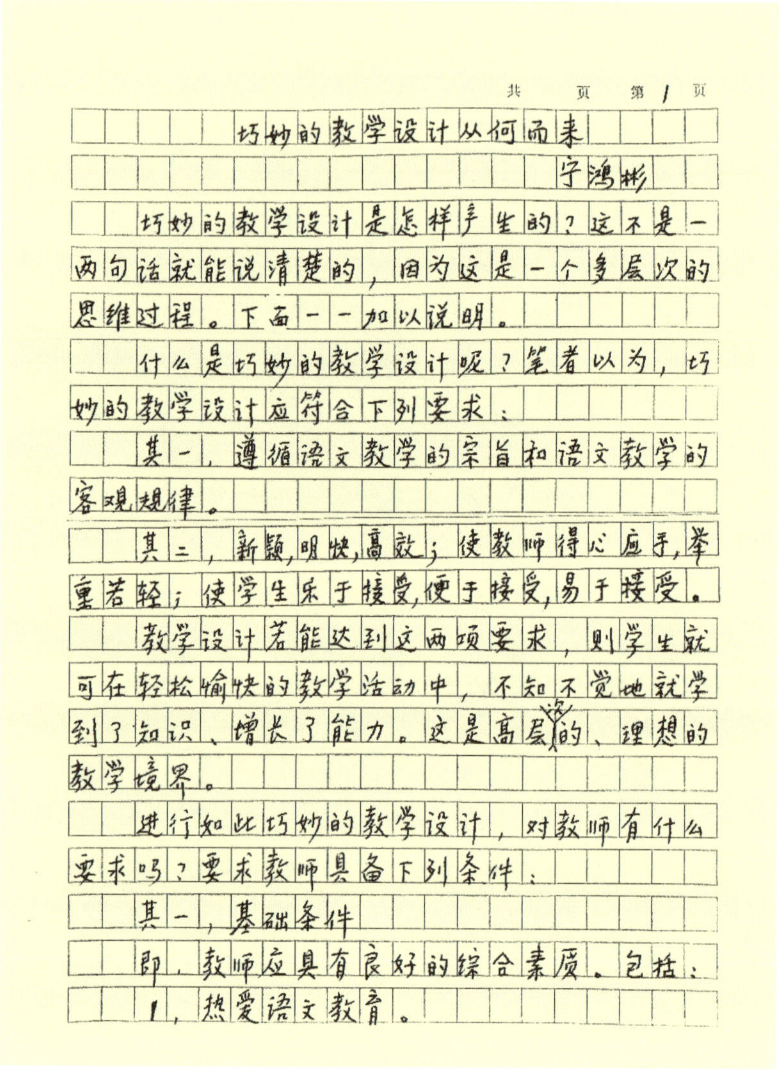

共 页 第1页

巧妙的教学设计从何而来

宁鸿彬

巧妙的教学设计是怎样产生的？这不是一两句话就能说清楚的，因为这是一个多层次的思维过程。下面一一加以说明。

什么是巧妙的教学设计呢？笔者以为，巧妙的教学设计应符合下列要求：

其一，遵循语文教学的宗旨和语文教学的客观规律。

其二，新颖，明快，高效；使教师得心应手，举重若轻；使学生乐于接受，便于接受，易于接受。

教学设计若能达到这两项要求，则学生就可在轻松愉快的教学活动中，不知不觉地就学到了知识，增长了能力。这是高层次的、理想的教学境界。

进行如此巧妙的教学设计，对教师有什么要求吗？要求教师具备下列条件：

其一，基础条件

即，教师应具有良好的综合素质。包括：

1，热爱语文教育。

作者手迹

出版前言

本馆自1897年创立以来，始终肩负中国新教育出版重任，以“昌明教育，开启民智”为宗旨，先后编辑出版中小学各科教科书、教学参考书、工具书、教师用书等，分类编纂，精益求精，深受教育界同人欢迎。

新中国成立后，国家重视发展教育事业。中小学教改实验百花齐放，高等院校教学法、课程论研究百家争鸣，全国各地涌现出许多教学、科研带头人。他们居敬好学，躬身实践，著书立说，逐渐在教学界产生影响，得到认可，成名成家。为了反映和记录当代语文教学研究成果，也为了给青年教师提供可资学习借鉴的参考资料，我们策划了“语文名家自选集”和“语文名师自选集”两套丛书。“名家”因其“自成一家”，“名师”因其“著名”；名家是中老年居多，名师是中青年居多。无论名师名家，抑或年轻年长，这两套丛书关注的主要是在以下几方面有所建树的作者：一、对语文教学的民族性、科学性有自觉认识；二、教学方法或研究方法植根于中国优秀语文教学传统，符合中国语文的特点，既有传承又有创新，能够科学有效地提高学生的语文素养；三、其教研成果具有较为广泛的影响力和积极的指导作用。以作者自选自编为原则，体例形式不拘一格，以呈现个人建树为宗旨。

宋代学者程颢有言："古者自天子达于庶人，必须师友以成就其德业，故舜禹文武之圣，亦皆有所从学。"希望这两套丛书的编辑出版，能够激励广大语文教师读者求其师友，持志问学。欢迎中小学语文教学界的专家、学者、一线教师支持指导我们，共同把这两套丛书出好。

商务印书馆编辑部

2019 年 1 月

目　录

前　言

我热爱教育事业，尤其热爱语文教育，几十年来矢志不渝。

为了实现做一名教师的理想，1952 年，我考入北京师范学校。学校请来为我们做报告的斯霞、陶淑范等全国著名优秀教师，给我树立了榜样。我决心将来一定要成为他们那样的教师。

1955 年，从北京师范学校毕业后我走上了小学的讲台，一年后调到中学任教。作为一名中等师范学校的毕业生，担任中学的语文教师，我深感自己不够资格。有了这点自知之明，我几十年来一直坚持通过各种途径学习与语文教育有关的各种文化科学知识和教学经验。早年，我抄录并学习了一位师范学院毕业生的文学、汉语等学科的笔记；买来《古文观止》等书籍，向一位老教师学习文言文；四处听课，学习优秀教师的教学经验；读了五年北京电视大学中文系的课程。后来，我又自学了多个版本的教育学和心理学，还阅读了语言学、修辞学、逻辑学、思维学、创造学、信息论等方面的书籍。近年来，我又在学习布鲁纳的“发现法”、维果茨基的“最近发展区”等教育理论。通过学习，我的知识储备日渐丰富起来，并将这些知识运用于课堂教学实践。

1978年，我国著名的语言学家吕叔湘先生在《人民日报》发表文章，批评语文教学“少慢差费”。我颇有感触，决心在语文教学改革的道路上奋勇前行。自1978年秋季始，以初中三年为一个周期，我进行了六个周期的教学改革实验，探索语文教学的科学规律，探索高质量、高效率的教学途径。这期间，创建了以不迷信古人、名家和老师，欢迎质疑、欢迎发表不同见解，允许说错做错为标志的宽松的教学环境；探索出了一套减轻学生负担、提高教学效率的教学方法；创始了发展学生创造性思维的一系列教学措施；首创了在语文教学中进行世界观、方法论教育的具体做法，并且以此发表了文章，出版了书籍。

我于1996年退休，虽然离开了讲台，但我一直关注着语文教学，思考着语文教学，只因后来老伴病重，我须护理，参与教学活动甚少。2016年底，老伴已去世两年，我心已平静，便认真仔细地回顾自己几十年的语文教学经历。此时再看当年发表的文章和出版的书籍时，深感教学理念的肤浅与教学手段的不足。因此，有必要把以往没写过的教学观点和教学方法写出来，还要把过去写过但现在自己感觉不满意的文稿重新写出来。之所以这样做，是因为自己作为一名经历了从20世纪50年代到今天语文教学发展变化的老教师，有义务、有责任把自己对语文教学的思考与实践毫无保留地写出来，与广大同行共同探求语文教学的健康发展之路。于是，从2016年底到2018年初，我撰写了21篇有关语文教学理论与实践的文稿，并在《中学语文教学》《语文教学通讯》《中学语文》《新作文》几家刊物陆续发表。现把这21篇文稿和早年发表的4篇课堂教学实录结集成册，由商务印书馆出版，以期与语文教育工作者交流、探讨，并得到广大读者的指正。

宁鸿彬

2018年5月

语文课教什么

语文课教什么？表面看来，这根本不成问题。课本选了什么课文，就教什么课文；课文写了什么内容，就教什么内容，通篇解读，全面理解，学习运用，这还有什么问题吗？可问题恰恰就出在这里。

语文课本，属于文选式教材。为了给学生提供阅读各种文章的范例，课本选用的作品内容极为广泛，涉及文理各个学科。如果语文教师忽视了语文学科自身的个性教学任务，而是课文写了什么内容，就不加分辨地、盲目被动地去教这些内容，于是，教写历史内容的课文，就大讲历史，教写科技内容的课文，就大讲科技，这样的语文课简直就变成了历史课、科技课。这样的语文课，就荒腔走板了，就失去了语文教学的本色，已经不是纯纯正正的语文课了。

再者，为了便于学生理解课文的内容，历史、科技也好，天文、地理也好，于是，有关展示课文具体内容的图表、绘画和音像制品就无限度地使用起来了。这即便是有利于学生理解课文的内容，但毕竟是历史、科技、天文、地理的内容，而不是语文学科的内容。

这也偏离了语文学科的教学任务。

其实，课本中的一篇篇课文，由于内容不同，题材各异，需要教什么和不需要教什么，不可能完全一致。有的课文，要学生读懂，知道讲的是怎么一回事就行了；有的课文，则不但要读懂，而且还要学习其中的某些知识，有的还必须学会。换言之，就是要针对不同课文的不同情况，或者是针对某一篇课文的不同方面，来确定需要教什么和不需要教什么，一定要区别对待。

那么，语文课到底要教什么呢？要解决这个问题，就必须正确地认识和使用语文课本。

一、正确认识语文课本

要正确认识语文课本，就必须搞清楚它的任务、作用。具体地说，就是要分辨清楚语文课本是语文学科的教学目的还是教学手段。

（一）教语文课本不是语文教学的目的

为什么这么说呢？

理由之一：众所周知，语文教学的目的是使“学生正确理解和熟练运用祖国的语言文字”。不管是过去的教学大纲，还是现在的课程标准，从来没有变更这个意思。换句话说，从来没有说过教语文课本是教学目的。

理由之二：语文课本所选课文的内容涉及各个学科，例如《反对党八股》是政治，《廉颇蔺相如列传》是历史，《统筹方法》是数学，《花儿为什么这样红》是生物，如果对这些课文内容通篇解读，深入理解，学习运用，那不就成了政治课、历史课、数学课、生物课了吗？所以，这样进行教学就失去了语文学科的个性特点，就丢掉了语文学科的自身任务，就成了各个学科的大杂烩。因此，教语文课本不是语文教学的目的。

理由之三：除了语文类的课文之外，其他课文都是各个学科的零零散散的知识。像《中国石拱桥》一文，讲了一点建筑的事，但它并不是系统的建筑学知识。这些课文所讲的各个学科的零星内容，人家本学科都有系统的解说，如果这些课文的学科内容是我们语文课的教学目的，那是毫无意义的，是多此一举。

理由之四：课文内容大多不能直接运用。如果教课文是教学目的，那么它的内容是可以直接运用于实际的。像数学、物理、化学等学科就是这样。而语文课本则绝大多数内容都不能直接运用。像《从百草园到三味书屋》《荷塘月色》《鲁提辖拳打镇关西》等，这些课文的内容能够直接用于工业、农业、商业、国防和日常生活吗？当然不能。因为不能直接运用，所以不是教学目的。

理由之五：语文课本编选的课文可以更换。从 1950 年第一套全国统编语文课本问世至今，人民教育出版社已经几次更换版本。每次更换版本，入选课文都有不小的变动。特别是2000年以后，取消了基本课文，后来又允许各省市自编教材，于是现在就有了入选课文截然不同的多套语文课本。如果课文是教学目的，怎能自由选编，换来换去呢？

综上所述，可见教语文课本不是语文学科的教学目的。

（二）教语文课本是语文教学的手段

理由之一：课本是语文教学的凭借。

语文教学要培养学生正确理解和熟练运用祖国语言文字的能

力，而培养这样的能力，从理论上去学习阅读方法的若干条文和写作方法的一系列名称及解释是不行的。学阅读，就要通过对若干读物的阅读实践而学；学写作，学遣词造句、布局谋篇，则需要在一定的语言环境中学。除此是难以学到真本领的。正因为如此，选择若干文质兼美的不同样式的作品结集成册，借助它们学习阅读，学习写作，就成了语文教学的有效抓手。于是就有了一直沿用到现在的文选式语文课本。

新中国第一套语文课本的主编叶圣陶先生说："语文教学不能凭空着手，都得有所凭借，凭借什么？就是课本。""教材无非是例子，凭了这个例子，要使学生能够举一反三，练成阅读和写作的熟练技能。"这不是一般专家、学者说的话，这是语文课本主编说的话。这些话说的是编写语文课本的指导思想和编写意图。这些话具有很高的权威性。目前，我们还是沿用文选式语文课本，所以叶圣陶先生的话仍然具有现实意义。

理由之二：课本的作用是提供范例。

1950 年，国家出版总署在第一套语文课本首页发表编辑大意说："语文课本的作用，在使学生阅读各种文章的范例。"这是国家权威部门正式做出的权威发布。它明确了语文课本的作用就是为语文教学提供范例。

理由之三：编辑课本以表达形式为经纬。

笔者曾应人民教育出版社之邀参与中学语文课本的编辑工作，因而了解课本的编写过程。编写者首先要根据整套课本的编写计划，明确自己编辑的这一年级或这一学期的课本，要落实哪些阅读和写作等方面的知识点，而后去挑选最能典型体现这些知识点的文质兼美的作品，把它们编入课本。可见，语文课本中的课文，是以表达形式为经纬而精心选择的例文。这十分清楚地说明，课文是语文教学的手段。这就和美术学院上课时老师讲解名画一样。以名画为例进行教学，是让学生学习名画的构思和技法，不是让学生去照抄。在这里，名画也是一种教学手段，它和课文的作用是一样的。

基于上述几点，教语文课本是语文教学的手段是明白无误的。

既然教语文课本不是语文学科的教学目的，而是语文学科的教学手段，既然已经对语文课本有了如此正确的认识，那么，师生手持语文课本的语文课该教什么呢？结论是：语文课不是教课文，而是用课文去教，教学生正确理解和熟练运用祖国的语言文字。

二、正确使用语文课本

（一）树立“用课文去教”的理念

怎样用课文去教学生正确理解和熟练运用祖国的语言文字呢？

第一，所谓“用课文去教”，就是以课文为范例教学生阅读和写作。既然课文是范例，就要善于选择并抓住课文中具有典范性又适合学生程度的语言文字运用，以此为落实点去安排教学。不能不管写什么内容的课文，都一律从内容到形式面面俱到地进行教学。

第二，所谓“用课文去教”，就是不管什么样的课文，要教给学生的就是怎样读这样的作品（会读了，读懂了，学生就潜移默化地从中受到了思想教育）和怎样写这样的作品，以及课文中含有的其他语文知识。凡是适合学生程度的，就要想尽办法使学生学会。

第三，写其他学科内容的课文，其专业性内容，无须详加解读，读懂其大意即可。需要教给学生的是解读该文的阅读方法和该文遣词造句、布局谋篇的方法。

（二）把握“用课文去教”的类型

以上是怎样“用课文去教”的几点要领。下面介绍“用课文去教”的几种类型并举例说明。

类型一：用课文教语文知识。

课文中有些语文知识是明显的，有些语文知识是隐含其中的。明显的语文知识，可以直接传授；隐含的语文知识，则需要教师启发引导学生由表及里地逐步理解，进而学习运用。

例如《统筹方法》一文的教学片段：

师：统筹方法是一个很深奥的数学问题，为什么本文这么好懂？

生：课文拿沏茶举例子，这是大家都知道的事情，通俗，易懂。

师：学了这篇课文之后，当你写文章需要举例的时候，你要举什么样的例子呢？

生：举大家都知道的、又通俗又好懂的例子。

师：除了举例之外，还有没有其他的表达方法，也要做到通俗易懂呢？

生：比喻，要用具体的去比喻抽象的。

生：类比，要用浅显通俗的去类比深奥的。

生：比喻和类比都是用大家熟悉的去比大家不熟悉的。

师：你们的看法是对的。既然举例、比喻、类比都有同样的要求，大家能不能从中总结出一点规律来呀？

（师生共同讨论得出结论：解释说明时，要用已知的、通俗的、具体的事物去解说未知的、深奥的、抽象的事物。）

师：这条规律的适用范围很广，希望大家今后写作时，注意学习运用。

就这样，教师凭借这篇课文的实例，从个别到一般，向学生传授了语文知识。

顺便再讲一个另外的例子。有一位青年教师，在教《统筹方法》这篇课文时，在解读完课文之后，让学生说说他的家长做饭的过程符合不符合统筹方法。这位青年教师要学生理论联系实际、学以致用的想法是对的，但是具体的做法偏离了语文教学的轨道。这不是教学生正确理解和熟练运用祖国的语言文字，这样教便是荒腔走板，不是语文课了。

如果要联系实际、学以致用，可以这样做：请学生学习本文通俗举例的表达方法，说一说“团结就是力量”的道理。如果这样做，就是要学生学习语言文字运用，就是语文课了。

类型二：用课文教阅读方法。

要培养学生的阅读能力，教师就要指导学生的阅读实践。指导学生阅读的一种行之有效的方法，就是教给学生适用的阅读方法。因为方法是解决问题的门路。阅读方法的来源不止一处。可来源于有关阅读学的书籍；也可借用其他领域的一些方法，像思维科学中的逆向思维，可借过来改为逆向阅读法；还可以从教师自己阅读实践的心得体会中，总结出既科学又实用的阅读方法，如解说标题阅读法，等等。

例如《孔乙己》一文的教学片段：

师：小说为什么要写丁举人这个人物?

生：丁举人是迫害孔乙己的凶手，不能没有他。

师：说得对。但是仅仅这样认识问题还不够，还要做进一步深入的思考。怎么思考呢？我教大家一种阅读方法，叫比较阅读法。就是对作品中的不同人物、不同事件、不同景物等，把相关的各方放在一起，比较他们的相同之处和不同之处，这样可以得到更多的或是更深刻的认识。下面请大家用比较阅读法研究一下这篇课文中的孔乙己和丁举人最主要的相同点是什么，最主要的不同点是什么。

生：这两个人最主要的相同点是，两个人都是读书人，都想通过科举这条路当官做老爷；他们主要的不同点是，丁举人通过了科考，成了举人老爷，发达了。孔乙己没有通过科考，没有发达起来，成了一个四体不勤、五谷不分的废物。

师：作者把这样的两个人物放在一个作品里，除了故事情节的需要还另有什么用意吗?

（师生共同讨论的结论是：科举制度造就了两种人，一种是像丁举人那样的统治阶级的爪牙，另一种是像孔乙己那样的没能通过科举爬上去，又放不下架子，轻视劳动、轻视劳动人民，无法营生的废物。这就形象生动地揭示了科举制度对人的扭曲。）

师：比较阅读法用途广泛，希望大家今后有意识地学习运用。

类型三：用课文教写作方法。

教学生写作方法，要从提高思想认识、观察生活、积累素材、发展思维、勤于动笔等多方面着手。教给学生遣词造句、布局谋篇的具体方法，便是其中重要的一环。既然课本给学生提供了范例，那么向课本学习写作方法，形象、具体、便捷，这是一条理想的途径。

例如《中国石拱桥》一文的教学梗概：

（1）初读课文，要求学生读课文后在本文的标题前面添加词语。

板书：“______的中国石拱桥”

在几名学生的答案中，其最佳者是：历史悠久、结构坚固、形式优美的中国石拱桥。（此举使学生读懂了包括卢沟桥和赵州桥在内的中国石拱桥的共性特点。）

（2）再读课文，要求学生读课文后给本文添加副标题，其形式是：板书“中国石拱桥的______”，并要求学生运用课文做出解释。

在几名学生的回答中，其最佳看法是：中国石拱桥的两个范例。（这样做使学生读懂了卢沟桥和赵州桥的个性特点以及本文典型举例的表达方法。这样做还为过渡到下一个环节做好了铺垫。）

（3）三读课文，要求学生读课文后说说本文为什么不多不少举了两个例子。

在几名学生的发言中讲得最好的是：中国石拱桥有独拱和联拱两类，课文每类各举一例，赵州桥是独拱的代表，卢沟桥是联拱的代表，所以课文举两个例子就都说明白了。

（4）此后教师说：中国石拱桥是群体事物，学了这篇课文，大家从中学到了哪些说明群体事物的方法呢?

几个学生发言互相补充得出了如下结论:第一,分类说明;第二,一般情况下每类各举一例;第三,举例要典型。

(5)口头作文:我家的笔

类型四:用课文教思维方法。

思想支配行动。发展学生的思维,对于培养他们的阅读能力和写作能力至关重要。因此,在语文课堂教学的过程中,依据理解课文的需要,教给学生某些具有针对性的思维方法,既指导学生解读了课文,又培养了他们的思维能力,可谓一举两得。

例如《谁是最可爱的人》一文的教学片段:

生:课文中有这样一段对话,作者问志愿军战士想不想家,战士说怎么不想,但是我们现在还不能回去,要等到朝鲜都解放了,我戴上一枚朝鲜解放纪念章才能回去。我看到课文的注解里写着志愿军在1953年就回国了,可是,直到现在他们还没有统一。志愿军为什么那时候就回国了呢?

师:回答这个问题有一定难度,但是只要知道应该怎样去思考,问题就不难解决。现在我教给大家这个问题怎样思考,想一想日常生活中有没有这样的事情,有人出去办事,让他办的事情他都办完了,可是那里存在的问题还没有完全彻底解决,他就回来了,而且他这样做,没有错。大家想一想有没有这样的事?

生1:医生出诊,看了病开了药方之后,没有等到病人病好了他就回来了,这没有错。

生2:农民喷洒农药,喷完了,并没有等到病虫害完全消除了以后他就回来了,这也没错。

生3：安全检查也是这样。检查员找出安全隐患，提出了整改要求，并没有等到整改完毕之后，他们就回来了，没有错。

师：医生、农药喷洒员、安全检查员为什么没有错呢？

生4：医生的职责就是看病、开药方，喷洒员的职责就是喷洒农药，安全检查员的职责就是查找隐患、提出意见。他们已经根据自己的职责，完成了交给他们的任务，回来了，所以没错。至于后面的事情，不归他们管，不是他们的职责。

师：说得好！完全正确。那么志愿军归国的事情该怎么看呢？

生5：我认为志愿军归国也是职责的问题。志愿军出国的任务就是抗美援朝，保家卫国，既然已经停战，朝鲜的国土保住了，祖国也安全了，他们已经完成了交给他们的任务，所以回国那就是理所当然的。

师：说得对，很好。我们一起回想一下，为了解答这个问题，我们所采用的思考问题的方法。那就是查找出几件同类的事情，作为比照，进行思考。这种思考问题的方法，叫作类比思考法。希望大家注意学习运用。

以上列举了“用课文去教”的几种类型。文无定法，教亦无定法，不同的课文，要采用不同的教学方法，这里难以尽述。在此介绍几种教学类型，是为了说明用课文去教学生语言文字的运用时，应涉及的几个方面的重要教学内容，以供参考。

以上从认识和实践两个方面做了介绍，简言之就是：语文课教什么？语文课不是教课本，而是用课本去教，教学生正确理解和熟练运用祖国的语言文字。

2016年11月

语文教学中的过程与结果

在语文课堂教学中，不管是理解课文的思想内容还是写作方法，都要经历一个由点到面、由浅入深的认识过程，最后得出正确的结论，即解读结果。那么在课堂教学中，教师应当把精力放在学生的认识过程上，还是放在解读课文的结果上呢？这是影响语文教学质量的一个重要问题，切不可小视。

一、过程比结果重要

就学习知识和本领而言，学习的过程比所得的结果更为重要。这是为什么呢？

理由之一：只学结果，学无所得。

当年有一些外国人对中国北方的元宵很感兴趣，就想自己学会制作。他们买来元宵仔细研究，可就是不知道那个馅儿是怎么进到元宵里面去的。有人还拿来放大镜认真观察，也没有明白其所以然。他们想学会自己做，却无从下手。后来，有人带着他们到摇元宵的现场去学习，当他们清楚地看到，那糯米粉是怎样一层层裹到了馅料上最后成为元宵的过程以后，就知道该怎样制作了。是学习制作元宵的过程使他们学有所得；而只学习结果——元宵，则学无所得。

再者，商场里摆放的服装鞋帽、家用电器等，都是制作出来的结果，人们看一看这些物品，回去就能自己制作出来吗？当然不能。

这都说明：只学结果，是学不到知识和本领的。

理由之二：过程决定结果。

有什么样的过程，就会有什么样的结果。错误的过程，就会得出错误的结果；科学的过程、高水平的过程，才会得出科学的、高水平的结果。

比如饭店里厨师做的菜，比一般家庭做的菜好吃；星级饭店的高级厨师，又比一般饭店厨师做的菜好吃；而那些百年老店的特级厨师所做的菜，更是与众不同的珍品。这是为什么呢？因为一般家庭、普通厨师、高级厨师、特级厨师做菜的过程是不一样的。那些高级别的厨师，用料的比例，下料的程序、火候的掌握，都有各自的独门技艺，所以做菜的过程不同，味道也就不同。

通过这个事例，可见过程决定着结果。

美国教育家布鲁纳说过："所谓知识，不是结果，而是过程。"

理由之三：参与过程，就有收获。

学习是个渐进的过程。知识和能力都是从无到有，从少到多，由浅而深，是逐步完善的，是在学习过程中逐步积累起来的。所以，学生参与了教师安排的教学过程，就有不同程度的收获。

学生参与课堂教学过程，情况会各有不同。

第一种情况，就是发表的见解完全错误。这很正常，特别是在刚开始参与的时候。这就好比学游泳，下到水里的动作全不对，虽然离会游泳还相差很远，但是这比一直站在岸上不敢下水就是进了一大步。

第二种情况，发表的见解部分正确，当然结果不正确。这是学习向前迈进过程中可能出现的一个阶段，也很正常。这就像学游泳已经能够漂起来但还不能向前移动一样，这比只能站在水里又前进了一步。

有这样一个教学实例，是一次课堂上对对联的练习。教师出的上联是“孙行者”，第一个学生对的是“康有为”。教师说对得不错，“孙”和“康”都是姓氏，“行”和“有”都是动词，“者”和“为”都是文言虚词，都对的上，只是在对仗上还不够严谨。后面的几个学生接连对出的下联是“谢觉哉”“于是之”“陈立夫”。学生再也想不出既是人名又对仗严谨的下联时，教师告诉大家这副对联原来的下联是“祖冲之”，并指出以“祖”对“孙”才为严谨。

从这个教学实例可以看出，学生所对的下联，虽然不是最佳答案，但他们在这个过程中得到了锻炼，有了收获。

第三种情况，发表的见解完全正确，其收获不言而喻。

以上三种情况说明，要放手让学生去参与课堂教学过程，无论他们表现如何，只要去参与，就会有收获。

理由之四：学生参与过程，利于因材施教。

尽管教师努力了解学生的思想认识和知识、能力等方面的状况，但要想完全彻底地掌握，却是不可能的。而学生思路的不畅、理解的偏差、操作的错误等，只有在参与教学活动的过程中才会暴露出来。这就给教师提供了针对学生的问题给予具体指导的机会。这样因材施教，切合学生的实际，教学效果显著。

有一次教师讲《太阳的光辉》这篇课文。课文的大意是：太阳上有黑点，但它无损于太阳的光辉。我们的党有缺点、有错误，但我们有自我批评的武器，缺点和错误可以改正。这就像太阳的光辉一样，那些缺点、错误也无损于我们党的光荣、伟大。

一名学生认为，这篇课文的比喻不恰当。因为太阳黑子是长期存在的，是永远也抹不掉的；而我们党的缺点、错误，是可以改正的，一改就没有了。这和太阳黑子是不一样的，所以这个比喻不恰当。

学生的这个问题是教师没有预料到的，这就是所谓课堂教学中的学生的非预期性表现。信息论认为，这种学生的非预期性表现，是教师施教的反馈信息；而这反馈信息的作用，就是告诉教师怎样调整自己的教学，才符合学生的实际。

教师意识到这个学生之所以产生这样的问题，是他对比喻这种修辞方法的理解有误，于是做了针对性的讲解，这里不再赘述。

如果不是这名学生提出疑问，教师尚不知晓学生对比喻这个常用的修辞方法理解有误，更谈不上因材施教了。可见，鼓励学生积极地参与到教学过程中来，对于有效地提升学生的语文素养十分重要。

毋庸多论，以上几点足以说明：过程比结果重要。

二、注重过程，扎实施教

既然过程比结果重要，既然学生思想认识的状况和知识能力的状况都会在教学过程中展现出来，这就为教师有针对性地、切合实际地指导学生提供了依据。因此，在课堂教学中，一定要把精力用于过程，扎扎实实地进行教学。

怎样注重过程扎实施教呢？

1. 营造宽松和谐的教学环境

若想学生在教学过程中乐于参与，勇于发表见解，就要营造一个宽松和谐的教学环境。如果教师总是板着面孔，并一再否定学生甚至批评学生，那么学生即使想到了，也不敢说，甚至连想都不去想了。

如何营造宽松和谐的教学环境？教学实践证明，提倡学生不迷信古人，不迷信名家，不迷信老师；欢迎学生质疑，欢迎学生发表不同见解；允许学生说错做错，这些做法都是行之有效的。例如《分马》教学片段：

生：我认为“分马”这个标题不恰当。

师：说说看，怎么不恰当？

生：课文中除了分马以外，还分了牛、骡子、驴。明明分了好几种，标题只说了分马这一种，没有概括性。

师：按你的意思，怎样修改才好呢？

生：分牲口。

师：噢！有道理。你拟的标题有道理，课文的原标题也有道理。因为所分的牲口大多数是马，就以马为代表拟了标题。这是一种拟标题的方法，没有错。既然没错，也就不用修改了。这篇课文，是著名作家周立波的作品，你敢于向名家挑战，值得表扬。

生：老师，您错了。请看注解①。

师：你说得对，是我错了。本文标题是编者加的。你不是向周立波挑战，是向人民教育出版社的编辑挑战，而且还向我挑战。你不迷信课本、也不迷信老师，这种实事求是的态度，确实值得表扬。

这一教学片段充满了教学民主、宽松和谐的教学氛围。

2. 安排学生多参与教学过程

这里说的“多”，是指在教学过程中，要根据解读课文的需要，设计多样化的问题，以吸引多名学生参与研讨。如果有的学生较早地发表了正确的见解，教师可不露声色让学生继续发表看法。这是为了了解学生有多少种思路，有多少种见解；同时，也是为了让更多学生参与到这个过程中来，得到锻炼。在学生发表看法时，教师要留意学生看法的对与错，偏与全，深与浅，以便有针对性地给予指导。

3. 在教学过程中指导学生

学生参与到教学过程之中，会发表各自的看法，而这些看法未必都是正确的。教师不要把注意力集中在等待正确答案上，而要聚精会神关注那些片面的、肤浅的、错误的看法；不但要留意学生可预期的表现，更要留意学生非预期的表现，从而针对学生的具体问题，给予切切实实的指导。这是提高学生语文素养的重要时机，切不可忽视。

下面介绍几种常见的指导方法。

方法一，刊误解正。

刊误，即指导学生纠正错误的见解；解正，即请见解正确的学生解释如此见解的由来，借此指导全班学生。

例如教师请学生解释“诚然”的意思：

生：诚然，意思是诚实的样子。

师：这样解释有什么根据吗？

生：您以前教给过我们，遇到一个词不懂时，可以用分析词素的办法。这个词我就分析词素了，“诚”的意思是诚实，“然”的意思是样子，合起来就是诚实的样子。

师：“然”的意思是样子，你是怎么知道的呢？

生：我记得学过一篇课文叫《黔之驴》，里面有一句是“慭慭然，莫相知”。当时您给我们讲的，“然”的意思是样子。

师：你学到的知识牢记不忘，你学到的方法能够运用，非常好！应该表扬！可是，“诚然”这词你没有解释对。这是因为你忽略了汉语词汇一词多用的特点。就是一个汉语的词，可以表达几个不同的意思。它表达的是哪个意思，看看它的上下文就可以判断出来。刚才，你如果把你想好的对“诚然”的解释，放回课文原处，结合上下文一看，你就知道对不对了。明白了吗？

从这个教学片段可以看出，第一，学生的解释是非预期的，是错误的。教师并没有简单否定了事，而是追根寻源弄清楚学生如此解释的由来。这就为后面要做的指导找到了目标。第二，学生回答错误，教师还是从和他的对话中发现了他的两个可取之处，进而表扬了他。这就保护了学生参与教学过程的积极性。第三，教师所做的有针对性的指导，既是指导该生也是指导全班学生。教师注重过程，抓住学生这一非预期性的表现，获得了一次教学计划之外的具有实用性的指导机会。

以上说的是“刊误”，下面说说“解正”。

做事，必先思考怎样去做。思考得周全，才会做得圆满。因此，教给学生遇事思考什么和怎么思考是十分必要的。而安排在教学过程中见解正确的学生讲一讲自己的思考过程，这种贴近学生实际的现身说法，学生更容易接受。

例如教师请学生解释《“友邦惊诧”论》这个标题的意思：

生1：就是说说友邦惊诧的事。

生2：就是对假友好国家、假装吃惊奇怪，进行评论。

师：解释得完全正确。你能不能说说你是怎么思考的，是怎样明白应该这样解释的。

生2：友邦就是友好国家，加了引号，说明这是假的友好国家。惊诧就是吃惊奇怪，惊诧也在引号之内，说明不是真惊诧，是装出来的假惊诧。看了前四个字，便知“论”就是评论此事。而后，再想一想课文的内容，也就证实了我的看法。

师：你的思路很清楚，也很合理。第一步是考虑词语本身的意思，第二步是考虑加引号以后的意思，第三步是根据前面四个字已经确定的意思，来考虑“论”的意思，第四步是用课文的内容检验自己的看法是否正确。这样思考问题是很周密的。

方法二，传授方法。

需要教给学生的方法很多，诸如阅读方法、写作方法、思维方法、运用知识解决问题的方法、使用工具书的方法、查阅资料的方法、积累资料的方法、做笔记的方法等等。在学生参与教学过程之中，在他们最需要的时候，把有关的方法教给他们，效果最好。

例如《七根火柴》教学片段：

师：大家先读一下课文，然后说说课文前三段的景物描写有什么作用。

生1：说明草地气候恶劣，风雨莫测。

（无人发言）

师：大家是不是解读不出其他的作用了？其实这三段景物描写，不仅表明气候恶劣，而且另有用意。现在我就告诉大家怎样解读这三段的作用。有一种阅读方法叫作"递进式追问阅读法"，就是从作品的文字表述开始，提出问题，解答后再步步追问，层层递进，直到得出切合文义的结果为止。下面我就带着大家用这个方法来解读本文景物描写的作用。

答案是：说明草地气候恶劣，风雨莫测。大家追问一下，写草地气候恶劣、风雨莫测和红军长征有什么关系呢？大家想想。

生2：说明红军行军打仗都很困难。

师：气候恶劣，风雨莫测给红军行军打仗造成了哪些困难呢？

生3：穿湿衣服，盖湿被子，睡湿地方，没法做饭，生病。

师：怎样才能克服这些困难呢？

生4：火。有了火这些困难就都解决了。

生5：我明白了。前三段写这里气候恶劣，风雨莫测，说明红军这时候非常需要火。这就说明无名战士保存并且贡献出来的那七根干燥的火柴意义重大。

师：说得对。这就是前三段景物描写的作用。我们刚才采用了"递进式追问阅读法"获得了正确的认识。希望大家学会运用这种方法。

方法三，指引思路。

在解读课文的过程中，有时学生怎么也不能解决问题。这或是因为他们的思路没有打开，不知道从哪个角度去思考，或是不知道朝哪个方向去思考。这时，就需要教师为学生指引思路，打开他们思维的闸门。

例如《伊索寓言二则》教学片段：

师：我们已经学习了这两则寓言，请大家再读读课文，然后总结一下寓言的特点。

生 1：通过生动的小故事教育人。

生 2：经常采用拟人的写作方法。

生 3：故事大多是虚构的。

师：说得都对。还有一些重要的特点没有说到，大家再想想。

（没有人发言）

师：大家可以这样思考：在寓言本身再也没有新的见解的情况下，找个参照物比较一下，看看有没有新的见解。与寓言相近的文体就是童话，那就把寓言和童话比较一下，从比较中找出寓言的特点。

（师生共同讨论得出了结论。寓言的特点是：故事短小，事理育人，小中见大，篇末言明。）

师：看来用参照物做比较的方法，还是行之有效的。大家要掌握这种方法。

方法四，范例启发。

在学生参与解读课文或课堂练习时，当他们苦于打不开思路、想不出办法的时候，给学生提供一个与要解决的问题相类似的成功之举作为范例，启发一下学生，会起到良好的作用。

例如一次课堂上口头作文的题目是“水火交融”，一下就把学生给难住了。大家沉默不语。为了启发学生，教师读了上届学生的一篇类似这个题目的口头作文《冷的火》节选：

师（读）：火是热的。这是大家都知道的事实。那熊熊燃烧的烈火，可以取暖，可以驱寒，可以把凉水烧开，可以把生米煮成熟饭，可以把大片的森林烧焦，可以把宽广的池塘沼泽烤干。热，这是火的本性。

还有一种火，不是自然界的火，而是人体内的一种精神之火。这种精神之火，有时会有与自然之火完全不同的表现。有的人和别人争吵，情绪激动，怒火满腔。这时候，只见他，脸色变白，两眼发直，浑身发抖，手脚冰凉，而且还渗出了滴滴冷汗。这是他心头的怒火，使得他“血压升高，手冰凉”啦！

（读后，教师请大家谈谈看法。）

生 1：这篇作文联想宽广，从自然界的火，联想到了人的心理上的火，想得好。

生 2：这篇作文思路开阔，能从物质世界可以燃烧的火想到精神世界不能燃烧的火，想得真好。

生 3：作者头脑灵活。他根据“冷”是没有绝对标准的这一点，把“凉”也看作是一种“冷”，很灵活。

教师肯定了这几名学生的看法，认为大家已经从这篇口头作文中得到了启发，于是请学生以“水火交融”为题口头作文。下面是几篇口头作文中的一篇：

水火交融

人们常把相互对立、彼此矛盾的敌对双方，比作水火不能相容。水和火的确如此。它们如若相遇，不是水把火浇灭，就是火把水烤干，彼此势不两立。

战场上的情形就是这样。敌对双方都是枪炮轰鸣，刀光闪闪，双方都要消灭对方的有生力量，置对方于死地。那真是你死我活，水火不容。

可是，在我人民解放军的俘虏营里，却是另外一番情景。我们不仅要向俘虏们宣传我们的政策，而且还要给他们治伤医病；我们非但不打不骂不虐待，而且在生活上体贴入微，关怀备至。

当伤病痊愈，健康恢复，我们送他们返回的时候，他们一个个被感动得热泪盈眶，甚至痛哭失声。他们和我们的人员，激动地握手、拥抱，表示惜别之情。此刻，昔日里刀枪相向、你死我活的死敌，已经消除了敌对情绪，充满了友善之情。那本来彼此不能相容的水和火，如今已是水火交融了。

从水火不容到水火交融，生动地说明：事物在一定的条件下是可以转化的。我们要善于创造这种促使事物转化的条件，以利于社会不断地进步。

以上几例，都是教师在教学过程中有针对性地指导学生的典型教例。教怎样阅读，怎样写作，怎样思考；教解决问题的方法和途径。看来，只要教会学生解决问题的思维方法和操作方法，就会取得满意的学习效果。

综上所述，过程比结果重要。教师要注重过程，在教学过程中，扎扎实实地教会学生正确理解和熟练运用祖国的语言文字。

2016 年 11 月

怎样激发学生积极思维

语文教学的宗旨就是培养学生的语文素养，而思维能力是语文素养的重要组成部分，所以，在语文教学中发展和提升学生的思维，教师责无旁贷。

有人认为，教学工作繁忙，课时紧，任务重，没有时间再去进行思维教学。这是误解。发展学生的思维，并不是在现有的教学内容之外再增加一项内容，而是把思维引导和思维训练寓于读写听说活动之中。也就是教学生在读写听说时怎样想得快，怎样想得好，怎样想才能全面，怎样想才能深刻，等等。这样做不但不会增加教学负担，而且有利于提高教学质量和教学效率。

尽管对发展学生的思维，在认识上还存在这样或那样的误区或差异，然而实际情况是，每位语文教师都自觉或不自觉地在教学过程中不同程度地进行着思维训练。诸如在课堂上引导学生理解人物诸方面的品质作风，领会事件的种种性质等，这就是把阅读对象分解为若干组成部分，并一一认识其本质属性，这就是思维过程中的分析。在解读课文时，指导学生总结人物的性格，总结事件的整体性质等，这就是把阅读对象的各个组成部分和它们各自的本质属性合成一个整体，这就是思维过程中的综合。在教学过程中，指导学生通过课文叙写的人物、事件等去领会课文的思想内容，这就是从具体事务中概括一般原理，这就是思维形式中的归纳；在教学活动中，指导学生运用学到的语文知识，去认识理解某一语言现象，这就是由一般原理推出关于特殊情况下的结论，即是思维形式中的演绎。上述种种教学活动，在语文教学的课堂上极为普遍，几乎人人在做，天天在做。由此看来，在语文教学中发展学生的思维，并不神秘，也不是什么难事。

问题是，此类发展思维的教学活动，有意识地去做和无意识地进行，其效果是不会一样的。如果具有发展学生思维的意识，就可以在进行此类教学活动时，有意地针对教材和学生的实际情况，恰当地传授一点思维方面的知识，指引一下解读课文的思路，讲授一点思维的方法，那么，教学效果和教学效率会明显提高。由此不难看出，作为语文教师，具有或增强在语文教学的过程中发展学生思维的意识非常重要。

要发展学生的思维，就要从不同方面、采取各种措施去做。而激发起学生的积极思维，就是其中的重要环节。

怎样激发学生的积极思维呢？

一、教学措施要使学生产生兴趣

学生能否开动脑筋思考问题，取决于他们有没有思考的愿望。如果他们没有思考的愿望，无论教师怎样动员，他们依然是懒于思考；如果教师采取的教学措施能够引起学生的兴趣，他们就会产生思考的愿望，而乐于思考了。

下面是教师意在引发学生思维兴趣的一个教学实例。

练习课上。教师说，前几天我在《北京日报》上看到一则新闻故事。一会儿，我把这个故事讲一遍，讲完以后，请大家给这个故事拟个标题。拟标题有两点要求：第一点，标题要反映这个故事的特点；第二点，标题不得超过十个字。希望大家开动脑筋，拟出精彩的标题来。看看大家拟出的标题，能不能赶上甚至超过报纸上原有的标题。

接着，教师给学生讲了这个故事（本文只取梗概）：一天下午，一位出租车司机从火车站拉上一位乘客回家，穿街过巷把乘客送到了家门前。回到公司清扫车厢时，发现后排座位上有一只金表，司机断定这表就是刚送回家的乘客丢在车上的。他骑上自行车，凭着记忆找到了乘客的家。他问那位乘客有没有把什么东西落在了车上，乘客说没有。于是，司机留下了公司名称、地址、电话和自己的姓名。表示如果有事再联系之后就告辞了。第二天这位乘客才发现手表丢失，按司机留下的地址，来到了公司，认领了手表，感谢了公司，表扬了司机。

听完故事，学生兴致很高，有人在思考，有人拿出笔纸在写着什么，看来个个跃跃欲试。

稍后，学生们纷纷举手发言（只取标题）：

生 1：新风。

生 2：拾金不昧的好司机。

生 3：失而复得的手表。

生 4：司机寻表主，乘客赞新风。

生 5：细心又热心的司机。

师：这个标题抓住了司机的特点，很好。我对拟标题的要求就是要反映这个故事的特点。

生6：乘客大意，司机细心。

师：很好。抓住了两个人物的特点，也反映了这个故事的特点。这样思考是对头的。

生7：粗心乘客与细心司机。

师：很好。你拟的这个标题与报纸上的原标题一字不差。这说明你拟的这个标题已经达到了可以在报刊上发表的水平。还有人发言吗？看能不能锦上添花。

生8：粗心乘客巧遇细心司机。

（教室里响起了掌声）

师：太好了。“巧遇”二字，突出了这个故事的戏剧性，也是这个故事的又一个特点，你拟的这个标题，已经超出了报纸原有标题的水平，值得大力表扬。

这个教学实例，为了引发学生思维的兴趣，有两个设计点。一是拟标题这种形式，从未做过，新颖；二是希望达到甚至超过原题的水平。这就调起了学生的胃口。从课堂上学生兴致勃勃的情况看，教师的意图实现了。

二、教学措施要使学生产生疑问

疑问是一系列积极思维的开端，疑问也是创造发明的起点。如能使学生发自内心地产生了疑问，就会形成答疑解惑的强烈愿望。这样就激发起了学生的积极思维。

例如，有一篇课文《蚊子和狮子》，这是一则寓言。其大意是，蚊子和狮子比武，蚊子打败了狮子；蚊子飞走时，撞到了蜘蛛网上。

下面摘要介绍这篇课文教学的部分内容。

师：大家已经概括出了这则寓言的两个情节，就是蚊胜雄狮和蚊落蛛网，也可说成是两件小事。我想请大家思考一下，这两件事的结果，是偶然的呢，还是必然的呢？

大家先说说，什么叫偶然，什么叫必然？

生1：偶然就是可能发生也可能不会发生的事。必然就是一定要发生的事。

生2：偶然就是不一定如此。必然就是一定如此。

师：你们说得都对。大家先好好想一想，这两件事是偶然还是必然？（教师的这一问，不但引发了学生的积极思考，还引起了一场争论。）

生3：我认为蚊子打败狮子这是偶然的。因为并不是所有的蚊子都可以打败狮了。这是一次特殊情况。

生4：我同意。蚊子打败狮子是偶然的。如果再安排一场蚊子和狮子的比武较量，这只蚊子就不一定能取胜了。

生5：我认为蚊子打败狮子是必然的。因为蚊子并不惧怕狮子的强大，如果蚊子怕狮子，不敢向前，怯阵，就不能取胜。

生6：我同意这个观点。蚊子打败狮子是必然的。在敌强我弱的情况下，蚊子善于动脑，专门去咬狮子鼻子周围不长毛的地方，以己之长攻彼之短，因而取得了胜利。

生7：蚊子打败狮子是必然的，蚊子落入蛛网也是必然的。因为蚊子打败狮子之后，唱着凯歌、吹着喇叭飞走了。表明蚊子骄傲了，得意忘形了，所以撞到了蜘蛛网上。如果它不是这样，而是取胜后保持头脑冷静，飞行时精神集中，注意观察，就不会撞到蜘蛛网上了。

生 8：不同意这样的看法。蚊子打败狮子是偶然的，蚊子落入蛛网也是偶然的。就像并不是所有的蚊子都可以打败狮子一样，所有的蚊子也并不都是一定要往蜘蛛网上撞。这只蚊子撞上了蜘蛛网，那是很偶然的事。

（见学生的看法已经说的差不多了，教师表扬了大家坚持独立思考，勇于发表不同见解，有观点也有分析说明，做得很好。）

师：有些同学认为这两件事是偶然的，说得有道理；有些同学认为这两件事是必然的，说得也有道理。那么这两件事怎么理解呢？大家想想看。（学生深思片刻）

生 9：既然偶然和必然都有道理，那就是这两件事既偶然又必然。

师：你能这样想，很好。大家就沿着这样的思路想下去。

生 10：能不能这样理解呢？这两件事有的地方是偶然的，有的地方是必然的。

师：能。就是这样理解。大家再进一步具体地想下去。

生 11：从蚊子这一类小昆虫来说，蚊子打败狮子和蚊子落入蛛网，这是偶然的。从这一只蚊子来说，它不畏强敌，善于动脑，战术合理，打败雄狮，是必然的；它取胜后，骄傲自满，得意忘形，落入蜘蛛网，也是必然的。

师：（先表扬这几名学生）大家已经明白了，蚊胜雄狮和蚊落蛛网这是两个偶然事件，但是这两个偶然事件的发生，其中都有必然因素。大家要从中学到一点新知识，那就是：任何偶然的事情，其中都有必然因素。换句话说就是“必然存在于偶然之中”（板书）。请同学们记住这个观点，今后运用这个观点去认识事物，解决问题。

在这个教学实例中，教师设计了两个使学生产生疑问的激发点。第一个是问这两件小事是偶然还是必然。这是教师提出的问题，学生要去解答，就变成了他们要去解决的疑问。在这两者之间做出选择就必须认真思考。第二个是两种观点都有道理，问学生该怎么理解这两件事。这个问题激发的力度就更大了。先前是二选一，现在是二者全有理，到底是怎么一回事呀？这是一个多么大的疑问，在学生的头脑中形成了。要解决这个疑问，需要更加积极地去思考。

这个教学实例，激发了学生的积极思维，深刻地解读了课文，还向学生传授了怎样认识事物的科学的理论知识，可算是一举多得了。

三、教学措施要使学生感到新鲜

无论多么好的课堂教学方法，如果一而再、再而三地使用，甚至多日一贯地使用，势必会造成学生感受性的疲劳。这样，学生的学习积极性就会下降，更谈不上积极思维了。所以，教学方法不能墨守成规，一成不变，而要常讲常新。

所谓常讲常新，就是对同一类型内容的教学，每次上课都有新意。新意从何而来呢？新意来自学习教育科学理论，掌握科学的教学规律，及时更新教学理念；来自开阔的视野，了解教学改革发展的动态，学习借鉴科学的教学经验；来自打开思路，思考得深远，思考得广阔；来自教学方法的创新，不落常套，超凡脱俗。如能这样去做，则可独辟蹊径，探索出科学而新颖的教学方法来。

例如，在口头作文课上，教师为了命题出新，以激发学生积极思维，可以邀请学生参与命题，并以新颖为准。一次，学生出了这样一个题目——“男子汉穿裙子”。教师想看看学生的反应，就问大家，这个题目怎么样啊？学生们回答，这个题目新鲜，很刺激，一定要把它作出来。接着，大家便积极地思考起来。片刻，就有学生举起了手臂。

生 1：在我们的思想里，男子汉和裙子，是绝对无缘的。这一点，不要说在我们中国，就是在西方国家，也是如此。

然而，在赤道附近的非洲等热带地区，男子汉穿裙子却是平常而又平常的。因为那里持续高温，酷热难熬，裤子是很不适用的。于是，男子汉们也像女人一样穿起了裙子。只不过，他们的裙子与一般的裙子有所不同罢了。他们的裙子，就是把一块长方形的布往腰间一围，再系上一根带子就算是穿好了。

这不禁使我想到，在热带地区极普通的事情，在我们这里就根本行不通。这说明，我们看问题，做事情，都不能绝对化，而要从实际出发，因时、因地、因人而异。

生 2：男子汉穿裙子，这大概被认为是人世间最荒唐的事情之一了。可是，我们想过没有，男子汉穿裙子，有什么不可以呢？

据我所知，在原始社会，由于各方面物质条件的限制，衣服之类还没有问世。男子汉们日出而作，日落而息。炎热的夏天，他们把树叶串起来，围在腰间遮体；寒冷的冬天，他们把兽皮围在腰间御寒。这大概就是最原始的裙子吧？在当时，男子汉穿裙子可谓别无选择。后来，随着时代的前进，社会的进步，物质条件的改善，男子汉就不再穿裙子了。就这样，几百年，几千年过去了，男子汉穿裙子这段往事，就渐渐地被人们遗忘了。于是，在人们的眼中，就把男子汉穿裙子划入了出洋相的范畴。

我们想过没有，如果从原始社会以来，男子汉就一直穿裙子，那么，人们就习以为常了，男子汉穿裙子就成了天经地义的事了。

这说明，习惯是可以改变的，也是可以重新形成的。因此，当某一新生事物出现时，不要立即按照习惯的眼光去说三道四，而要通过实践的检验之后，再评论。

生 3：男子汉穿裙子可谓不伦不类。但是，不伦不类的事情，在我们的现实生活中却时有发生，叫人哭笑不得。我在一本杂志上看到，山东聊城有一座明代的古建筑叫“光岳楼”。它是典型的明代建筑风格，很有研究价值，而且是一处重要的历史文物。可是，在前不久修缮这座楼阁的时候，由于领导者瞎指挥，竟然把这座古典的民族形式的建筑物的下半部，让人用水泥厚厚地抹了一圈。修完以后再看这座楼阁，就像一个峨冠、红袍的男子汉，穿上了一条灰色的西服裙，古不古，洋不洋，令人啼笑皆非。

光岳楼这个穿着“裙子”的“男子汉”，还能否恢复它的本来面目？我不懂建筑，不敢抱有奢望。但是，我希望在我们的现实生活中，应该多一些不懂就学的谦逊之风，少一些自以为是的骄横之举，让那穿“裙子”的“男子汉”，从祖国的大地上消失吧！

以上这三篇口头作文，前两篇是务实的思考，把思维引向广阔无垠的空间领域和时间领域，思路非常开阔。第三篇是务虚的思考，运用比喻的手法，以物喻人，以事喻理，思路十分宽广。

何以如此呢？是那道夺人耳目的极具新鲜感的作文题，引发了学生的好奇心和破解难题的积极性，激发了学生的积极思维，调动起了学生的智慧，促使学生把看似不合常理的命题作成令人信服的口头作文。由此看来，“新鲜感”对于激发学生的积极思维，行之有效。

四、教学措施要使学生产生求知欲

求知欲，就是对某个事物追求彻底了解的一种欲望。这种欲望不会凭空产生，而是在一定的条件下产生的。这个条件就是：其一，具有吸引力；其二，能够激荡人心。所以，若想激发学生的思维，教师就要精心思考，设计出具有吸引力的、能够激荡人心的教学措施来。有了这样的教学措施，才能够使学生对所学内容感到自己应该知道，必须懂得。若是不知道，心里就总是放不下；能够懂得了，心里就踏实了。这样的话，他们就必然去积极思考，直到把问题彻底搞清楚为止。

例如，《七根火柴》一文中有这样一个情节：无名战士请卢进勇把火柴送到大部队去。他把火柴放到卢进勇手里，用微弱的声音、颤动着手指，指着火柴一根一根地数着：“1、2、3、4……”

教师指导学生读到此处时，对大家说：“请同学们想一想，这个省略号省略了什么？”

生1：我认为这里不仅仅是省略了5和6，他可能还有话要说，可是已经没有力气说下去了，所以作者用省略号来表示。

师：你这样说，有什么根据没有？

生1：我的根据是：当时无名战士已经奄奄一息，他还要用手指着，一根一根地数着火柴。这说明他对这几根火柴非常重视，他想交代几句，可是没有力气说了。

师：很好。你说得有道理。那么，此时此刻无名战士想说而又没力气说出来的话是什么呢？也就是这个省略号所省略的最重要的内容是什么呢？大家开动脑筋仔细地想一想，想好了就说说。

生2：无名战士可能想说：这是部队急需的东西，关系到部队吃饭、穿衣、住宿的问题，也就是关系到部队安危的问题。你可千万不能小看它。

生3：他可能想说：在这样风雨莫测、潮湿阴凉的天气里，我保存这么干燥的火柴不容易。你可要保管好呀！

生4：他想说：这火柴本身并不值钱，但此时此刻对咱们的部队来说却是非常珍贵的。你一定要特别重视这些火柴。

生5：他可能会说：你送火柴的路上，会遇到各种困难。你一定要克服一切艰难险阻，一定要完成任务。

生6：他可能想说：大部队可能会随时转移。你可一定要找到部队，把火柴交给首长。

教师表扬了学生思维的敏捷和思路的广阔，并就这个问题做了小结。

上述这个教学实例，教师抓着这个省略号进行教学。省略号，是个既无内容又会有丰富内容的标点符号。教师正是抓住了省略号的这个特点，两次向学生发问，这就引发了学生的求知欲，进而激发了学生的积极思维。这样，既解读了课文，同时又进行了一次有益的思维训练。

上述四点，实践证明对于激发学生的积极思维，具有良好的推动作用。另外，还有相关的一点事项，简述如下。

在学生的积极思维被激发出来之后，一定要积极地维护这种状态，绝不可有损于这种状态。就是要鼓励学生的思维活动，只要肯于思考，就要支持。要善于发现学生的想法中，哪怕是点滴的可取之处，对其都要给予肯定。要谅解学生思考问题的失误，因为正处于学习阶段的学生，思考有误，思考走偏，思考片面，思考肤浅等，都是正常的。切不可生硬地否定，而要婉言相告，并引导其思路走上正轨。

对于学生来说，能够积极思考并把自己的想法说出来，哪怕不完全正确甚至不正确，那也是在学习过程中向前迈进的一步，应该鼓励其可取之处。对于教师而言，学生思考有误，那是获得的一次灵活应变、锻炼增长教学智慧的好机会。一定要妥善处理。

总之，想方设法激发学生积极思考，既有利于培养学生的思维能力，又有利于增长教师的执教能力，可谓两全其美。

2017 年 2 月

怎样指导学生思维

若要学生具有良好的思维品质，就要使学生掌握必要的思维知识。掌握思维知识和掌握其他知识一样，有个由简到繁、由浅入深的过程。而这个过程的长短与难易，与指导与否或指导得法与否有着密切的关系。

指导思维，就是教给学生遇到某个问题时，应该想什么和应该怎么想；就是教给学生怎样想得全面，怎样想得深刻，怎样想得周到，怎样想得具有创造性。换言之，就是教给学生各种不同的思路和各式各样的思维方法。

下面介绍几种常用的做法。

一、指导学生定向思考

语文课上，教师说：在学习和日常生活中，如果遇到了什么疑问，想要解决它，就要知道想什么和怎么想。这是思考问题最重要、最基本的要求。到底想什么呢？首先就要明确思考的方向，要知道朝着哪个方向去想。如果思考的方向不先搞清楚，那就越想越想不明白了。结合我们学习的课文来说吧！在解读课文的时候，课文中的词语、句子、段落和篇章结构都要读懂。换句话说，它们都是解读的对象。如果疑问就出在某一个具体的解读对象上，那么思考的方向确定无疑，就是这个具体的解读对象。只要把它彻底搞明白了，疑问也就解决了。

以上是教师给学生进行的通俗、具体的解说。其实就是一句话：当疑问发生在某个认知对象上时，该认知对象就是思考的方向。这就是定向思考。

例如《七根火柴》教学片段：

文中有这样一句话："揭开党证，里面并排摆着一小堆火柴。"

一名学生提出：这句话是个病句，不合事理，前后矛盾。因为并排就不能成堆，成堆了就不能并排。

教师说：这句话是不是病句，应该怎样思考呢？既然是对"并排"和"堆"这两个词语有疑问，疑问在哪里就从哪里思考。咱们就研究一下这两个词语。大家先说说，"并排"是什么意思？

师生共同研究出的结论是："并排"就是在一条直线上平行排列。

师生又共同研究了"堆"，结论是：紧密靠拢或紧密靠拢的若干物体。

教师接着问道：在一条直线上平行排列的物体能不能紧密靠拢呢？请大家举例说明。

学生说能。举出的例子有：刷墙用的排笔，一根根竹竿串成的竹筏子，书架上排列整齐的书籍，一组暖气片等。

教师说：那么"并排摆着一小堆火柴"是什么意思呢？

刚才提出问题的学生说：我明白了。就是那七根火柴，在党证里紧密靠拢地平行排列着。这个句子没有毛病。

教师结合定向思考就这个问题做了小结。

二、指导学生逆向思考

语文课上。教师说：刚才我们学了一个新的词语——敷衍了事。下面请同学们用这个词语造句或说一段话。“敷衍了事”是个贬义词，通常都是用于反面人物或是用于批评人或事。今天我提个新要求，就是把这个词语用于正面人物，而且还不能损害正面人物的形象。这个要求有点难。希望大家打开思路，想出好的表达办法来。

学生们认真地思考着。请看以下教学片段：

生 1：焦裕禄同志是个优秀的好干部。他办事一贯认真负责，从来都不会敷衍了事。

师：你很聪明。用了一个否定词就达到了要求。现在加一项新要求，再发言的同学，不能再使用否定性词语了。

生 2：有一位领导干部，不仅对自己从严要求，而且对他的下级工作人员也要求非常严格。他非常痛恨敷衍了事的工作作风，所以他的下级干部，干工作也都认真负责，毫不松懈。

师：你也很聪明。用了一个“痛恨”就解决了问题。我的要求再补充一下，痛恨、批评、谴责、惩罚这一类反对“敷衍了事”的说法，都不能再用了。

生 3：抗日战争时期，某些敌占区的伪村长，其实是抗日干部，是共产党员。他们借着伪村长这块“金字招牌”，与敌人巧妙周旋。凡是日本鬼子交给他们的差事，他们都尽量地搪塞、应付、敷衍了事，而又不露马脚，不让敌人抓到把柄。他们用这样的办法，给老百姓办了好多有利的事情。

教师对这名学生思路的开阔和构思的创造性表扬了一番之后，对大家说：刚才他们三个人的口头造句或口述段落，都是逆向思考的表达。什么叫“逆向思考”（板书）呢？就是思考问题时，朝着与通常的、习惯性的思考方向相反的方向或相反的方面去思考问题。还记得我们学习《变色龙》这篇课文时，我让大家想一想变化无常的奥楚蔑洛夫始终不变的是什么吗？那也是逆向思考。通过逆向思考，可以更全面地认识事物，也可以对事物获得新的认识。希望大家学会逆向思考。

这个教学过程中，教师一而再、再而三地对学生的口头造句或口述段落，提出了一个又一个限制。从表面看，这是限制，这是缩小了学生思考的范围。其实，这是一种思路的开拓，通过限制，促使学生摆脱习惯性思路，去开拓一条逆向思考的新思路。当学生完成了逆向思考的实践活动之后，教师再讲解有关逆向思考的知识。这样，就使这项学生生疏的知识易于接受了。

三、指导学生多角度思考

上课伊始，教师给学生讲了往届课堂教学的一段往事。

那时，教师给学生讲了一个名为《猪八戒照镜子》的小故事。故事的大意是：

猪八戒听别人都说他长相很丑，他就去照镜子，果然很丑。他愤怒了，就对镜子说：“你竟敢把我照得这样丑，我重新再照一次，你若敢还把我照得很丑，我就把你打碎！”他第二次去照，依然很丑。他愤怒极了，打碎了镜子。当他以胜利的姿态扬长而去时，无意间回头看了一眼，他发现每块镜子的碎片里，都有一个丑陋的自己。

讲完故事后教师告诉学生：这个故事虽然短小，但它说明的不止一个问题。希望大家开动脑筋，打开思路，想一想这个故事都说明了什么，欢迎同学们发表不同的看法。下面是学生发言的摘要：

生1：爱美之心，人皆有之。

生2：讽刺了老虎屁股摸不得的人。

生3：邪恶和暴力征服不了真理。整个镜子和打碎的镜片照出的都是猪八戒的丑脸。

生4：要注重实际。猪八戒耳听为虚，非得眼见为实。

生5：有错误要自我反省，不能把责任推给他人。

生6：完整的镜子，照出的猪八戒是猪样儿；被打碎的镜子的碎片，照出的猪八戒还是猪样儿。这说明客观真理是不以人的意志为转移的。

生7：这个故事从反面告诉人们，要闻过则喜。猪八戒打碎镜子，不仅不会变美，反而增加了面目的狰狞。

生8：故事中的镜子是正直的。它从来都是公正无私地反映事物的本来面目。完整的镜子，反映的是猪八戒的本来面目；受到猪八戒威逼、恐吓之后的镜子，仍然是反映猪八戒的本来面目；被猪八戒打碎的镜子，它的每一块碎片，依然坚持真理，正确地反映猪八戒的客观现实。这个故事告诉人们：都要像镜子那样，宁为玉碎，不为瓦全，在任何情况下，都要永远坚持原则，坚持真理。

讲完了这段往事之后，教师请学生谈谈感想。大家一致认为，往届的同学思路开阔，观点新颖，认识深刻。特别是对同一个故事，从不同的方面去认识，得出了互不相同而又都正确的看法，深受启发。

师：大家的感受很好！尤其是，大家认识到对同一事物可以得出多种不同的而又都是正确的看法，这是很可贵的。这也正是我通过这个事例要告诉大家的。

思维科学认为，一个问题可以有多种不同的正确答案，一件事可以有多种不同的正确的做法。而要取得这样的结果，就要进行“多角度思考”（板书）。

以前，我们讲过思考的方向。思考的方向就是思考的目标。今天，我们又讲到了思考的角度。思考的角度就是思考的出发点，或者说是思考的着眼点。通俗地说，就是从哪里开始去想。那么，多角度思考是什么意思呢？就是“从多个方面（朝着目标）开始去想”（板书）。大家一定要学会多角度思考。

今天我们学习《执竿入城》。这篇文言文篇幅短而且通俗易懂。大家先读一读，有不懂的地方就提出来。如果能看懂，就进行多角度思考，思考这篇课文都说明了什么。

下面是学生们发言的摘要：

生 1：讽刺了不动脑筋的思想懒汉。

生 2：做事不能盲从。

生 3：做事要坚持到底，不可半途而废。那鲁人应换几种方式多试几次就成功了。

生4：讽刺了自作聪明的人。

生5：赞扬助人为乐的人。主动助人是好品质。办法不好是水平问题。

生6：只要千方百计，什么事都可以做成。要多想几种办法，从想出的办法中选择最佳方案。

生7：要从不同的角度去认识事物，才能获得全面的认识。那竹竿变换角度去看它，比如横着看和从一端看，其结果大不相同。

教师对学生多角度去解读课文，表示满意。

在上述教学过程中，教师首先用“范例启发”的办法，使学生对多角度思考获得了感性认识。继而，在此基础上讲解了有关多角度思考的理论知识，使学生对其获得了理性认识。最后又安排学生就解读所学课文进行了多角度思考的实践，通过亲身感受加深了理解。这样的解读课文与思维指导相结合的教学方法，取得了预期的效果。

四、指导学生变角度思考

《松树的风格》一文的教学已近尾声。教师对学生说：松树作为描述的对象，由来已久。千百年来，不知有多少人描绘过它，赞美过它。然而《松树的风格》这篇课文，虽然也是赞美松树，但是它并没有重复前人的说法，而是选择了一个前所未有的新角度，把松树自身的特点和共产主义风格联系起来进行赞颂。文章新颖，引人入胜。学习这篇课文的写作方法，主要的就是学习它选择新角度，开辟新思路，提出新看法，这种变角度思考的方法。

什么叫“变角度思考”呢？就是思考的方向不变，思考的目标不变，而是思考的角度变了，也就是思考的出发点、着眼点变了。通俗地说就是“从不同的方面（朝着目标）开始思考”（板书）。我们再以《松树的风格》这篇课文为例来说。它的思考方向、思考目标就是赞美松树，这没有变。而赞美的内容变了，这就是换了思考的角度，换了另一个思考的方面。这就是通过不同的途径达到同一个目标，这就叫作殊途同归。

为什么要变角度思考呢？这样做是为了摆脱已有的习惯性看法的影响或束缚，以便重新认识事物，获得新的发现。这样做，有利于改革和创新。它的基本要求就是求变，而求变是为了求新。

要是大家都明白了，没有问题，下面就练习口头作文。题目是“青松赞”（板书）。要求是：第一，不能重复前人的观点；第二，不能重复这篇课文的观点。当然可以使用从课文中学到的词语。

下面是学生口头作文中的一篇：

桃李绚烂多彩，杨柳婀娜多姿，菊花赏心悦目。在那春风拂面的时节，松树不和桃李争春；在那草木繁茂的夏日，松树不和杨柳争夏；在那金风送爽的秋天，松树不和菊花争秋。到了冰封雪飘的严冬，万花早已凋谢，万树只剩枯枝，那青松，迎寒风，傲冰雪，郁郁苍苍，巍然屹立，吐露出一派生机。它把美好的时光，让给了他人；把严峻的时刻，留给了自己。这种先人后己的精神，不也是一种崇高的思想品德的写照吗？

教师表扬了这名学生并做了小结。

这个教学实例表明：课本中的一篇篇课文，并不是语文教学的目的、任务。语文教学的目的是培养学生的语文素养，语文教师的任务是为达到这一教学目的而工作，课文是进行语文教学的手段。上述教学过程，教师即是基于这样的认识，以课文为范例，指导学生进行思维训练的。这样，既学习了课文，又借以教给了学生变角度思考，还进行了口头作文训练，确实是在培养着学生的语文素养。

五、指导学生周密思考

在一次练习课上，教师说：我们思考问题要做到“周密”（板书）。什么是周密呢？就是周到而严密。通俗地说就是：精心细致地照顾到方方面面，不能有丝毫的疏忽大意。再具体点说就是：周到，全面，不能顾此失彼，不能片面、偏激，不能有漏洞，不能不得体，要做到圆圆满满。教师强调大家要听清楚，听明白，有问题就提出来问。

一名学生问：老师，得体是什么意思？

教师回答：得体就是恰如其分。具体说就是：说话办事非常恰当，不过分，不欠缺，不别扭，没有不舒服，恰到好处；符合当时当地以及在场人员的情况，使人乐于接受。

见无人再提问，教师说：下面我们做一个周密思考的口头表达练习。题目是一个话题：

假如在某班的新年联欢会上，学生欢迎语文老师出个节目。老师表示自己不会唱歌也不会跳舞。一个好开玩笑的学生说，那就请老师学个狗叫吧！老师觉得过年了，学生要自己出个节目，盛情难却，但是学狗叫又不妥。于是，他对学生说了一段话。说完之后，学生不但心悦诚服地不再提学狗叫的事，而且还给老师热烈鼓掌。假如你就是这位老师，你对学生说些什么呢？

片刻，有学生举手要求发言了。请看以下教学片段：

生 1：同学们新年好！祝大家新年快乐！祝大家在新的一年里，学习进步，身体健康！大家要我出个节目，这说明咱们师生之间的关系很好。我本来是不该推辞的，但是，让我学狗叫，这是不是不恰当呀？因为我如果学了狗叫，我不就成狗了吗？你们大家不就成了狗的学生了吗？

师：你第一个举手发言，积极性很高，思维也很敏捷，应该表扬。新年联欢，你向大家问好、祝福，这样说也很好。再发言的同学，请注意在“得体”方面下下功夫。

生 2：大家让我出节目，我也很愿意给大家出个节目。让我学狗叫，那咱们就先说说这狗吧！在人们的心目中，狗是怎样的形象呢？比如说，有六亲不认的疯狗，惯做帮凶的走狗，嫌贫爱富的看门狗，品行不端的癞皮狗，摇尾乞怜的哈巴狗，人人笑骂的落水狗，不改吃屎的贪吃狗，等等。这说明，在人们的心目中，狗是一个不好的形象。既然如此，你们愿意你们的老师模仿这样的形象吗？我看这狗叫就不要学了，我所说的这些狗的形象，就算是我出的节目吧！

师：你的讲话，注意到了“得体”的问题，这是对的。特别是关于狗的形象那段话，说得好，形象生动，句式整齐，朗朗上口。再发言的同学，还要注意我出题时说的使人“心悦诚服”和引起“热烈鼓掌”这两点。

生 3：今天是今年的最后一天。我借这个新年联欢会的机会，祝大家在新的一年里，思想的成长超过年龄的增长，知识的增长超过身体的增长。无论在思想方面、学习方面、身体方面，都比今年更加美好。

大家让我出个节目，即使你们不提这个要求，我也会主动地站起来表演个节目。这说明咱们之间是心心相通的。让我学学狗叫，你们这一提，使我想起了一件往事。那是在“文革”那个动乱的年代里，由于我努力工作，想方设法把教学工作搞好，于是那些造反派就把我揪出来批斗，说我是走资本主义道路的当权派的走狗。在批斗会上，还让我学狗叫。这件事深深地刺痛了我的心，为此不知流过多少次眼泪。此后一想起这件事，我便十分难过。今天过年，是个欢乐的日子，咱们不提它了，好吗？大家让我出个节目，这样吧！我就自己暴露个秘密，你们不知道，我是个京剧爱好者。现在我就自告奋勇，给大家唱一段京剧名段《借东风》。

这位老师的话音刚落，教室里响起了一阵热烈的掌声。

师：讲得好！不学狗叫的理由，令人心悦诚服。学生鼓掌，理所当然。老师的这番话，情真意切，友善坦诚，言语得体，周到严密，很好地体现了思维的周密性。大家一定要切记，思考问题时要做到：周到、全面、得体、圆满。要尽快学会周密思考。

上述教学过程体现了教师的三个教学理念。

第一，讲评学生的发言，只谈优点，不谈缺点，是为了鼓励学生积极思维，保护学生的积极性。学生发言中的缺点，通过对后面学生发言的指导，给以纠正。再通过对符合要求的发言所做的肯定，使发言有误的学生不言自明。这是对学生的体谅和激励。

第二，教师重视的不是结果，而是过程。教师出题以后，不是等待一个满意的结果就算了事；而是在学生发言的过程中，或前、或后、或两名学生发言中间，给以有针对性的指导。使学生的发言逐步改进和提高，最后取得预期的效果。

第三，对于周密思考的指导，采取的是使学生逐步加深理解的做法。先讲有关知识，再做随机指导，最后简要总结。其意图是，理论与实践相结合，力争扎实有效。

以上关于指导思维的五点做法，是笔者从课堂教学实践中探索出来的，谨供参考。

2017 年 3 月

兴利除弊，提高教学效率

北京师范大学张鸿苓教授主编的《语文教育学》一书中有这样一段话："什么是教学过程最优化呢？巴班斯基（苏联教育家）在解释'最优化'这一概念时说，所谓最优化，是指'从一定的标准来看是最好的意思'，这些标准包括：教学效果，时间支出，精力消耗和物质消耗等四项，而前两项是主要的。也就是说，要求支出的时间、精力、物质相对地少，而收到的效果相对地大。"

这里说的"最优化"，换言之，就是"高效率"。

什么是效率呢？有两种解释：其一，单位时间内完成的工作量；其二，有效工作量在工作总量中所占的百分比。这两种解释并无异议，但后者的解释，更容易使人领悟到"效率"二字的本质意义，就是"有效"。凡是谈论到效率，无一不是要求"有效率"的，因此效率和有效，是紧密地联系在一起的。

把巴班斯基对教学过程"最优化"的解释和上述对"效率"的解释联系起来推论可知，所谓教学效率就是，有效的教学活动量在教学活动总量中所占的百分比。显然，在教学过程中，有效的教学活动越多，教学效率越高。通俗地说，就是在一节课之内，使学生扎实、有效地学到更多的知识，学会更多的本领，便是课堂教学的高效率。由此可见，避免无效的教学活动，增强有效的教学活动，是提高教学效率的关键。

一、避免无效的教学活动

应避免的无效教学活动主要有以下几种。

（一）单纯追求形式

内容决定形式，形式是为内容服务的，这是人所共知的道理。在课堂教学中，采取什么样的形式进行教学，是根据解读教材的需要和学生实际水平的需要而决定的。如果不是从教学的需要出发，而是单纯地追求形式，就会造成教学过程中时间和精力的浪费。单纯追求形式大致有两种情况。

1. 对传统教学程式的盲从

一节课怎么上？20世纪50年代，老师们都在学习苏联教育家凯洛夫的《教育学》。该书提出了课堂教学的“五个环节”，即依次是：组织教学、复习检查、讲授新课、复习巩固、布置作业。当时大家都照此办理，影响深远。后来，人们开始思考，这固定顺序的五个环节，符合每篇教材的实际吗？它符合“教无定法”这个公认的教学观点吗？它的五个环节，遇到某篇教材时，或遇到某班学生时，每个环节都有必要吗？都有效果吗？如果某篇教材并不适用它，而又要非凑足这五个环节不可，那不是白白地增加了无效的教学活动吗？正因为质疑它的科学性和有效性，所以它渐渐地被新的教育理论和科学的教学方法所取代。这说明，不管是全部无效或部分无效的教学活动，一旦被认知，就会被抛弃。

为的是提高教学效率。

语文课怎么上？20世纪50年代中期，从苏联请来了一位专家。这位专家指导北京的一位小学语文教师举行了一次观摩教学。这就是当年轰动一时的“《红领巾》教学”。该教学为了巧妙地引出所要讲授的课文，在苏联专家的指导下，在宣布新课课题之前，教师满怀激情、朗朗上口地说了一段与新授课文有关的优美动听的话。这便是后来被语文教师广为效仿的“导言”，这一教学法流传至今。

语文教学的宗旨是培养学生的语文素养。一段“导言”只是语言形式的优美，对培养学生的语文素养虽不能说一点作用也没有，那它又有多少实质性的效果呢？微乎其微。可能有人会认为，“导言”这是一种教学艺术。什么是艺术？艺术就是创造性地解决问题的方式、方法。如果不能有效地培养学生的语文素养，也就是不能解决问题，换句话说也就是基本无效。那么，这样的“艺术”还有保留的必要吗？

笔者的经验是，从20世纪60年代初，本人就放弃了“导言”。凡是听过我课的老师都知道，我不论是给自己的学生上课，还是到兄弟省市借学生上公开课，讲哪篇课文都是开门见山，从无“导言”。我把包括“导言”在内节约出来的时间用于语文训练和思维训练。这样做并没有影响教学效果，反而提高了教学质量。所以，凡实践证明无效的教学活动，就要勇于舍弃。

再者，讲授一篇课文，要不要介绍作品的时代背景，要不要介绍作者，这都要根据教材讲授的需要而决定，并非是讲授每篇课文必有的内容。如果不介绍作品的时代背景，学生就难以理解课文的内容，那么就要适当地做些介绍。如果课文的作者是在文学史上或在其他领域中占有一定地位或具有一定影响的人物，学生对其必须有所了解，那么就应当适当介绍。但是，由于传统习惯的影响，有人误以为介绍时代背景和介绍作者是语文课必不可少的环节。于是，不管需要与否，一律盲目地详加介绍。这样，就造成了一次又一次的无效教学活动。

还有，就是课堂教学中的“提问”。提问的目的是引起思考而有所领悟。能够达到这个目的的，是有效提问；反之，就是无效提问。有效提问，特别是容量大的有效提问可以提高教学效率；而无效提问，是毫无效率的。可见，提问这种教学手段，问什么，怎么问，什么时机问，问到什么程度为止，还是有很多学问的。可是，有人对提问这种教学手段缺乏应有的认识，误以为只要提问就是启发式教学。对于提问的有效或无效，完全忽视，随意而为。这就丧失了提问的学术性和艺术性，造成了一个个无效的教学活动。不宜提问的情况，大致有如下几种：

①无计划、盲目、草率的提问；

②无须查找，答案就在学生眼前的提问；

③与教学内容关系甚远，生拉硬扯的提问；

④无须思考，脱口就可作答的提问；

⑤超出学生知识和智力范围的提问。

在教学实践中，若能避免上述这样的提问，教学效率就会提高。

2. 对新兴教学形式的滥用

改革开放激发了人们极大的工作热情。在语文教学的课堂上，出现了一个又一个新的教学形式、方法和手段。诸如图表、绘画、照片、录音、录像、投影、配乐朗诵、演课本剧等。恰当运用这些教学的辅助手段，可以提高学生的学习兴趣，提高教学效率，也使语文教学课堂变得丰富多彩。

但是，如果对电化教育设备等教学辅助手段运用不当，那就另当别论了。上述这些教学辅助手段的作用就是辅助教师增强教学效果，提高教学效率，而不是代替教学本身。

这些教学手段，是代替不了语文教学本身的。语文教学的目的是培养学生的语文素养，阅读能力是语文素养的重要组成部分。什么是阅读？《现代汉语词典》解释为："看（书报等）并领会其内容。"可见，"看"是判定是不是阅读的决定性因素。由此可以推断出什么是阅读能力。阅读能力就是：看读物理解其内容的能力。这样，问题就清楚了。培养学生的阅读能力，关键是引导学生自己去看，教给他们看的方法，培养他们看的习惯。既然培养学生的阅读能力是要学生自己看，自己会看，自己看懂，那么，像电化教育设备一类的手段，像配乐朗读一类的形式，只能是辅助教学，而不能代替教学。

既然是辅助手段，那就要按需而用。用它与不用它，就看教学内容是否需要了。即使是需要用时，也有个"度"的问题。"度"就是事物保持自己本质的数量界限。在这个界限之内，量的增减不改变事物的本质；超过了这个界限，就要引起质变。这就是说，单纯追求形式，过度地使用教学设备或教学形式，不但无益，反而有害。这就是物极必反的道理。因此，无论多么先进的教学设备，无论多么美好的教学形式，都要根据教学的需要，恰当地运用，切不可滥用。

（二）练习杂乱无章

练习是课堂教学的重要手段之一。通过练习，把学到的知识转化为能力，这是语文教学的要求。但是，练习不能任意而为，要有章法。章法是一种比喻的说法，是说做事要像写文章那样，周密思考，精心安排。章法就是做事的方法、步骤和规则。说练习要有章法，就是说练习不可随意去做，要有计划，有程序，有针对性，要合乎规律。

练习是越多越好吗？不是。从教学法的角度来说，第一，练习要有针对性。就是说，练习什么，要根据学生的弱点来安排；学生已经掌握的，则无需多加练习，偶尔安排一下复习巩固性的练习就可以了。第二，练习要有典型性。这就是说，所选用的练习题，容量越大越好。力求以一当十，一举多得。从心理学的角度来说，切不可忽视“报酬递减”规律。心理学专家根据大量事实，运用科学手段，得出如下结论：第二次重复学习，记忆效果提高百分之十；第三次重复学习，记忆效果提高百分之七点五；第五次重复学习，效果为零。这就是说，重复学习或者说是复习练习，重复到第五次以后，就没有任何效果了。可见，练习不是越多越好，多到一定程度，就是无效劳动了。

教师要善于针对学生的实际情况，找到练习的最佳量。所谓练习的最佳量，就是练少了达不到预期的效果，练多了便是多余而浪费时间的那个恰到好处的练习量。找到这个练习的最佳量，要在实践中摸索，非下一番功夫不可。

总之，不讲章法，多而杂乱的练习，是影响教学效率的一大弊端。

（三）教学零零散散

一篇课文怎样进行教学，怎样才能使学生乐于接受、便于接受、易于接受，必须根据教学内容和学生的水平精心设计。一节课，应该就像一篇文章，重点突出，结构完整，层次分明，详略得当。一系列教学措施，怎样编排组合，怎样安排程序，怎样衔接过渡，怎样设置讲练，都要精心思考，反复斟酌，而后确定教学方案。这样的教学，才会提高教学效率。

反之，如果讲一节课，不善精思，不重效率，循规蹈矩，顺水推舟，于是，多而细碎的提问，杂而频繁的投影，一会儿讲解内容，一会儿解说结构，如此任意安排，就把一节课搞得零零散散，不像样子。这样授课，还讲求效率吗？答案不言而喻。

以上所言，单纯追求形式，练习杂乱无章，教学零零散散，这是影响教学效率的主要弊端。其他如教学语言啰唆重复、教学方法枯燥无味、课堂掌控能力不足等不利于教学效率的因素，不再详述。

二、增强高效的教学活动

提高教学效率的途径，就是兴利除弊。不破不立，上文所陈是除弊的事项，下文所述是兴利的举措。

（一）巧设计

巧设计，就是精巧的教学设计。所谓教学设计，是指在精通教材和了解学生的基础上，设想教学思路，安排教学方法和步骤。精巧的教学设计，一是要求精，二是要求巧。什么是精？就是经过提炼和挑选而得到的最重要、最完美的精华。教学设计的求精，就是要做到教学措施能够一语道破、一举多得、事半功倍。什么是巧？就是灵敏、高超、奇妙、成效超凡。教学设计的求巧，就是要使教学措施做到以简驭繁、变难为易、举重若轻。如能做到教学设计的精巧，就会取得异乎寻常的教学效果，就会使教学效率大幅度提高。

精巧的教学设计其意图之一，就是教学措施的容量大。即某一项教学措施所涉及的范围，不是一个词语、一个句子、一个小段（特殊需要除外），而是涉及几个段落，甚至全篇。这样，一项教学措施解决的就不只是一个小问题，而是一个或几个有关全文主旨的重大问题。这样做，解读一篇课文，就不是零散而无整体性，一个教学措施接着又一个教学措施，搞得学生应接不暇；而是通过有限的教学措施，就能简洁明快地解读全文。如此，则一举数得，省时省力，提高了教学效率。

例如《故乡》一文，人物和情节都比较多，如果一个个人物、一个个情节去解读，则需较多的精力和时间。怎样才能以少胜多地解读课文呢？下面是该文课堂教学的片段（摘要）：

师：大家读一读课文。读课文之后，按照这样的方式（板书：“____的故乡”）给本文标题的前面添加一个或几个词语。有两条要求：第一，添加以后的意思，要反映你对这篇课文的理解；第二，说说你是怎样添加的和为什么这样添加。

（学生读课文）

生 1：陌生的故乡。

生 2：贫穷落后的故乡。

生 3：巨变的故乡。

生 4：想象之外的故乡。

生 5：需要变革的故乡。

生 6：令人失望的故乡。

生 7：变化极大的故乡。

生 8：需要改变面貌的故乡。

生 9：萧条、破败的故乡。

生 10：希望变好的故乡。

生 11：要创建一个前所未有的美好故乡。

以上这个教学片段，由于教师布置的任务是在标题上做文章，所以学生思考的范围就要覆盖全篇课文。这一教学措施的容量是相当大的，学生发言的人数众多，反映了学生从不同角度对课文的多种理解。若把这些理解综合起来，基本上就比较全面地反映了课文的思想内容，取得了良好的教学效果。这就为下一步的教学活动打下了很好的基础，教师再适当做一点指导和点拨，就可以进一步深入细致地解读课文了。这样设计，简化了教学程序，提高了教学效率。

精巧的教学设计其意图之二，就是教学措施的作用大。这就是教学措施不但要涉及的范围广，而且要涉及的程度深。既要有量还要有质。精巧的教学设计和教学措施，不在于琐碎的、并非大局的浅层问题，而是着眼于解读课文深刻思想内容的深层问题。这样做，教学时一层层的研读，一个个的解析，都可省略（确实需要时或做辅助、补充时，可恰当运用）；而是直截了当，一步到位，径直解决主旨问题。这就节省了时间和精力，教学效率得到了有效提高。

例如《范进中举》一文，虽然范进是本文的主人公，但胡屠户和张乡绅也是必不可少的人物。这三个人物的行为举止，思想动态，从不同侧面揭露了科举制度对人的扭曲。怎样以较少的时间和精力引导学生深刻理解这三个人物和本文的思想意义呢？下面是《范进中举》一文的教学片段（摘要）：

师：同学们读读课文，读完之后说说范进、胡屠户、张乡绅这三个人有哪些相同之处，而且要说出理由。

（学生读书思考）

生1：这三个人都是嫌贫爱富、贪图荣华富贵的人。

生2：眼睛朝上看，高攀有权有势的人，他们三个人都是相同的。

生3：这三个人都看不起无权无势的人。中举前，范进是自轻自贱，胡屠户是轻视怒骂，张乡绅是毫不理睬。

生4：三个人都是势利小人。对有权有势的人和平头百姓的态度完全不同。

生5：他们都热衷于科举。范进和张乡绅对科举特别向往，胡屠户对科举是羡慕又支持。

生6：这三个人都深受科举制度的毒害。范进中举后，范进疯了，胡屠户呆了，张乡绅变了。

生7：三个人共同的特点就是追求名利，追求当官做老爷，科举制度对他们的影响极深。

上述教学片段，教师提出的问题中，“相同之处”四个字极为平常，但它的作用却很大。它不仅把文中的三个人物囊括其中，而且把学生的思考方向自然而然地引向了这三个人的共同追求——科举。这就直奔主题，一举就挖掘出了本文的思想意义，其教学效率显而易见。

以上的讨论和课例表明：精巧的教学设计，在于能够超凡脱俗，独辟蹊径，源于思路的广阔和思维的创造性。

（二）教规律

教给学生什么知识效率最高？教给学生具有规律性的知识效率最高。所谓规律，就是事物本身固有的、本质的、发生发展和变化的必然趋势。规律具有普遍性和重复性。只要具备了应有的条件，某种合乎规律的情况就必然出现。因此，教给学生具有规律性的知识，学生就可以举一反三、触类旁通了。这样，学生学到的就不是某一项知识的个体，而是与这一项知识同类的知识群体。这样做，岂不是事半功倍，效率倍增吗？

怎样教给学生规律性的知识呢？传授这样的知识不能孤立地进行，而要结合课文语言文字运用的特色，顺势而为。

例如《荷花淀》一文中，比喻的运用丰富多彩而有特色。下面是这篇课文的教学片段（摘要）：

师：这篇课文比喻用得比较多，也非常精彩。下面请大家结合本文和你们掌握的其他比喻，总结一下，看能不能找出几点运用比喻的规律来。

生1：使用比喻要爱憎分明。例如写水生嫂在月光下编席时说“她像坐在一片洁白的雪地上，也像坐在一片洁白的云彩上”，这很优美，这是褒义。还有，在一篇小说中，说到日本侵略军的胖翻译官时，写到“他像一个肉球滚了过来”，这很丑恶，这是贬义。

生2：要用简单的去比喻复杂的。比如说“他像钟一样准确”，是说一个人为人做事准确，含义是很丰富的。这里只简简单单用了一个“钟”字，就把事情说清楚了，而且给人留下的印象非常深刻。

生3：要用人们都知道的去比喻人们不知道的。例如“全淀的芦苇收割了，垛起垛来，在白洋淀周围的广场上，就成了一条苇子的长城”，用这个比喻让人们了解白洋淀的富饶。

生4：要用具体的去比喻不具体的。例如用洗脸、扫地去比喻批评和自我批评。

生5：使用比喻要和所表述的气氛一致。例如在荷花淀打日本汽船那一段的景物描写，把那“荷花箭”比喻为“白洋淀的哨兵”。

教师做小结时，在肯定了学生们的发言之后，总结了两点：第一，要用已知的、简单的、浅显的、具体的事物，去比喻未知的、复杂的、深奥的、抽象的事物；第二，使用比喻，要和所表达的情感、气氛协调一致。

上述教学实例，教师以所授课文中的比喻为基础，联系其他，拓展、深入，引导学生总结出了运用比喻的规律，既有益于学生，又有益于提高教学效率。

（三）授方法

怎样培养学生的语文能力才既有效果又有效率呢？那就是教给学生语言文字运用的方法。方法是解决问题的途径和手段。方法可以帮助人们沿着正确的道路认识客观事物和运用客观事物，甚至改造客观事物。做一件事，在其他条件具备的情况下，能否做好，方法就是决定因素。

就学习语文而言，不掌握阅读的方法，就不能确切、全面、深刻地理解作品的内容和形式；不掌握写作的方法，就不能准确、鲜明、生动地表达思想情感；不掌握思维的方法，就不能敏捷、宽广、深刻、周密、创造性地认识事物；不掌握记忆的方法，就不能快速、顺利、牢固地记住应该记忆的内容。由此可见，向学生传授方法是提高教学质量和提高教学效率的必由之路。

传授方法也不是另搞一套、单独进行的，而是结合课文的解读适时去做的。

像学习文言文，学生要能够准确而通顺地译成现代汉语。浅显易懂的容易做到；费解难懂的就不好译了。为此，我教给了学生一种方法，叫作“文言文四行对译法”。具体说就是采取四行书写的格式，例如：

有　好　事　者　船　载　以　入。

|　|　|　|　|　|　|　|

有　喜好　事的人　船　运　用进入。

有一个喜好多事的人，用船运进了一头驴。

第一行抄录原文。第二行以词为单位画竖线待解。第三行逐词注解。第四行依据注解做调整补充，使其成为准确、通顺的现代汉语译文。学生掌握了这种方法，对于比较难懂的文言文，就有了成效显著的破译之道。

（四）养习惯

所谓习惯，是经过长时间逐步养成的、一时不容易改变的行为、倾向或风尚。习惯最大的特点就是稳定性，习惯一经形成，就很难去改变它，因此，使学生养成学习语文和运用语文的良好习惯具有重要意义。其意义就是一劳永逸。只要使学生养成了某种良好的习惯，今后就成为了他们自然而然的自觉行动，终生受益。

养习惯的关键是“养”。就是教师要有培养学生良好习惯的意识，在教学活动中不失时机地去培养学生。具体地说就是，凡是实用性强的、使用频率高的语文知识和行之有效的、应用范围广的读写听说的做法，就要创造条件，安排学生反复运用。这样，久而久之，学生运用这些知识和方法解决实际问题的习惯就形成了。良好的习惯形成了，学习、做事的效率也就提高了。

需要培养学生哪些习惯呢？主要有学习习惯、思维习惯、审美习惯、运用知识的习惯、观察生活积累素材的习惯等。这里就不再一一详述了。

以上林林总总谈了很多，简言之就是兴利除弊。提高教学效率不能一蹴而就，也非一日之功，必须多方努力，持之以恒，方可奏效。

2017 年 3 月

浅谈语文教学中的世界观方法论教育

对学生进行思想品德教育，是包括语文学科在内的各个学科的共同任务。而进行世界观方法论的教育，是思想品德教育的一项重要内容。

一、在语文教学中进行世界观方法论教育的可行性

世界观就是人们对世界总的根本的看法，它包括对自然界和人类社会的一切事物的看法。科学的世界观是反映自然、社会、思维等的客观规律的世界观。它能够引导人们的认识接近真理，对人们思想认识的发展提高起到积极的作用。

方法论就是关于认识世界和改造世界的根本方法的学说。方法论的重大作用是引导人们的思维沿着正确的途径去认识事物。科学的方法论，是在实践的基础上，对事物发展的一般的客观规律性所做的正确概括与总结。

辩证唯物主义是科学的世界观，又是科学的方法论。它揭示了自然界、人类社会和思维的运动与发展的普遍规律，并为人们依据这些规律去进一步认识世界和改造世界提供了方法论

的指导。

由此可见，在语文教学中对学生进行世界观和方法论的教育具有重要意义。如果学生对自然界和人类社会能够逐步具有正确的看法，如果学生的思维能够逐步沿着正确的途径进行，如果学生能够逐步地掌握认识世界和改造世界的根本方法，这对于他们未来走向社会时的政治态度、思想观点、道德情操和办事能力都将产生巨大的影响。所以，对学生进行世界观和方法论的教育，对他们的健康成长将起到不可估量的作用。

世界观方法论的教育如此重要，那么，在语文教学中进行这样的教育可行吗？

现行的语文教材，是由一篇篇文章组成的文选式教材。而文章的内容和形式是统一的，不可分割的。辩证唯物主义认为，任何事物都有它的内容和形式，内容和形式是对立统一的关系。一定的内容依赖于一定的形式来体现，一定的形式为表现一定的内容而存在。内容决定形式，形式表现内容并且反过来影响内容。任何事物都是如此，各类的文章也是这样。从古到今一直流传着“文以载道”“文道统一”的说法，这正是历代语文学家对这一客观规律的精辟表述。

文章是这样，阅读文章也是如此。阅读的过程中，理解思想内容和理解语言形式也是统一的，不可分割的。也就是说，要通过语言形式领会思想内容，依据思想内容领会语言形式。

既然如此，这就决定了在语文教学中语文教育和思想教育也是统一的，不可分割的。这并非是人为规定的，而是客观规律所决定的。正因为这样，世界观方法论教育是语文教学的分内之事。

不但如此，在语文教学中进行世界观方法论的教育，还具有得天独厚的优越条件。阅读也好，写作也好，都与人的认识水平密切相关。而人的认识水平的高低，正是由世界观方法论科学与否决定的。如果具有一定的世界观方法论的修养，阅读时就可以全面、深入地解读，获得正确而深刻的理解；写作时就可以科学地认识事物，从而写得鞭辟入里。

既是这样，在课堂教学中，教师若指导学生运用世界观方法论的某些道理去研究分析课文，既深刻地解读了课文，又使学生受到了一次世界观方法论的教育，此二者确实是相辅相成，相得益彰。

例如《中国石拱桥》教学片段（摘要）：

师：这篇课文举了赵州桥和卢沟桥两个例子。能不能这样理解，中国的石拱桥有的像赵州桥，有的像卢沟桥？

生 1：不能这样理解。赵州桥就是赵州桥，卢沟桥就是卢沟桥，别的桥和它们是不一样的。

生 2：中国的石拱桥是多种多样的。赵州桥、卢沟桥只是其中的两种样式。

生 3：赵州桥有赵州桥的特点，卢沟桥有卢沟桥的特点。既然是特点，就是别的桥没有的。别的桥和这两座桥不同。

师：很好。你们说得都对。但是，本文的标题是“中国石拱桥”，所写的内容呢，是和别的桥不同的赵州桥和卢沟桥。这样看来，本文的标题和所写的内容是不一致、不吻合的呀！

（学生思考）

师：这个问题这样解决，赵州桥具有特殊性，卢沟桥也具有特殊性，其他的中国的石拱桥用不用一一地具体介绍呢？不用了。为什么呢？因为“普遍性存在于特殊性之中”（板书）。下面大家再读读课文，看看赵州桥和卢沟桥中是不是存在着中国石拱桥的普遍性特点？

（学生读书思考）

生4：课文开头说过中国石拱桥历史悠久、结构坚固、外形优美，赵州桥和卢沟桥都存在这些特点。

生5：赵州桥和卢沟桥都有自身的特点，同时又具有中国石拱桥普遍存在的共同点。

生6：中国石拱桥不是哪一座桥的名称，它是中国大地上无数座石拱桥的总名称。光说中国石拱桥是看不见也摸不着的，所以就要举例说明。由于赵州桥和卢沟桥既有本身的特殊性，又有中国石拱桥普遍性的特点，所以用这两座桥举例，就把中国石拱桥具体地说得清楚明白了。

师（小结）：是普遍性存在于特殊性之中这个道理帮助我们理解了课文。这个道理还有两种说法：一个是“共性存在于个性之中”（板书），另一个是“一般存在于个别之中”（板书），这三种说法的意思是全都一样的。这个道理，对于认识各种事物都很重要。希望大家记住它，并在今后运用。

从这个教学片段可以看出，是“普遍性存在于特殊性之中”这个道理帮助学生顺利地理解了课文，反过来课文又具体化地加深了学生对这个道理的理解。由此可见，在语文教学中进行世界观方法论的教育，是切实可行的。

二、在语文教学中世界观方法论教育的实施

语文教学中的世界观方法论的教育，不是单独进行的，而是在教师指导学生解读课文的过程中适时进行的。由于入选课本的课文文质兼美，多彩多姿，所以结合解读课文进行的世界观方法论教育的方式方法也是灵活多样的。下面介绍在语文教学中实施世界观方法论的几种类型。

（一）指引思路

所谓指引思路，就是教师在指导学生阅读分析课文时，用辩证唯物主义或历史唯物主义的某些观点，把学生的思维引向正确的方向。

例如《一面》教学片段（摘要）：

师：同学们读读课文，然后说说青年工人在书店碰到鲁迅先生这件事，是偶然的呢，还是必然的呢？

（学生读书思考）

生 1：这件事是偶然发生的。青年工人是因为上班时间未到才去内山书店的，并不是事先约定的，而且他也不知道鲁迅先生在那里。

生 2：我也认为这件事是偶然的。鲁迅先生去书店，是找内山先生的，并不知道有这样一个青年会到这个书店来。他们的相遇完全是偶然的。

师：说得对。青年工人和鲁迅先生在内山书店会面这件事确实是偶然的。但是，请同学们注意，“必然性存在于偶然性之中”（板书）。这是认识事物的一条科学规律。下面请同学们再读读课文，

然后说说这件事当中存在着哪些必然性。

（学生读书思考）

生3：那个青年工人是个进步青年，内山书店是卖进步书籍的书店，所以，进步青年去进步书店买书是必然的。鲁迅先生是革命作家，内山是进步人士，所以，鲁迅先生到内山书店去会见内山先生也是必然的。这样，鲁迅先生在内山书店遇见那位青年工人也就是必然的。

生4：鲁迅先生是个革命者，他对进步青年一向关心、爱护、支持。那青年工人要求进步，看到进步书籍如饥似渴，爱不释手。这样，鲁迅先生把自己翻译的《毁灭》赠给青年工人，把曹靖华翻译的《铁流》按成本出售给青年工人，也是必然的。

（教师肯定学生的发言，并做小结。）

在这个教学片段中，教师先用“偶然”和“必然”这两个概念引导学生“想什么”，而后再用“必然存在于偶然之中”这一规律引导学生“怎么想”。这样，既顺利地解读了课文，又进行了世界观方法论的教育。

（二）指导深入

在学生阅读课文的过程中，有时会遇到困惑，使思考一时不能深入下去；有时学生对某个问题的看法产生了分歧，一时难以统一。这时，如果情况适合，教师可用辩证唯物主义或历史唯物主义的某个基本观点指导学生，使学生在科学理论的指导下，思维得以深入展开，从而对课文获得正确的理解。

例如《驿路梨花》教学片段（摘要）：

师：大家读读课文，然后说说这篇课文的主人公是谁。

（学生读书后发言）

生1：我认为本文的主人公是梨花姑娘。她是首先主动为过路人服务照料林间小屋的人。

生2：我认为解放军战士是本文的主人公。是他们首先想到要为过路人服务，而且动手建造了林间小屋。如果没有他们建造这个小屋，就没有后来发生的一切。

生3：这篇课文主要是写林间小屋为过路人带来了方便。所以，坚持长期为林间小屋提供水、米、干柴等生活必需品的梨花姑娘和后来接她班的妹妹，这两个人是最重要的。这两个人都是本文的主人公。

生4：文中的“我”、老余、瑶族老人，虽然是林间小屋的受益者，但是，瑶族老人送还了粮食，他们三人又主动修葺了林间小屋，他们是林间小屋受益者的代表，他们也是林间小屋的照料者。他们也是本文的主人公。

（学生谈出了各自不同的看法，并期待着教师表态。教师并没有直接表态，而是拿起了一个事先准备好的茶杯。）

师：我这里有一个茶杯，我把它的正面对着大家，你们看到的是个上有盖子侧面有把儿的杯子；如果我把它的侧面对着大家，你们看到的是上面有盖子的杯子，那把儿不见了；我把杯子放倒让盖子正对着大家，这等于从上面向下俯视，你们看到了盖子顶部和它的花纹及把儿的顶部。正视、侧视、俯视同一个茶杯，看到了三种不同的形象。这三种不同的茶杯形象，都是亲眼所见，都没有错，可是哪一种视角都没有把杯子看全。这就告诉我们认识事物、看问题要“克服片面性，坚持全面性”（板书）。这就是说，认识事物不能只从某一个角度、单方面地去观察、认识、理解，要从不同的角度、全面地认识事物。

下面大家再读读课文，要在“克服片面性，坚持全面性”的指导下，再谈谈这篇课文的主人公是谁。

生5：全面看这篇课文，它是想告诉读者，大家都在以实际行动学雷锋，为人民服务。所以，解放军战士、梨花姐妹、“我”、老余、瑶族老人，他们都是本文的主人公。

生6：这篇课文告诉读者，为人民服务已经形成了风气。所以，作者歌颂的不是某一个人，而是一个群体。这样说来，文中的这几个人物都是主人公。

师：完全正确。

这个教学片段，当学生对课文的理解各持己见，出现了分歧的时候，教师适时地举例讲解了“克服片面性，坚持全面性”的道理。这样做，不仅进行了有关的世界观方法论的教育，而且以此为指导，使学生正确地理解了课文。

（三）小结施教

在教师的指导下，学生阅读分析课文，并取得了正确的认识后，接下来在教师小结的时候，把指导学生运用的观点揭示出来并做适当的讲解，这便是小结施教。

例如《鲁提辖拳打镇关西》一文的教学，教师首先安排学生读课文，读时思考：鲁提辖是怎样对待金老父女的，同时鲁提辖又是怎样对待郑屠户的？这说明什么？

经过读书、思考、发言讨论，在教师的指导下，得出了如下的认识：

鲁提辖对待金老父女是一问（为何啼哭），二赠（银两），三救（逃出虎口）。鲁提辖对待郑屠户是一要（消遣他），二揭（揭露强骗金翠莲的罪行），三打（三拳打死）。这说明鲁提辖为人正直，扶危济困，惩恶扬善，疾恶如仇，除暴安良。

接着教师安排学生再读课文并思考：郑屠户是怎样对待金老父女的，同时又是怎样对待鲁提辖的？这说明什么？

经读书、思考、发言讨论，在教师的指导下得出了如下认识：

郑屠户对待金老父女是一占（霸占金翠莲），二弃（赶走金翠莲），三诈（虚钱实契诈骗银两）。郑屠户对待鲁提辖是一从（顺从地伺候），二拚（拚命），三求（求饶）。这说明郑屠户为人歹毒，欺压良善，无恶不作，欺软怕硬，外强中干。

此后，教师告诉学生：为什么让大家把鲁提辖如何对待金老父女和他如何对待郑屠户联系在一起思考，又为什么让大家把郑屠户怎样对待金老父女和他怎样对待鲁提辖联系在一起思考呢？这是因为“事物是普遍联系的”（板书）。这就是说，世界上的事物都不是孤立存在的，总是与其他事物具有这样或那样的联系。这是一条客观规律。所以，我们思考问题、认识事物都不能孤立地进行，而是要把有关的事物联系在一起去思考，去认识。这样认识事物，不会走弯路；这样认识事物，才是全面的、正确的。

（四）学习运用

教师指导学生学习了某项世界观方法论的道理之后，即安排学生学着运用这项道理。

例如《人民的勤务员》的教学片段：

师：这篇课文的开头引用了一段雷锋同志的日记，“人的生命是有限的，可是，为人民服务是无限的。我要把有限的生命，投入到无限的为人民服务之中去。”雷锋同志的这句话，揭示了一条深刻的道理，即“无限存在于有限之中”（板书）。下面请同学们读读课文，之后请用这篇课文的内容说明：在有限的人生中，为人民服务是无限的。

（学生读书后举手发言）

生 1：雷锋同志为人民服务的对象有各种各样的人，是无限的。有背着小孩的妇女，有白发苍苍的老大娘，有列车上的老人，有车站上的装卸工，有候车室里的旅客等。总之，男女老少，个人集体，都是雷锋同志服务的对象。

生 2：雷锋同志为人民服务的时间也是无限的。有的是出差途中，有的是工作（擦洗汽车）过程中，有的是过节的时候。这就是说，不管是平日还是节假日，他都尽自己的力量去为人民服务。

生 3：为人民服务也没有气候的限制。雷锋同志所做的事，有的发生在晴天，有的发生在雨天，有的发生在炎热的夏季，有的发生在寒冷的冬天。

生 4：为人民服务的地点也没有限制。这些事大部分发生在车站、车厢等公共场所，也有的发生在部队所在地。

生 5：雷锋同志为人民服务的办法也不止一种。像打扫车厢，帮老大娘找儿子，送大嫂回家，帮装卸工人盖行李，这是尽自己的人力；像用自己的津贴费给背小孩的中年妇女买火车票，这是尽自己的财力。

师：很好。说得都对。大家的发言，充分地说明人的生命是有限的，但是为人民服务的范围是无限的。这也证明了“无限存在于有限之中”这个道理。

既然无限存在于有限之中，那么，我们就要善于把学到的有限的知识运用到无限的领域。“熙熙攘攘”这个成语的意思是有限的。下面请同学们用它练习口头造句。如果大家能够把它的使用范围引向无限的领域，那么大家造出的句子便会是丰富多彩的，具有创造性的。

此后，学生用“熙熙攘攘”形容了北京、上海、天津、广州、香港、东京、巴黎、纽约等繁华的地区。此后，教师启发道：“无限的领域只能体现在地点上吗？”在教师的启发下，学生又用这个成语形容了春天的八达岭，夏天的北戴河，秋天的香山，冬天的龙庆峡，去年的春节，前年的中秋；又从开国大典说到“五四运动”、太平天国，最后一直说到了陈胜、吴广起义。

教师对学生的造句表示满意并做了小结。

这个教学过程表明：运用科学世界观方法论的某些理论指导学生阅读和表达，一方面使学生阅读和表达的质量得到了提高；另一方面在阅读和表达的实践中，又加深了对科学世界观方法论有关理论的理解，而且为今后自觉地运用这些科学理论开辟了道路。

三、在语文教学中进行世界观方法论教育的要领

语文教学中的世界观方法论教育，不是按照辩证唯物主义和历史唯物主义的理论体系进行的，而是伴随着课文的教学进行的。这就是说，进行哪个观点的教育，是根据课文的具体情况决定的。

这样，怎样使学生便于接受和易于接受，就是必须考虑的问题。除了在教材结构允许的范围内，对教材的顺序安排做适当调整之外主要是做到下列几点。

（一）通俗易懂

对于初中学生来说，学习辩证唯物主义和历史唯物主义的理论有一定的难度，因此要用简明、平易、通俗的语言进行教学。

例如《狼》一文的教学片段。

教师提问，在这个故事中，屠户为一方，狼为一方，这两方谁主动，谁被动？大家再读读课文，然后发表意见。

开始时，有的学生认为狼主动，屠户被动；有的学生认为屠户主动，狼被动。经过一番讨论，大家统一了认识，前一阶段狼主动，处于支配的地位；屠户被动，处于被支配的地位。后一阶段形势发生了变化，屠户主动，处于支配地位；狼被动，处于被支配的地位。

这时，教师进一步引导，屠户前一阶段被动，处于被支配的地位，可到了后一阶段发生了根本的转变，由被动变成了主动，处于支配的地位了。大家再看看课文，想一想在什么条件下屠户处于被动地位，又是在什么条件下屠户处于主动地位。

学生发言踊跃。有人说屠户遇到了狼，采取满足狼的办法，把骨头扔给狼，想以此脱身。可是狼的欲望是无穷的，几块骨头满足不了它，狼还是步步逼近。这样，屠户就处在了被动的地位。有人补充说，正是因为屠户采取了这样妥协的做法，所以他处在了被动地位。有人说当屠户的骨头扔完了，两只狼又追上来时，屠户如果再妥协就要轮到自己被狼吃了，于是他拿起刀杀了两只狼。这就是说在事实的教育下，屠户觉悟了，认识到我不杀它，它就要吃我，于是他改变了做法，采取了行动，转到了主动地位。大家赞同这名学生的发言。有人补充道，屠户对狼在进行斗争的条件下处于主动地位。有人进一步补充说，屠户在妥协的条件下处于被动地位，在斗争的条件下处于主动地位。

教师在小结中肯定了学生的发言并讲解。屠户是在把妥协改为斗争的条件下，由被动地位变成了主动地位。这说明，在一定的条件下，矛盾双方所处的地位互相转变。这是事物发展变化的一条规律，大家要注意学习运用。

在这个教学片段中，讲的是“转化规律”，但教师并没有引用经典的表述，怕学生费解。而是针对课文的具体内容，具体问题具体分析，而后得出了与经典表述意思相同的较为通俗的结论，以便于学生理解和学习运用。

（二）准确恰当

这里说的准确，是说运用辩证唯物主义和历史唯物主义原理时不能走样儿。即使不能使用经典著作原文，那么在转述时，所用的语言、所表达的意思，也要准确无误。

这里说的恰当，是指运用辩证唯物主义和历史唯物主义原理去解读课文时，一定要理论与课文实际相吻合。切不可牵强附会。否则，不但无益，反而有害。

例如《岳阳楼记》教学片段：

生 1：我认为范仲淹提出“先天下之忧而忧，后天下之乐而乐”固然是他思想进步的表现，但他的出发点绝不是我们今天所说的为人民服务。他是替统治阶级着想的，是为了维护统治阶级的地位，为统治阶级服务的。

生2：我认为为统治阶级服务算不了什么问题。范仲淹是这样，谁不是这样呢？从古代到今天，绝大多数的人都是为统治阶级服务的。

（教师想请大家对这个问题发表看法，可是一时无人回答。）

师：有这样一个道理："世界上的事物不是静止的，而是运动的。"（板书）这就是说，世界上的事物都不是固定不变的，而是在发展变化的。请大家用这个道理想一想刚才那位同学说得对不对。

生3：统治阶级也是在变化的。我国就有秦皇汉武，经历了唐宋元明清等多个朝代。世上的人，不管你是自愿还是被逼，都在直接或者间接地为统治阶级服务。

师：说得对。统治阶级也不是静止的，也是在发展变化的。那么现在呢？

生4：老师，我知道。过去的统治阶级是剥削和压迫人民群众的人。现在，我们的国家是由人民大众当家做主，现在的统治阶级就是广大的人民群众。过去为统治阶级服务，是为少数剥削者服务；现在为统治阶级服务，就是为广大的人民群众服务。

师：（肯定了这名学生的说法）历史在发展，社会在前进。新中国成立以后，我国的政治体制改变了，全国人民代表大会是国家的最高权力机构，因此，为统治阶级服务的内容也就有了本质的变化。现在，在我国，为统治阶级服务，就是为广大的人民群众服务。（停顿一下）我们讨论的这个问题，如果直接去想，使劲儿去想，是不容易一下子就想明白的。正是"世界上的事物不是静止的，而是运动的”这个科学世界观的观点，指引我们顺利地获得了正确的认识。所以，请同学们牢牢地记住这个观点，并运用这个观点去认识事物。

在这个教学片段中，教师引用的观点和对观点的解释都是有根有据的，所以是准确无误的。在这里运用这个观点，正好使这个不容易一下子说清楚的问题迎刃而解，堪称恰当。

（三）由简到繁

有的课文，使用一个辩证唯物主义或历史唯物主义观点，便可把想要解决的问题解释清楚，有的课文则需用不止一个观点才能解决问题。在安排教学顺序时，在不影响课本编排结构的情况下，尽可能把运用单一观点就可解决问题的课文安排在前，把运用不止一个观点才能解决问题的课文安排在后。这样安排，也符合由易到难、由浅入深的原则。

前文所举的课堂教学实例，都是使用一个观点解读课文的，这里就不再重复了。下面以《赫耳墨斯和雕像者》一文的教学片段（概况）为例，介绍一下解读课文时两个观点的配合运用。

师：请大家用简练的语言概括一下这则寓言故事的结局。

（学生纷纷发表自己的见解，经过一番讨论，大家都同意用“事与愿违”四个字概括。）

师：（肯定了大家的意见）雕像者最后的回答是把赫耳墨斯的雕像作为添头奉送，赫耳墨斯得到了这样一个事与愿违的结果。请大家用已经学过的“必然性存在于偶然性之中”的观点，分析一下这个结果的偶然与必然。

（学生认为雕像者的回答是赫耳墨斯没有想到的，意料之外的，这个结果是偶然的。赫耳墨斯过高地估计自己雕像的价值，这个结果是必然出现的。）

师：（表示肯定）那么，赫耳墨斯为什么会过高地估计自己雕像的价值呢？有这样一个观点，可以帮助大家解决这个问题。那就是“主观依据客观”（板书）。什么是主观？主观就是自我意识，就是人的所思所感。什么是客观？就是意识之外的一切，通俗地说，就是个人想法以外实际存在的一切。那么“主观依据客观”是什么意思呢？即个人的想法、认识不能按照自己的意志去想，而要依据外界事物存在的情况去想、去认识。也就是说，个人的思想认识要符合外界的实际情况。否则，个人的思想认识就是错误的。

（学生表示懂了）

师：请同学们用“主观依据客观”这个观点去分析赫耳墨斯为什么会过高地估计自己雕像的价值。

（生发言）

师：（综合学生的发言）第一，雕像的价值是根据体积的大小、原料的好坏、雕刻水平的高低决定的，并不是由被雕者的身份、地位决定的。而赫耳墨斯根本不了解这些，只是按照自己的意志去思考问题。第二，即使雕像的价值是由被雕者的身份、地位决定，那么赫耳墨斯也是过高地估计了自己。他完全不了解自己在老百姓眼中的地位。根据以上两点，可以看出赫耳墨斯的主观想法，完全脱离了客观实际，所以他必然得到“事与愿违”的结果。

这个教学片段，教师先安排学生用“必然性存在于偶然性之中”的观点，去分析寓言的结局，理解了“事与愿违”是必然的结果。

接着又让学生用“主观依据客观”的观点，去分析赫耳墨斯如此高估自己的原因，理解了赫耳墨斯主观想法脱离客观实际的思想根源。这样进行教学，学生既深刻地理解了课文，又受到了一次生动的世界观方法论的教育。

综上所述，在语文教学中进行世界观方法论的教育，既进行了思想品德教育，又培养了学生的语文素养（对阅读、思维、审美均有益），可谓一举两得。实践证明，这样做既可行，又行之有效。

2017 年 4 月

我教《中国石拱桥》的四个版本

课堂教学离不开教学理念的指导，有什么样的教学理念，就有什么样的课堂教学，而且课堂教学随着教学理念的发展变化而发展变化。15 年间，我执教过的《中国石拱桥》有四个不同的版本，每个版本都蕴含着各自不同的教学理念。

第一个版本

教学时间：20 世纪 80 年代初期。

（一）教学理念

当年，语文教学界的教学指导思想，一是“文以载道，文道统一”，二是“加强双基，培养能力”。所谓“文以载道，文道统一”，是指语文教学既不能脱离语言形式而空洞地讲解思想内容，也不能脱离思想内容单纯地讲解语言形式，正确的做法是通过对课文语言形式的领会，去理解课文的思想内容，继而通过对课文思想内容的解读，掌握课文语言形式的运用。所谓“加强双基，培养能力”，是指语文教学要加强语文基础知识学习和语文基本技能训练，力求做到“字不离词，词不离句，句不离篇”，即要在一定的语言环境中进行语文基础知识学习，不可脱离语言运用孤立地讲解语文知识，并通过语文基本技能训练，培养学生听说读写等方面的语言文字运用能力，实现语文教学的根本目的和任务。正是在这样的教学理念指导下，我第一次设计并执教了《中国石拱桥》。

（二）教学简介

第一环节，常规训练。所谓常规训练，就是每节课都要在固定时间进行常规内容的教学，一般安排在课开始后的前 10 分钟进行，而且训练内容的难度依据学生的实际情况逐步提高。第一版的《中国石拱桥》教学，我设计了三项常规训练：第一项是朗读训练，由一名学生上讲台给同学朗诵一首诗；第二项是讲说与听记训练，由一名学生上讲台给同学讲一个三分钟左右的课外小故事，寓言、童话、民间故事、名人逸事等均可，其他同学边听边简明扼要地记录人名、地名、时间、地点等关键信息，之后指定学生根据记录复述故事，由我和讲故事的同学共同讲评指导；第三项是基础知识巩固练习，方法是我把字词和其他基础知识写在一张张卡片上，由一名学生抽取卡片，指定其他同学或要求全体同学根据卡片上的要求或解词，或造句，或填空，或举例解说。进行这种常规训练的意图有三：一是巩固学生学过的基础知识，帮助学生积累词汇；二是培养学生当众口头表达的能力；三是培养学生倾听和摘记要点的能力。总之，就是要落实“加强双基，培养能力”。

第二环节，朗读课文，熟悉内容。这一环节，我在板书课题并指出《中国石拱桥》是我国著名桥梁学专家茅以昇先生写的一篇说明文后，要求学生用三分钟左右的时间按座次读课文，并简要复述课文内容。设计这一环节的目的是让学生熟悉课文，并给每一个学生以练习朗读的机会，培养他们复述课文和概括课文内容的能力。

第三环节，再读课文，寻找中国石拱桥的特点。这一环节，学生读课文后纷纷发言，分别结合作者对赵州桥和卢沟桥的介绍，引用原文中的词句，指出中国石拱桥具有“历史悠久”“结构坚固”“形式优美”三大特点。课堂上，学生的发言提到“推崇”“绝伦”“古朴”“惟妙惟肖”“长虹饮涧”“不知其所以为”等词语时，我随机做了解释。学生发言过程中，有一名学生说“课文中说‘大拱由28道拱圈拼成，就像这么多同样形状的弓合拢在一起，做成一个弧形的桥洞’，我不懂这是怎么回事”，我边用手做拱状模拟边解释，学生很快就明白了。学生发言完后，我板书了“久”“坚”“美”三个字，并小结概括了中国石拱桥的共同特点。这一环节，主要是引导学生理解中国石拱桥的共同特征，要求学生引用课文中的具体内容表达自己的见解，也是在变相引导学生加强对赵州桥和卢沟桥的了解，为下一步分析这两座桥各自的特点打基础。这一环节，有两个方面的经验值得总结：一是在解读课文过程中解释词语，容易出现教学过程生硬、割裂、不连贯等问题，解决的办法是将该词的解释嵌入原句读出来；二是学生提出的28道拱圈的问题是一个专业性很强的问题，先以手势配合用通俗浅显的语言解说，再用简单明了的语句把这个难点一语道破，是一个比较好的解决办法。后来，这种方法因为有效，成了我教《中国石拱桥》时的“保留节目”。

第四环节，三读课文，分析理解课文为什么用赵州桥和卢沟桥作为例子说明中国石拱桥。课堂上，学生再读课文后纷纷发言，并形成三个方面的共识：一是赵州桥的特点是“拱上加拱”，卢沟桥的特点是“石狮百态”；二是赵州桥和卢沟桥既有中国石拱桥的共同特点，又有其各自独有的特点，是中国石拱桥的杰出代表，课文采用的是代表性举例的说明方法；三是以赵州桥和卢沟桥为代表的中国石拱桥，取得了非凡的成就，体现了我国劳动人民的勤劳和智慧。

第五环节，总结说明方法，复习生字新词。

比之以往的教学，这一版本的教学有两个方面的明显变化：一是改变了之前文道脱节的授课方式——先孤立地讲解课文内容，再孤立地讲解写作方法（说明方法），转而引导学生通过语言文字理解课文内容，并借助课文内容领会语言文字的运用；二是改变了以往脱离课文语境单独解释词语的做法，改为引导学生在课文创设的语言环境中学习词语。

第二个版本

教学时间：20世纪80年代后期。

（一）教学理念

这一时期，我的教学指导思想在课堂实践探索中又有了新的认识。一是减轻学生负担，提高教学效率。具体地说，就是要力求课堂教学简洁、鲜明、扼要，注重“教规律，授方法，养习惯”。二是在引导学生理解课文内容的过程中，有意识地采取有效措施，加强思维训练，培养学生的思维能力，使学生的思维品质具有敏捷性、广阔性、深刻性、周密性和创造性。

（二）教学简介

第一环节，常规训练（同第一个版本）。

第二环节，初读课文，创造性复述。具体方式是引导学生以小学三年级老师的身份给学生简要介绍中国的石拱桥。这一环节意在培养学生筛选信息的阅读能力，以及条理化组织语言的思维能力和口头表达能力，同时熟悉课文内容。

第三环节，再读课文，引用课文内容具体说明赵州桥和卢沟桥的特点。课堂上，学生引用课文内容发言时，我引导学生结合语境理解了“推崇”“大拱由28道拱圈拼成”等新词难句（同第一版）。学生引用课文内容说明赵州桥和卢沟桥的共同特点后，我要求学生用自己的话进行概括，得出“历史悠久”“结构坚固”“形式优美”的结论，并概括为“久、坚、美”。对于赵州桥和卢沟桥的不同特点，学生引用课文内容发言后，在我的引导下分别概括出“拱上加拱”和“石狮百态”。这一环节，我所提问题既要学生找“同”又要学生找“异”，帮助学生既了解了中国石拱桥的共同特点，又了解了赵州桥和卢沟桥的个性特点，非常好地激发了学生的思维，提高了教学效率。

第四环节，再读课文，谈课文为什么用赵州桥和卢沟桥举例。课堂上，学生一致认为赵州桥和卢沟桥是最有代表性的中国石拱桥，既具有中国石拱桥的共同特点，又有各自的特点，所以作者会以它们为例。

第五环节，总结全文，出示卡片复习词语。

这一版本的教学和上一版本的教学的区别主要在第二和第三

环节的设计上，教学思想是不仅要加强思维训练，提高课堂教学效率，还要把加强基础知识教学、培养阅读和写作能力、培养学生思维能力、扩大教学容量等目标融于具体的教学措施之中，以求事半功倍的教学效果。

第三个版本

教学时间：20 世纪 90 年代初期。

（一）教学理念

这一时期，通过学习教育科学理论和总结教学实践，我又有了新的教学观。一是课本是语文教学的凭借。其实，关于语文课本的作用，叶圣陶先生早就说过："语文教学不能凭空着手，都得有所凭借，凭借什么？就是课本。"既然语文教材是语文教学的凭借，那语文教学的目的就不是教教材，而是教会学生正确理解和熟练运用祖国的语言文字。二是过程比结果重要。任何学习都是一个渐进的过程，知识和能力从无到有，由浅而深，都是逐步完善的，学生只有参与到学习过程中，才会有不同程度的收获。放手让学生参与到学习过程中，是培养学生学习能力的有效途径。

（二）教学简介

第一环节，常规训练（同第一个版本）。

第二环节，板书课题，引导学生看注释简要了解作者后，我要求学生按座次读课文，并在标题前添加修饰性词语。学生添加出"成就辉煌的中国石拱桥""美丽坚固的中国石拱桥"等，经过我的引导，学生又添加出"历史悠久的中国石拱桥""结构坚固的中国石拱桥”“形式优美的中国石拱桥”，并进一步将中国石拱桥的特点概括为“久、坚、美”。学生发言时，我还顺势引导学生理解了课文中的生字词和难懂的句子。这一环节在标题上下功夫，借助标题解读课文，是一项创新的教学措施，不仅开辟了一条分析课文的途径，还给学生提供了一种阅读课文的方法，非常有利于培养学生的阅读能力。

第三环节，以“《中国石拱桥》是一篇讲中国石拱桥的说明文，而课文具体介绍的却是赵州桥和卢沟桥，中国的石拱桥是不是一部分像赵州桥，另一部分像卢沟桥”这一问题引导学生读课文并思考。学生在我的引导下，经过充分讨论，得出以下几点结论：第一，中国石拱桥大小不一，形式多样，赵州桥和卢沟桥只是其中的两个；第二，赵州桥和卢沟桥具有中国石拱桥久、坚、美的共同特点，而且各有特色，赵州桥“拱上加拱”，卢沟桥“石狮百态”；第三，赵州桥和卢沟桥是中国石拱桥最杰出的代表，课文以这两座桥为例说明中国石拱桥，运用了“代表性举例”的方法。这一环节，我采用判断性的提问方式引导学生读课文并思考，目的是凭借课文加强思维训练，并培养学生的阅读理解能力。

第四环节，以“课文为什么要举赵州桥和卢沟桥的例子说明中国石拱桥”这一问题引导学生读课文并思考。经过一番讨论，学生逐渐认识到中国石拱桥有“独拱”和“联拱”两类，所以作者要每一类各举一例进行说明。之后，我告诉学生，这是写说明文最常用的一种方法，如果被说明对象可以分成几类，一般都要每一类各举一个典型例子加以说明。这一环节，真正体现了借教材教学生“正确理解和熟练运用祖国的语言文字”这一教学理念，并践行了说明文教学只有以课文为例，教给学生阅读说明文的方法和写作说明文的方法，才不至于把语文课上成科学课。

第五环节，我一边把零散的板书通过连线绘制成图表，一边对全课作总结，并在引导学生用卡片复习新词后宣布下课。

附：板书设计

中国石拱桥		
久　坚　美		共性特点
独拱	联拱	每类一例
赵州桥	卢沟桥	代表性举例
拱上加拱	石狮百态	个性特点

这一版本的教学，我在兄弟省市作为公开课上过多次后，一些问题也被逐渐发现，如有些教学环节不够流畅，有些问题讲得不是很到位，有些新的教学观及其做法在课堂上还未得到体现。

第四个版本

教学时间：20 世纪 90 年代中期。

（一）教学理念

这一时期，通过学习国内外教育教学理论和开展教学实践，我对语文教学又有了新的认识。一是语文教学要渗透世界观和方法论教育。科学的世界观可以使人正确认识世界和改造世界，而方法论则是认识世界和改造世界的根本方法。在语文教学中渗透世界观和方法论的教育，对学生的健康成长具有重要意义。二是优化教学过程是提高语文教学效率的有效途径。这里说的优化教学过程，就是要使课堂教学的整个过程都要尽量没有瑕疵，做到科学、高效、生动、流畅。方法与策略有二：一是要求精，二是要求巧。求精，就是要追求内容精、容量大、程度深，力争一举多得，事半功倍。求巧，就是要追求方法得当、措施巧妙，力争平中出奇、举重若轻。

（二）教学简介

第一环节，常规训练（同第一版）。

第二环节，学生读课文，并通过在标题前添加词语，了解课文内容（同第三版）。

第三环节，学生再读课文，在标题后添加词语，并引用课文内容解说添加原因。学生读课文添加出“中国石拱桥的两个例子”后，我问学生为什么作者要选择这两个例子，学生引用课文内容解说了赵州桥与卢沟桥这两座桥的特色，并在我的引导下总结出赵州桥的特点是“拱上加拱”，卢沟桥的特点是“石狮百态”。之后，我以“这篇课文的标题是‘中国石拱桥’，所写内容是各有特色的赵州桥和卢沟桥，这样看来，课文的标题和所写内容是不是不一致”这一问题引导学生思考讨论，并以“这一问题的解决，蕴含着一条认识的科学规律，那就是普遍性存在于特殊性之中”，引导学生读课文，分析具有特殊性的赵州桥和卢沟桥是不是具有中国石拱桥久、坚、美的普遍性特点。学生读课文后指出，中国石拱桥并不是哪一座桥的名称，而是中国广袤大地上无数座石拱桥的总称，光说中国石拱桥看不见也摸不着，所以作者要举例说明。赵州桥和卢沟桥既具有中国石拱桥的普遍性特点，又有各自的特殊性和长处，以这两座桥为例说明，可以把中国石拱桥的具体特点说清楚。学生发言时，我通过总结告诉学生这种写作方法叫代表性举例。之后，我继续引导学生在标题后添加词语，学生经过讨论交流，添加出“中国石拱桥的两个范例”。这是第四个版本最主要的修改。设计意图有二：一是引导学生从数量上思考，以便于明确中国石拱桥有“独拱”和“联拱”两个类型，文中作者是每一类举了一个例子；二是要在语文教学中渗透世界观和方法论教育，加强《中国石拱桥》这篇课文的思想教育意义。

第四环节，以“我们已经明确这篇课文写了中国石拱桥的两个范例。下面，请同学们进一步谈一谈作者为什么只举了两个例子来说明中国石拱桥的特点”这一问题，引导学生继续阅读课文并思考作者这样写的原因和好处。学生发言后，我总结了写说明文运用举例的说明方法时要注意的三点内容：一是说明群体性事物可以进行分类说明；二是进行分类说明一般要每一类各举一个例子加以说明；三是所举例子一定要有代表性。

第五环节，一边整理板书一边做总结，并强调阅读过程中要指导学生学会运用“普遍性存在于特殊性之中”这一科学规律，解读人物、事件、事物，还要根据具体情况，运用在标题前添加词语或在标题后添加词语的“添加标题阅读法”，掌握所读作品的主要内容；写作说明文时如果被说明对象是群体性事物，要采用分类说明的方法加以说明，而且最好是每一类各举一个有代表性的例子，即举例要典型。

第六环节，课堂训练。要求学生以“我家的笔”为题进行口头作文，师生共同进行点评。

附：板书设计

<table>
<tr><td rowspan="3">普遍性存在于
特殊性之中</td><td colspan="2">中国石拱桥</td><td rowspan="3">群体事物</td></tr>
<tr><td colspan="2">久　坚　美</td></tr>
<tr><td>独拱</td><td>联拱</td></tr>
<tr><td rowspan="2">添加标题阅读法</td><td>赵州桥</td><td>卢沟桥</td><td rowspan="2">分类说明
每类一例
举例典型</td></tr>
<tr><td>拱上加拱</td><td>石狮百态</td></tr>
</table>

教学一篇课文最后的总结，不应只是对课文进行综合评述，更为重要的是要以培养学生的语文素养为目的，强化以课文为教学范例的阅读指导和写作指导。这一版本的板书设计，是在第三个版本的基础上改进形成的，不仅通过对课文的浓缩解读给学生提供了解读示范，更是对学生应该学到什么阅读知识和写作知识做了明确提示。至于新增的口头作文训练，则是要巩固课堂上学到的说明方法，做到学以致用。

几点体会

回顾并总结我教学《中国石拱桥》的四个不同版本，有以下几点体会。

第一，教学理念对课堂教学具有决定性的引领作用。科学的教学理念引领课堂教学走向正确的方向；引领课堂教学实现包括培养学生语文素养在内的育人功能；引领课堂教学提高教学效率，取得良好的教学效果。如果脱离科学教学理念的引领，课堂教学就会陷入盲目，走上错误的道路。由我执教《中国石拱桥》的四个版本可以明显看出，有什么样的教学理念，就会有什么样的课堂教学。因此，语文教师必须注重教育科学理论的学习，确立科学的教学理念，及时关注教学改革的发展动态，做到与时俱进。

第二，要在继承的基础上发展。对于从古人和前辈那里流传下来的符合规律的论述和经验，我们教师一定要认真继承。当然，在继承的基础上还要勇于创新。只要有利于培养学生的语文素养，只要符合语文教学的客观规律，就都要勇于实践，并通过实践检验，使其日臻完善。

第三，万变不离其宗。尽管我所教学的四个版本的《中国石拱桥》15 年来一变再变，但我一直牢记“万变不离其宗”这句至理名言。所谓宗，就是宗旨，即目的和意图。语文教学的宗旨，是使学生能够正确理解和熟练运用祖国的语言文字，即培养学生的语文素养，离开这个宗旨求变，会使语文教学走上错误的道路。

以上对我执教《中国石拱桥》的四个版本的回顾与总结，不仅是我研究怎样教好一篇课文的经历，也是我语文教学探索之路的一个缩影。

2017 年 5 月

怎样钻研教材

教材是语文教学的凭借。语文教师凭借教材，教学生正确理解和熟练运用祖国的语言文字。既然教材是语文教学的凭借，教师就要熟练掌握如何巧妙运用这个凭借的方法和技巧。而针对某篇教材，怎样去运用它，其运用的方法和技巧及其巧妙的程度，源于教师对该教材是否精通以及精通的程度。只有精通教材，授课才会准确无误，才不会误人子弟；只有精通教材，巧妙的教学设计、高明的教学措施才会创造出来。可见，钻研教材何等重要。

例如《我的叔叔于勒》教学过程（摘要）：

师：大家读一遍课文。课文结尾写菲利普夫妇为了躲避于勒，改乘另一条船离开了这里。读后说说这样的结局是谁造成的。（生读后发言）

生1：是那个女婿造成的。菲利普夫妇怕他知道了于勒的情况，对女儿的婚事不利。

生2：是于勒的贫穷和不良的品德作风造成的。

生3：是菲利普夫妇爱慕虚荣、嫌贫爱富造成的。

生4：是那个社会制度、社会风气造成的。在那个资本主义社会，人与人之间的关系就是金钱关系。

教师结合几名学生的发言做了小结，之后要求大家再读一遍课文。读完以后，再给本文拟一个标题。要求是：标题中还要保留于勒的名字。

生5：我的叔叔于勒回来了。

生6：我见到了我的叔叔于勒。

生7：我的叔叔于勒原来这样。

生8：从我的叔叔于勒说起。

师：能解释一下你拟的标题吗？

生8：这篇课文的主人公是菲利普夫妇。于勒并不是主人公，他是引出菲利普夫妇恶劣表现的人，所以这个故事是从他说起。

师：说得好。这是一种写作方法。大家知道这叫什么写作方法吗？

生9：线索。这是以于勒这个人物为线索的写作方法。

教师给予肯定，而后做了小结指出：前一个阅读的步骤是以果求因阅读法，后一个步骤采用的是另拟标题阅读法，并希望学生学习运用。

上述教学过程，只用了两个提问，就解读了全篇的内容和形式，简洁明快。第一个提问涵盖全文，引导学生解读了文中的人物，解读了课文深刻的思想内容。第二个提问引导学生同中求异，解读了课文的写作特点。这两个提问，起到了解读全篇的统领作用。

这个教学过程用两个提问，不仅引导学生解读了课文，使学生从中潜移默化地受到了思想教育，而且同时以课文为范例，用课文教给学生阅读的方法和写作方法，可谓以简驭繁。

这样的教学设计，源于对教材的钻研。教师对教材纵向通读，横向联系，由点到面，由表及里，反复研读。研究了人物，研究了人物间的关系；理清了作品的脉络，揣摩了作者的构思，思考了标题和内容的搭配。正因为钻研教材全面深入，才找到了解读教材的捷径，从而有了上述教学设计。由此可见，钻研教材具有重要意义。

怎样钻研教材呢？

一、钻进去

钻研教材首先要做到钻进去。钻进去是指对教材要有全面、深入、透彻的理解。所谓全面，是说要解读教材的各个方面，不能有所偏废。从内容到形式，从字词句段到篇章结构，都要读懂。所谓深入，就是从语句的表层意思到深层的含义，从语言的表述到作者的用意，都要清楚明白。所谓透彻，就是理解课文要做到详尽、彻底，不能满足于一知半解，不能遗漏任何一个容易被忽视的地方。特别是那些看似平平常常，其实是作者颇具匠心的笔墨，决不可忽略。要想钻得进去，就要静下心来，专心致志，精心投入；要想钻得进去，就要养成善于质疑、追根寻源的良好习惯。

例如《变色龙》教学片段（摘要）：

课文结尾写道：广场上的“那群人就对着赫留金哈哈大笑”。

师：读读课文想一想，广场上的那群人笑什么？

生1：笑赫留金倒霉。

生2：也是笑奥楚蔑洛夫变化无常，一副奴才相。

师：还笑什么？

（无人举手）

师：广场上的那群人是多少人？

生3：成群的人，就是比较多的人。

师：这么多人，是些什么人呢？

生4：什么人都有，各个阶层的人。谁走到这里，赶上了，就有谁。

师：这些各个阶层的人，他们看问题的角度一样不一样？

众生：不一样。

师：这些人认识事物的深度一样不一样？

众生：不一样。

师：既然如此，这么多不同阶层的人，对眼前发生的这一幕，看法和感受一样不一样呢？

众生：不一样。

师：他们不同的看法和感受，都体现在这一"笑"之中了。大家谈谈，这笑的不同内容都有哪些呢？

生5：笑一人得势，鸡犬升天。

生6：笑穷苦百姓，人不如狗。

生7：笑权贵霸道，民不聊生。

师：（肯定了这几名学生的看法之后做小结）请大家回忆一下，我们是怎么从一个"笑"字开始，逐步地理解了本文深刻的思想内容的呢？我们是从"那群人"这个词语出发，由此及彼地提出一个个问题，一层一层地解析出来这个词语有关的各个方面的意思，从而理解了"笑"的丰富而深刻的内容。这种解读课文的方法，叫作"层层展开阅读法"。大家今后注意学习运用。

以上这个教学片段，教师细心地抓住了一个不起眼的“笑”字，挖掘出了本文深刻的思想内容；从“那群人”这个平平常常的词语入手，步步追问，不但解读了课文，而且向学生传授了阅读方法。这个教学设计简洁实在，别具一格。

那么，这个教学设计是怎样得来的呢？简言之，这个教学设计依据对教材的钻研。教师在钻研这篇课文时，总觉得结尾处那个“笑”字，不那么简单。于是提出质疑：本文为什么以“笑”结尾呢？难道作者写作本文就是为了博得读者一笑吗？如果不是这样，又是为了什么呢？难道这笑只是因为赫留金吗？再留意“那群人”三个字，更加引起了深思，为什么要说“那群人”，而不说“广场上的人”呢？用“群”这个量词是想说明什么呢？既然成“群”，都是些什么人呢？就这样，敏锐地发现了问题，从而一再质疑，并一一解疑，最终获得了应有的认识。既然教师对教材有了深刻的理解，那么根据教师对教材的认识过程，去设计教学方法，也就成竹在胸了。以上备课过程说明，钻进去，精心地钻研教材，是课堂教学成功的基础。

再例如《鞠躬尽瘁》教学片段（摘要）：

课文临近结尾处有这样一段陈述：焦裕禄同志临终前，对省委、地委负责同志，用微弱的声音断断续续地说自己没有完成党交给的任务。接着课文写道：“这就是他，一个坚强的共产党员，在生命最后时刻的遗言。”

师：课文在最后写出了“共产党员”四个字。这是在交代他的政治面貌吗？

生1：不是。他是县委书记，当然是共产党员，不用交代。

师：如果这里不用“共产党员”四个字，改用“坚定的马克思列宁主义者”一类的说法，说得通吗？

生（众）：说得通。

师：既然这里不是交代政治面貌，既然这里用别的说法也说得通，为什么作者要选用“共产党员”这四个字呢？作者的用意是什么呢？大家再读读课文，然后回答。

生2：焦裕禄同志的优秀品质非常多，用“共产党员”四个字是对他优秀品质的高度概括。

生3：就是说共产党员应有的高尚品质他都有。这是对焦裕禄同志的高度评价。

生4：合格的共产党员，就是焦裕禄同志这样的人。他是千百万共产党员的代表。这也是对他的赞扬。

生5：“共产党员”四个字表示他是共产党员的榜样。已经入党和要求入党的人，都要像他这样做人做事。

师：（肯定了这几名学生的看法后做小结）大家想一想，我们是怎样从“共产党员”这四个字里，领会到这一系列深刻含义的呢？

生6：是因为文章结尾不用说出他是共产党员，可是却说了出来，这样的说法不一般，于是引起了我们的思考。

师：对，就是这样。大家注意，这种本来不必说却还要说出来的不同平常的做法，往往是作者有意这么做的。必须要搞清作者的用意。在解读课文的时候，一定要特别留意这种情况。这种阅读分析的方法叫作“查阅异常阅读法”。大家要记住它，掌握它。

这个教学片段，教师抓住一处不同寻常的笔墨，挖掘出了一系列深刻的思想内容，再把自己解读教材的思路演变成课堂教学的思路，并顺势传授了阅读方法，取得了良好的教学效果。这个课例再次说明，钻进去，精心解读教材，是提高教学质量的重要一环。

二、跳出来

钻研教材，不但要钻进去，而且还要跳出来。跳不出来，就可能钻入牛角尖，而且影响对教材的全面理解。跳出来是指在逐句逐段深入钻研教材的基础上，跳出字词句段，统观全篇，对教材整体把握。钻进去和跳出来是局部和整体的关系。钻进去，是对局部的认知；跳出来，则是对全篇的综合理解。所以，跳出来是钻研教材过程中不可或缺的。

怎样跳出来呢？跳出来的做法是：对全文纵向理清脉络，横向联系彼此，把全文各部分之间的关系搞清，把表层深层的意思搞懂，进而从内容到形式综合解读，把握全篇，对教材获得全面而深刻的理解。

例如《变色龙》教学片段（摘要）：

师：大家从奥楚蔑洛夫一系列的表现中，已经掌握了他变化无常的特点。再读一遍课文，看看在这件事的整个过程中，他有没有始终不变的表现？

生 1：有。他对有权有势的人，一直都是献媚取宠，态度始终没变。

生 2：他对穷苦百姓的态度也始终没有变，一直都欺辱谩骂。

生3：他见风使舵，媚上欺下，一副奴才相，始终不变。这是他的本性。

师：（肯定学生们的看法并做小结）奥楚蔑洛夫最显著的特点就是变化无常。我们没有从他多变的特点入手去分析研究他，而从相反的方向去研究他的不变，并且直接揭示了他的思想本质。看来这种阅读方法，使用恰当，效果很好。这种方法叫作“逆向思考阅读法”，希望大家学会它。

这个教学片段，教师对于引导学生研究奥楚蔑洛夫一次又一次变化的做法舍此不为，而是反其道而行之，让学生去研究他的不变之处。这一研究，就直截了当地揭示了奥楚蔑洛夫媚上欺下的恶劣本质。这样进行教学，既简明又扼要。

这样的教学设计是怎样产生的呢？在钻研教材的过程中，教师梳理奥楚蔑洛夫的几次变化时，想从中找出他的变化规律。这一钻研发现，他的变化是有规律的。其规律就是上下有别。上下有别就是他为人处事的标准。想到这里教师顿悟：这不是他始终不变的行为吗？这个不变的行为，正好揭示了他恶劣的品质。接着想到：若是引导学生从“不变”入手，做反方向的思考，不就可以直接揭示他的思想品质了吗？于是就有了上述教学设计。而这个教学设计，正是教师钻研教材能够跳出来统观全篇的结果。

再举一例，《皇帝的新装》教学片段（摘要）：

教师安排学生读课文后用一个字概括全文的故事情节。学生读后陆续发言。一名学生说用“骗”字概括。

师：能说说这样概括的理由吗？赞成这样概括的，都说说。

生1：这篇课文写的是皇帝上当受骗从头到尾的整个过程，

所以用“骗”来概括。

师：说得不错。课文里的其他人，和这个“骗”字有没有关系呢？

生2：那骗子是来骗人的，那皇帝是被骗的。

生3：那些大臣们，表面上是帮皇帝穿新装，实际上是给骗子帮了忙。

生4：小孩说了实话，就是对骗子骗人、皇帝被骗的揭露。

生5：那些老百姓到街上看热闹，他们看到的是皇帝被骗的情形，并且互相转告。

在教师的引导下，师生共同做出的小结是：骗子行骗，皇帝受骗，大臣助骗，百姓传骗，小孩揭骗，他们都和“骗”字有关系，所以用“骗”概括本文的情节是准确的。接下来教师告诉学生：这次采用的解读课文的方法叫作“概括情节阅读法”。大家学习运用的时候，不一定都用一个字概括，一个词语、一个短句都可以，简明扼要就好。

用一个字概括课文的情节，言简意赅，便于学生掌握。教师是怎样想到这个教学设计的呢？通过钻研教材，教师认识到：这个故事小，人物却很多，骗子、皇帝、大臣、百姓、小孩，这么多人物汇聚在一个短篇里，多而不乱，这是为什么呢？是什么把他们联系在一起的呢？他们在这个故事里，各自的作用是什么呢？从他们各自的作用，就想到了行骗、受骗、助骗、传骗、揭骗。这些人物在故事里的作用都和“骗”有关，教师立即就明白了：原来是“骗”把这些人物联系在一起的，原来是“骗”使这些人物多而不乱的，“骗”就是这个故事情节的核心。就这样，安排学生用一个字概括故事情节的教学设计应运而生。

以上介绍了“钻进去”和“跳出来”这两个钻研教材的要领。钻进去，是深入领会作品的局部、细节，读懂如此表述字、词、句、段的用意；跳出来，则是综合解读作品的全篇整体，理解这样布局谋篇的意图。此二者，点面关联，互为补充，相辅相成，缺一不可。若能钻得进去，又跳得出来，则可达到精通教材的地步，就为下一步搞好教学设计打下了坚实的基础。

2016 年 11 月

怎样搞好教学设计

教学设计，是教师在精通教材的基础上，按照设想好的教学思路，安排方法步骤而制订的课堂教学计划。如果教学设计做得好，课堂教学则灵活巧妙，进展顺畅，省时省力；如果教学设计做得不好，课堂教学就会没有章法，耗时费力。可见，搞好教学设计，是提高课堂教学质量的重要环节。

怎样搞好教学设计呢？

一、确立科学的指导思想

科学的指导思想，将引导教师做出科学、先进、优异的教学设计。那么，要做好教学设计，需要具备哪些指导思想呢？

（一）凭借教材，教读教写

要搞好教学设计，必先明确教学设计所要达到的目的。其目的就是教学生“正确理解和熟练运用祖国的语言文字”，或曰教学生语言文字运用。简言之就是：教读，教写。

怎样达到教读、教写的教学目的呢？那就是凭借教材。几十年来使用的语文教材，一直采用的是文选式语文课本。文选式语文课本的作用，1950年新中国第一套语文课本出版时，在课本的编辑大意中有明确的说明，即“语文课本的作用，在使学生阅读各种文章的范例”。这就是说，课本是语文教学的凭借，是语文教学的手段。教师要通过课本中编选的各种文章的范例，教给学生怎样阅读这些文章；教给学生怎样学习这些文章的遣词造句、布局谋篇。也就是说，教师不是去教课文，而是用课文去教——教读，教写。

对现行语文课本有一种误解，值得注意。有人误以为，讲授课本就是自己的教学任务，于是，课本选了什么课文，就要全面透彻地教这些课文；课文写了什么内容，就要深入细致地解读这些内容。这样做的结果很容易走偏，就不是纯正的语文课了。试想，课文选自《史记》，如果深入讲解其内容，就可能教成历史课；课文是科普读物，如果深入讲解其内容，就可能教成科技课。这样就荒腔走板了。这种误解的产生，一是由于忽视了语文教学目的和任务之间的关系。目的是要得到的结果，任务是所担任的工作。语文教学的目的是教学生“语言文字的运用”，语文教师的任务，就是为达到这个目的而工作。二是因为忽略了语文课本是语文教学的凭借，是语文教学的手段。所以误认为讲授课本就是语文教师的任务。由此可见，正确认识语文课本的作用，从而正确地使用语文课本至关重要。

怎样正确使用语文课本呢？既然语文课本是语文教学的凭借，是语文教学的手段，所以就不能被动地去教课文，不能所有课文一律从内容到形式面面俱到地精读细讲；而要主动地去教，让课文为达到语文教学的目的服务。即不论写什么内容的课文，要教给学生的就是怎样读懂这样作品的阅读方法（读懂了，就潜移默化地受到了思想教育）和怎样写这样作品的写作方法。要善于抓住课文中具有典范性又适合学生程度的语言文字运用，以此为落实点进行教学。那些写其他学科内容的课文，其专业性的内容无须详加解读，懂其大意即可；要教给学生的，就是解读该文的阅读方法，以及该文遣词造句、布局谋篇的表达方法。

总之，要做好教学设计，首要的指导思想就是：凭借教材，教读教写。

（二）注重过程，发展思维

在课堂教学活动中，是解读课文的过程重要，还是解读得出的结果重要呢？当然是解读过程重要。理由有三。

其一，过程比结果有用。在阅读活动中，得到的结果是什么呢？不外乎人物的性格特点、文章的主题思想之类。这些在日常生活中，在学生将来从事的工作中，有用吗？没有。而解读课文的过程，是一个由点到面、由表及里的认识过程。学生在这个过程中，就会由少到多地学到若干解读课文的方法。而学到的这些方法，在日后阅读文字材料时就会派上用场。可见，在过程中，可以学到有实际用途的知识和本领。

其二，过程决定结果。有什么样的过程，就会有什么样的结果。学生作文的水平和作家著作的水平相比差距很大。这是因为他们观察事物和认识事物的过程，他们从构思到落笔的过程，都是不一样的。高水平的写作过程才会产生高水平的作品。过程是结果的决定因素。美国教育家布鲁纳说："所谓知识，不是结果，而是过程。”

其三，参与过程，就有收获。学习是个渐进的过程。知识和能力，从无到有，从少到多，由浅而深，都是在逐步完善的。只要参与到过程之中，就要开动脑筋研究问题。这就会有不同程度的收获，知识和能力就会在过程中逐步积累起来。哪怕是做错了，也会从中吸取教训，取得反面的经验。参与过程和不参与过程，其得失是显而易见的。既然过程比结果重要，那么在做教学设计的时候，就要注重过程，就要把精力用于在解读课文的过程中去指导学生。

在过程中对学生的指导，主要是思维的指导。试想，如果思维不敏捷，不广阔，不深刻，不周密，能够准确而深刻地解读课文吗？写作也是如此。著名语言学家、教育家吕叔湘先生说：“学生作文写不好，主要不是语言表达问题，而是思维的问题。”所以在指导学生阅读和写作的时候，都要把重点放在思维指导上，也就是要教给学生思考什么和怎么思考。

（三）传授方法，揭示规律

方法是解决问题的门路和途径。方法可使人沿着正确的途径认识事物和做好事情。掌握方法，做起事来就会得心应手；不掌握方法，做起事来就会困难重重。就语文学习而言，不掌握阅读的方法，就难以确切、全面、深刻地解读作品；不掌握写作的方法，就难以准确、鲜明、生动地表达思想感情；不掌握思维的方法，就难以快捷、深刻、周密地认识事物和做好事情；不掌握记忆的方法，就难以省时、省力、牢固地记忆知识。可见，在进行教学设计时，注意向学生传授方法是十分必要的。

除了传授方法，在做教学设计的时候，还应注意向学生传授具有规律性的知识。规律是事物本身固有的必然本质联系和必然发展趋势。规律具有普遍性和重复性，只要具备一定条件，某种合乎规律的情况就必然出现。因此，教给学生具有规律性的知识，就可以花费较少的时间和精力取得较多的收益。这是有效地提高课堂教学质量的一项重要措施。

（四）化繁为简，变难为易

学生解读课文觉得难，要么是感到课文内容复杂纷繁，理不出头绪，抓不住要点；要么是感到文中某些词句或段落深奥难懂，不解其意。如果想方设法使复杂纷繁的篇章清晰化、简单化，使深奥难懂的文字浅易化、通俗化，这样，学生就可以比较轻松地理解文义，并从中学到知识，增长能力。因此，在进行教学设计时，一定要千方百计想出行之有效的办法做到化繁为简、变难为易这两点。

以上是做好教学设计最基本、最重要的四项指导思想。余者不再尽述。

二、掌握多种设计思路

为了给学生提供阅读各种文章的范例，语文课本的选材是非常广泛的，于是就形成了内容不同、体裁各异、写法有别、丰富多彩的格局。进行教学设计，要根据每篇课文不同于其他课文的特殊性，采取有针对性的教学措施。这样，不同的课文需要不同的教学设计，就要求教师掌握多种多样的设计思路。

下面介绍几种使用范围较广的设计思路。

（一）抓差别

在课文中，差别是普遍存在的。人物间有差别，事件间有差别，物件间有差别，写法间也有差别，等等。差别就是矛盾，矛盾就会引人思考，因此要善于发现并抓住课文中的差别，以便做出激发学生思维的巧妙设计。有时，在条件适合的情况下，本来没有差别，还可以在教学设计中制造出差别来。

例如《七根火柴》教学片段：

师：大家读一遍课文，读后请同学们做这样一件事：假如有一个红军博物馆，假如你就是这个博物馆里的一名讲解员，假如在你负责的展台上，摆放着六根陈旧的火柴，请你以讲解员的身份，用讲解员的口吻，向你的观众介绍这六根火柴的来历。

这样的教学设计是怎样设想出来的呢？开课后的第一个环节，要取得激发学习兴趣、深深吸引学生的效果。研究课文发现，无名战士保存了七根火柴，到最后卢进勇送走的应该是六根火柴，因为送走前这里用了一根。想到此，教师有了灵感。若从这六根火柴说起，不就有了悬念了吗？怎么从六根火柴说起呢？这就必须让这六根火柴离开卢进勇，于是就想到了把它们摆在博物馆里，让学生以讲解员的身份介绍这六根火柴的来历。

这个教学设计，教师创设了六根火柴和七根火柴的差别，设置了悬念，还有情境的设定，这就引起了学生阅读课文和讲说故事的浓厚兴趣，取得了良好的教学效果。

下面再介绍几个可以“抓差别”进行课堂教学设计的课例。《分马》中众多人物有别；《谁是最可爱的人》中三个事例有别；《中国石拱桥》中两座桥有别；《我的叔叔于勒》中主人公与标题有别；

《荷花淀》前几段景物描写与武装斗争的气氛有别。

在课文中差别多有存在，也是各式各样的。进行教学设计时，应多加留意。

（二）抓概括

抓概括就是安排学生以各种方式、用简洁的语言去概括课文中的人物、事件、物品、景色等，或对文中概括性语言做解说。

例如《故乡》教学片段（摘要）：

师：读读课文，然后用最简洁的语言概括一下作者回到故乡的所见所闻。

生：故乡变了，变得贫穷落后了。

师：再读课文，然后用最简洁的语言概括一下作者离开故乡时的所思所想。

生：一定要改变故乡贫穷落后的面貌。

师：把作者回故乡时的所见所闻和离开故乡时的所思所想这二者结合在一起，用最简洁的语言概括出来。

生：故乡变得贫穷落后了，一定要改变它。看到故乡在变，想到要改变它。见变而思变。

师：能用一个字概括吗？

生：变。

这个教学设计来源于教师钻研教材时对课文的概括。教师把作者回故乡的内容概括为“眼见故乡变差”，把作者离故乡的内容概括为“思考故乡变好”。进而想到，作者是从面对故乡的变到思考故乡的变，这不是一个“变”字贯穿全文吗？于是就有了上述教学设计。

下面简要介绍借助标题概括课文的一组教学设计：

1. 在标题前添加标题，例如“……的中国石拱桥”。

2. 在标题后添加标题，例如“荷花淀……”。

3. 在标题中间添加标题，例如“愚公……移山”。

4. 解说标题，例如本文为什么以“鞠躬尽瘁”为题?

5. 注解标题，例如《向沙漠进军》中的“进军”是什么意思?

6. 拆解标题，例如分别解释《“友邦惊诧”论》中三个词加标点前后的意思。

7. 修改标题，例如《从“我的叔叔于勒”说起》。

8. 另拟标题，例如《花儿为什么这样红》另拟为“鲜花颜色的形成”等。

9. 加副标题，例如“一个……的皇帝”。

（三）抓变化

抓变化有两个意思。其一，识变。就是要认识课文中人物、事件发展变化的起因、经过、结果和发展变化的头绪、线索。像《林教头风雪山神庙》一文，教师引导学生思考：林冲由“忍”而“反”的变化是怎么造成的？其二，求变。就是不受传统、习惯的束缚，去寻求新的认识和新的做法。例如“襟怀坦白”造句练习：

生1：我们的革命先烈，为了人民的解放事业，抛头颅，洒热血，艰苦奋战，勇往直前。他们襟怀坦白，大公无私，默默奉献，令人肃然起敬。

师：很好。褒义词用于正面人物是对的。大家开动脑筋想一想，这个词语能用于反面人物吗?

生 2：那些投机倒把分子，贪污盗窃分子，只知损人利己，损公肥私，绝不可能襟怀坦白，忠诚老实。

师：很好。使用一个否定性词语，问题就解决了。大家再开动脑筋，把这个词语恰当地用在自己身上。

生 3：我们是新中国的青少年，是建设祖国、保卫祖国的接班人。我们要做到大公无私，艰苦奋斗，襟怀坦白，诚恳待人。

师：聪明！“要做到”三个字用得好，这是给自己提要求，很恰当。

这样设计，是为了发展学生的思维。引导学生多方向、多角度思考问题，以突破已有的认知，求变，求新。

（四）抓异常

异常是指有别于正常情况的种种表现。诸如该说的不说，不该说的却说；该略说的详说，该详说的略说；该这样说的却那样说，等等。

例如《七根火柴》教学片段（摘要）：

师：课文中的卢进勇不是主要人物，有名有姓；无名战士是本文的主人公，却无名无姓，这是为什么呢？

生：他是无名烈士的代表，这是对所有无名烈士的缅怀。他是所有红军烈士的代表，这是对所有红军烈士的缅怀。他是全体红军战士的代表，这是对全体红军战士的怀念和赞颂。

这个教学设计是怎么产生的？教师在钻研教材时想到，为什么主人公没有姓名？有姓名和没有姓名有什么区别吗？这样一想就明白了：原来有姓名的话，张三就是张三，李四就是李四，与他人无关；而没有姓名就不一样了，他可以代表很多人。那么，他代表谁呢？除了代表无名烈士之外，他还代表别的人吗？这样一想就理解了作者如此安排的用意，进而就有了上述教学设计。

（五）抓特色

抓特色，就是要抓住课文中那些别具一格、超凡脱俗、匠心独运的表达方式。诸如人物特色、事物特色、景物特色、标题特色、写法特色、语言特色等。

例如《背影》教学片段：

师：大家读读课文，读后说说，这篇课文说的是父亲的背影，是不是作者没有看到父亲的正面形象呢？

生1：看到了。一是他们交谈时是面对面的；二是父亲买橘子回来时，他和父亲也是面对面的。

师：看到了父亲的正面形象而不去写，却偏偏去写父亲的背影，大家再读读课文，然后说说这是为什么。

生2：父亲年高，体胖，过铁道、爬月台去给他买橘子，他特别感动；父亲的背影给他留下了极为深刻的印象，所以写背影。

生3：父亲的背影就如此令作者感动，那正面形象就不用说了。

师：说得好。再想想：作者看到父亲买橘子时的背影，和父亲离去时，他目送父亲的背影，有区别没有？

生4：看父亲买橘子的背影，作者不是有意地去看，而目送父亲离去的背影，是目不转睛地有意地去看。

师：说得对。那么这两次看背影，所反映出来的作者的思想感情一样不一样？

生5：不一样。看父亲买橘子的背影，作者是感动。这种感动，并没有马上消失，而是在他的头脑中越来越深，越来越浓。所以，目送父亲的背影时，直到看不到了为止。这是对父亲深深的爱，这是很不情愿的惜别。

师：很好。说得很到位。这篇课文虽然写的只是生活小事，却深刻表现了父亲对儿子的关怀、爱护，儿子对父亲的敬爱、怀念。作者别具一格地写父亲的背影，正是通过这一生活细节宣扬家长爱护子女，子女孝敬家长，这是一种社会责任。

这个教学设计主要是指导学生“精读”。由于课文写的是生活小事，学生很容易觉得本文没什么可钻研的。于是，对这一教学片段做了两点设计：一是为什么要写背影，二是两次看背影有何不同。以此使学生深入理解本文的内容和形式。

（六）抓联系

抓联系，就是不要孤立地去研究课文中的某一内容，而要联系地去看问题。对课文中的人物、事件、景物等或纵向、或横向、或多向联系起来去思考，或区分、或对比、或关联，以求引导学生全面、深入解读课文。

例如《谁是最可爱的人》教学片段：

师：课文举了三个事例。作者自己说，这是从十几个事例中筛选出来的，因为这三个事例已经有了足够的代表性。大家再读读课文，把这三个事例联系起来思考，然后说说这三个事例都代表了哪些方面的意思。

经过讨论，师生共同认识到：

1. 代表不同时间。三个事例依次是：作战时，行路时，休整时。

2. 代表不同地点。三个事例依次是：战场上，老乡家，坑道内。

3. 代表不同人物。三个事例依次是：一个连队，一名战士，几名战士。

4. 代表不同事件。三个事例依次是：战斗，救援，谈心。

5. 代表不同情感。三个事例依次是：恨，爱，忠。

6. 代表不同品质。三个事例依次是：革命英雄主义，国际主义，爱国主义。

7. 代表不同使命。三个事例依次是：抗美，援朝，保家卫国。

这个教学片段的设计是怎样产生的呢？在钻研教材时，教师研读了作者关于撰写本文的自述。为了搞清楚这三个事例的代表性，就采用把三个事例联系起来思考的办法，于是就获得了上述七方面的认识。继而就把自己的认识过程变成了教学设计。

以上介绍了六种教学设计思路。一篇课文可以采用一种设计思路，也可以几种设计思路配合运用，从课文的实际考虑即可。

文无定法，教亦无定法，教学设计的思路不止这六种，而是多种多样的。只要在科学的设计指导思想引领下，做出创造性的教学设计，就会取得理想的教学效果。

2016 年 12 月

巧妙的教学设计从何而来

巧妙的教学设计是怎样产生的？这不是一两句话就能说清楚的，因为这是一个多层次的思维过程。下面一一加以说明。

什么是巧妙的教学设计呢？笔者认为，巧妙的教学设计应符合下列要求：

其一，遵循语文教学的宗旨和语文教学的客观规律。

其二，新颖，明快，高效，使教师得心应手，举重若轻；使学生乐于接受，便于接受，易于接受。

教学设计若能达到这两项要求，则学生就可在轻松愉快的教学活动中，不知不觉地就学到了知识、增长了能力。这是高层次的、理想的教学境界。

进行如此巧妙的教学设计，对教师有什么要求吗？要求教师具备下列条件：

其一，基础条件，即，教师应具有良好的综合素质。包括：①热爱语文教育。热爱才不会因循守旧，安于现状；热爱才会心思进取，研究探索，攻坚克难，精益求精。只有这样，巧妙的教学设计才能实现。②正确认识语文教学并付诸实践。③良好的文化修养。④良好的思维品质，包括思维的敏捷性，广阔性，深刻性，周密性和创造性。⑤丰富的社会生活。这是指要扩大生活空间，在业余时间，要广泛参与到丰富多彩的社会生活中去。这样，就可能从某些事中得到启发，从而获得教学设计的灵感。

其二，实践条件，要具有丰富的创造性思维。既然创造性思维是巧妙的教学设计的实践条件，也就是说，只要动手进行巧妙的教学设计，那么创造性思维就是不可或缺的。可见，创造性思维对于巧妙的教学设计而言，具有决定性的重要作用。

所谓创造性思维，就是对已知事物或未知事物进行前所未有的思考。对未知事物进行前所未有的思考，是探索性的；对已知事物进行前所未有的思考，是突破性的。这种突破性的思考，就是要摆脱已知的束缚，突破已有的局限，以新的思考方向、新的思考角度，对已知事物重新思考，重新认识，从而获得新的见解。

巧妙的教学设计，既需要探索性的思考，也需要突破性的思考，而更多的是突破性思考。

怎样凭借创造性思维进行巧妙的教学设计呢?

创造性思维对于教学设计发挥作用最多的就是其中的发散思维和灵感思维。

发散思维就是思考某一问题时，不受已知的局限和束缚，从不同角度，朝着不同方向，进行多方面的广泛思考；不依常规，寻求变异，探索解决问题的多种可能性。

灵感思维，就是以丰富的实践经验为基础，经过有关事物的启发，突然产生的、具有创造性的想法。

巧妙的教学设计，有的是凭借发散思维去思考，直接形成的；

有的是在凭借发散思维进行思考的过程中，经某些事物的启发，获得灵感而形成的；也有的是在思考的过程中，辅以直觉思维、分析思维、联想、想象等思维活动而形成的。

总之，巧妙的教学设计，往往不是单一思维形式构成的，常常是两种或两种以上的思维形式多层次地协调活动而形成的。

为了便于说明，下面就以发散思维的三个特性为序，介绍几条教学设计的思路。

一、求异

求异这条思路源于发散思维的第一个特性——非单一性。

非单一性又称多端性。俗话说就是多样性。就是要多方向、多角度、多途径地思考问题，认为解决一个问题有多种方法，一个问题可以有多种正确的答案。“求异”的教学设计思路就是：精通教学内容，教法另辟蹊径；在解决问题的途径上求异，实现殊途同归，以求巧妙。

比如语法知识一直是学生学习语文的一个难点。怎样才能改变“讲概念、解例题”的传统讲法，寻求一种变难为易的新教法呢？这是笔者一直思考的问题。

一天晚上，笔者观看电视台播出的京剧《夜审潘洪》。该剧的剧情是：包大人审理潘洪杀害杨家将一案，潘洪拒不招供。包大人便布置阴曹地府场景，以阎王的形象夜审潘洪，潘洪招认。剧中假戏真做的计策使笔者受到了启发，产生了灵感。于是，一项新的教学设计形成了。下面是实施这项教学设计的课堂教学片段：

师：年岁大了，好忘事儿。今天上课要用一张报纸，我忘带来了。课代表，你到语文组办公室给取来。

（课代表犹豫地看着老师，站立未动。）

师：让你到语文组去拿报纸，快点儿，不要耽误时间！

课代表：老师，您让我去拿报纸，拿什么报纸呀？

师：就是语文组报架子上的报纸啊！

课代表：报架子上有好多报纸，拿哪张呢？

师：让你拿你就去拿，别再耽误时间啦！

（众生交头接耳）

生1：您得告诉他，是拿《人民日报》，是拿《北京日报》，还是拿《光明日报》，他就知道拿哪张报纸了。

生2：还要告诉他拿哪天的。

师：你们的意思是，只说是“报纸”两个字是不行的？

（众生点头称是）

师：为什么只说“报纸”二字不行呢？

生3：报纸的种类很多。您只说“报纸”两个字，范围太大了。他不能确定拿哪张。

生4：是呀！您要把范围缩小，具体地说清楚什么报，哪天的，这样就行了。

师：很好！你们说得对。光说“报纸”两个字，太笼统，不明确，不具体。使课代表无法确定拿哪张报纸。应该把话说得明确、具体，确定事物的范围。“报纸”是个名词，在名词的前面，把话说得明确、具体、确定事物范围的那些词语，在语法里叫作定语。明白了吗？

众生：噢！原来是这样啊！

师：请大家打开课本。看看课本里是怎样解释定语的。有问题就提出来。

这样讲解定语，学生一下子就明白了，而且记住了，再也不会忘。

再如《人民解放军百万大军横渡长江》，教这则新闻，有标题、导语、主体等几个知识点要教给学生。若一个一个地分别讲授，则耗时费力，怎样才能找到把复杂的教学过程简单化的办法，实现化繁为简呢？

在笔者另寻有别于传统的、力争一举多得的新的教法的时候，遇到了这样一件事。在语文组的办公室里，一位老师正在给学生补课。老师讲了一遍后，学生还没明白。这时老师说：“下面，我换个说法……”“换个说法”这四个字触动了我。直觉告诉我，办法有了。就这样，一个教学设计完成了。下面是实践这项教学设计的情况。

师：下面大家读课文。读课文后，请同学们分别用一句话、一小段话、一大段话，介绍这则新闻的内容。

（学生们若有所思）

师：大家是不是有什么想法呀？如果有，就站起来说吧。

生：您提的问题，课文里就有现成的答案呀！用一句话说，是课文的标题；用一小段话说，是正文的开头；用一大段话说，就是课文的全文。

师：说得好！这正是我想听到的答案。我提问题的时候，只是换了个说法。其实，用一句话（或一个短语）说出新闻的内容，换成新闻的专业名词来说，叫作“标题”（板书）；用一小段话说出新闻的内容，并且放在正文的开头部分，新闻的专业名词叫作“导语”（板书）；用一大段话（或几段话）说出新闻的详细内容，新闻的专业名词叫作“主体”（板书）。这就是大家通过这则新闻要学的语文知识……

此项化繁为简的教学设计和前一个变难为易的教学设计，其设计思路是一致的。所不同的是，变难为易的教学设计，是受到《夜审潘洪》的启发，产生了灵感。而这个化繁为简的教学设计，是直觉思维直接发挥的作用。听到“换个说法”四个字，直觉认为这就是可行的办法，于是就把新闻的专业名词换了说法，完成了教学设计。

二、求变

求变这条思路，源于发散思维的第二个特性——非僵硬性。

非僵硬性，又称为变通性。俗话说就是灵活性，不墨守成规，不循规蹈矩，不受古代认识的局限，不受现代已知的束缚，从实际需要出发，依据不同情况，随机应变，灵活处理。

以非僵硬性为主要思路的“求变”，就是要改变已有的认识、已有的习惯、已有的思路、已有的措施，突破思维的惯性，寻求变异，实现巧妙。具体有以下做法。

（一）改变思考方向

思考的方向就是思考的目标。思考的方向改变了，就可能出现不同以往的见解。

例如《变色龙》一文的教学。

备课时，笔者不想沿用依次解读奥楚蔑洛夫几次变化的授课方法，想找到一种事半功倍的巧妙教法。笔者向有关创造性思维的论著求助。当读到“逆向思维”一节时，我意识到有办法了。就这样，一个逆向思维的教学设计悄然形成。下面是这项教学设计付诸课堂教学实践的情况。

师：刚才大家读了课文，并且一致认识到了奥楚蔑洛夫变化无常的特点。下面大家再读一遍课文，想一想，在这件事情的过程中，奥楚蔑洛夫始终不变的是什么？

生 1：他对有权有势的人献媚取宠的态度，一直没变。

生 2：他对穷苦老百姓欺压漫骂的态度，始终没变。

师：说得对。那么，把奥楚蔑洛夫的这两个不变联系起来思考，说明什么呢？

生 3：说明他见风使舵、媚上欺下、一副奴才走狗相。

师：完全正确。我们从奥楚蔑洛夫“始终不变的是什么”去思考，一下子就掌握了他的思想本质。这种从相反的方向入手，去思考问题的思维方法，叫作“逆向思维”（板书）。逆向思维有助于全面地认识事物，希望大家注意学习运用。

这个教学设计，不因循守旧，从反面去思考问题，直接揭示了人物的思想本质，实现了事半功倍的设计意图。

（二）改变思考角度

思考的角度，就是思考的出发点。通俗地说，就是从哪里想起。思考的角度变了，所想的内容也就变了。

例如《七根火柴》，以往初读课文，笔者的设计是安排学生复述。其意图是熟悉课文。这是从课文的角度来思考的。学习并理解了叶圣陶先生的有关论述后，我的想法变了。

叶老说："语文教学不能凭空着手，都得有所凭借。凭借什么？就是课本。"

这就是说，课本不是语文教学的目的、任务，课本只是语文教学的手段。这也就是说，语文教师不是去教课本，而是用课本去教，教学生读写听说。

有了这样的认识，就本文的初读而言，应是从培养学生读写听说能力的角度去思考问题，而不是从课文的角度去思考。也就是说，要思考怎样借助熟习课文这一环节培养学生的语文素养。

怎么做才能取得上述效果呢？我多日想不出好办法。一次去军事博物馆参观，当我面对讲解员那声情并茂的解说时一下子有了灵感。下面是这项教学设计的主体部分。

师：下面大家读课文。读课文之后，请同学们做这样一件事，假如有一个博物馆叫红军博物馆，假如你就是这个博物馆里的一名讲解员，假如在你负责的展台上摆放着六根陈旧的火柴，请你以讲解员的身份，用讲解员的口吻，向你的观众介绍这六根火柴的来历。

设计教师布置课堂作业所说的这一段话，我是这样想的：采用让学生以讲解员的身份、用讲解员的口吻做介绍这种形式，主要意图是借助课文内容培养学生当众口头表达的能力；另一意图就是，用这种新颖的形式，激发学生的学习兴趣。采用"六根火柴"的说法，因其与标题的"七根火柴"不同，这样就给学生设置了悬念，促使他们到课文中去寻找答案（这里的战士们用了一根火柴）。这不仅调动了学生阅读课文的积极性，而且是在培养学生认真读书的习惯。

这个教学设计的思维过程有三个层次。第一个层次，学习并接受叶老的语文教育思想，树立了科学的语文教学理念，对教材的认识有了改变。第二个层次，对初读课文的思维角度发生了变化。由课文这一方，变为学生一方，把思考的出发点确定在学生的语文素养上。第三个层次，教学设计的成形，最终是从有关事物那里受到了启发，获得了灵感。

笔者认为，这个教学设计不只是教学形式的变化，而是在科学教学理念的引领下教学内容的实质性变化。

（三）改变思维定式

思维定式，就是长期形成的习惯性的思路和思维方式。思维定式是阻碍创造性思维的重要因素。若能改变这种思维定式，则思考问题的范围将大大扩展，这将有利于重新认识事物，有利于获得创造性地解决问题的新办法。

例如《皇帝的新装》，以往，设计一篇课文的教学，总要设计一连串的问题。如能做到层层递进，环环相扣，还会为此沾沾自喜。但偶遇一事，使我改变了想法。

一次，学校组织参观塘沽新港。当我走过一排排集装箱时，突然一个念头闯入了我的脑际：集装箱是集小箱为大箱，既便于运输又便于装卸。如果把课堂提问，集小问为大问，扩大提问的容量，这样，既简洁明快、提高教学效率，又发展了学生的思维，培养了学生的阅读能力，何乐而不为？

想法有了，怎样扩大提问的容量呢？这就要靠钻研教材了。经过对《皇帝的新装》一文的反复钻研，我最终确定教这篇课文就提三个问题。下面按课堂教学的顺序依次介绍一下这三个问题。

问题一：下面大家读课文。读完以后，请同学们给这篇课文加个副标题："一个……的皇帝"（板书）。发言时，要引用课文说明你为什么这样加副标题。

设计这个问题的理由是：

其一，要扩大问题的容量，就不能提只针对某个情节的小问题，而要提出涉及面广泛的大问题。这就是一个覆盖全文的综合性问题。

其二，所提问题要有利于培养学生的语文素养。这是一个评价性问题。要解答这个问题，就要认真阅读课文，就要开动脑筋积极思考，就要先分析，再综合概括，准确表达。这就培养了学生多方面的语文能力。

其三，要想使提问做到新颖、明快、高效，就要在提问形式上创新。我想到，有的文章有副标题，有的文章没有副标题，而这篇课文就没有副标题。那么，用前所未有的、副标题的形式提出问题，就可以激发学生的学习兴趣，调动起学生钻研课文的积极性。

其四，像这样对人物进行综合评价的提问，传统的做法都是安排在对人物进行总结的时候提出。现在，把它放在阅读课文的第一个环节，我的意图是：授课一开始，就把学生引向解读课文的正轨，以防止学生只顾读故事，看笑话。这样做，先使学生对课文有个粗浅的认识，为后文的深入解读打下基础。

问题二：下面大家再读一遍课文。读完以后，请同学们用一个字来概括这篇课文的故事情节。发言时，要引用课文说明你为什么这样概括。

设计这个问题的理由是：

其一，在钻研这篇课文的后期，统观全文时，我想，课文中那些不同身份的人物，他们在这件事情中，各起到什么作用呢？他们和这件事有着怎样的联系呢？这样一想，我发现他们的作用分别是：骗子行骗，皇帝受骗，大臣助骗，百姓传骗，小孩揭骗。他们都与这个骗局有联系。说来说去都和一个“骗”字有关。于是我就想到了让学生用一个字概括本文的故事情节。

其二，设计这个问题的意图，就是要扩大问题的容量。如果对这些人物一个一个地提问，最少要提问五次，现在只需这一问就把这一系列问题都包括进来了。

其三，从解读课文的角度来说，设计这个问题，就是要引导学生不能把注意力只放在皇帝一个人身上，而要知道文中每个人物的作用。这样才能领会作品的思想意义。说到底，这是在培养学生的阅读能力。

问题三：请同学们再读读课文，边读边思考这样一个问题——为什么骗子、皇帝、大臣、百姓都说假话呢？为什么那个小孩子说真话呢？读课文以后，大家谈谈自己的看法。

这个问题的设计，是怎样想的呢？

其一，备课的时候，课文中的一个人物引起了我的注意，就是那个小孩子。作者为什么要安排这样一个人物呢？难道仅仅是为了通过他明确一下那个皇帝并没有穿衣服吗？其实，皇帝的新装并不存在，这一点通过骗子和大臣的言行已经看得很清楚了，无须再做明确。思来想去我想清楚了，作者的用意是用这个小孩子和其他人做对比，意在表明纯真无邪的人才不会虚伪。为了使学生理解作者的这个意图，于是设计了这个提问。

其二，对学生进行政治思想教育，是各学科的共同职责，语文学科更有得天独厚的优势。这个故事虽然诙谐可笑，但使读者在欢笑之余，也自然而然地从中受到启发，悟出道理。因此，笔者认为这是对学生潜移默化地进行思想品德教育的一次机会，于是设计了这个提问，并以一个“私”字作结，还进一步解释说：自私自利是万恶之源，只有无私才能无畏。

这篇课文的设计过程表明以下三点：第一，要进行具有创造性的教学设计，就要摆脱思维定式；第二，要提高教学效率，采取“集装箱式的提问”以扩大提问的容量，是可行的；第三，要针对具体的课文，做巧妙的教学设计，就必须精心地钻研教材。

三、求新

求新这条思路，源于发散思维的第三个特性——非习惯性。

非习惯性，又称为独特性。俗话说就是创造性。这就是用前所未有的新思路、新观点去认识事物，冲破习惯范围，超越常规限度，提出不同凡俗、与众不同的见解和方法。

以非习惯性为主的“求新”，就是要弃旧图新，标新立异，超凡脱俗，独树一帜，通过创新，以求巧妙。具体的做法有以下几个。

（一）探索空白区

在从事语文教学的几十年里，我有意识地关注一个问题。那就是在语文教学的领域里，观点认识也好，教材教具也好，方式方法也好，有没有留下空白？有没有尚未有人触及、研究、探索过的项目？经过一项一项的查询，我发现标题是个空白。

怎么在标题上做文章呢？

一次，讲授《荷花淀》一文，我安排学生用一句话介绍这个故事的情节。当我听到学生说出“荷花淀奇袭日军”“荷花淀军民同心抗日”“荷花淀不容日军践踏”等答案时，我深受触动。这不就是在标题后面添加词语吗？如果安排学生在标题后面添加词语，这不正是借助标题设计提问的一种形式吗？我这样想了，以后教学也就这样做了。在另一个教学班讲这一课的时候，我安排学生读课文，读课文以后，根据对课文的理解，把课文的标题补充一下，也就是在“荷花淀”三个字的后面添加一些词语。

补充课文的标题，对于学生来说，没有经历过，也没有这样想过，因此，完成这个任务的兴致很高。我这样做，除了要引起学生的学习兴趣之外，还想通过这个任务锻炼学生的阅读分析能力和概括能力。

就这样，借助标题设计教学措施的做法，自此开始了。我先后设计出了标题前添加词语、标题中间添加词语、标题前后添加词语等一系列设计。

例如《葫芦僧判断葫芦案》一文的教学，标题“葫芦僧判断葫芦案”是个句子，主语、谓语、宾语俱全。在这个句子的前面或后面添加词语，都不适合。后来我想到，可以让学生在“判断”的前面添加词语，形成“葫芦僧怎样判断葫芦案”这样的提问。可是，这样提问涉及面太窄，不符合扩大提问容量的设计意图。不过，这个想法还是给了我启发。我想，既然可以安排学生在“判断”前面添加修饰语，那么也就可以安排学生在“葫芦僧”和“葫芦案”前面添加修饰语，从而形成这样的问题：“什么样的葫芦僧怎样判断什么样的葫芦案？”如此提问，涉及面广了，扩大了教学措施的容量，满足了设计意图。

然而，这样设计有一个漏洞，即如此判案是贾雨村和门子两个人共谋的，只问“什么样的葫芦僧”，就把贾雨村这个人物漏掉了。于是，我又做了一次修改，改为“什么样的人怎么判什么样的案”。就这样，在标题的每个词语前做添加的全新教学设计完成了。下面是这个教学设计的实施情况。

师：下面大家读课文，读完以后，把这篇课文的标题修改一下，改为“什么样的人怎么判什么样的案”。发言时，要引用课文加以说明。

生 1：徇情枉法之人胡判人命案。

生 2：阴险奸诈之人乱判凶杀案。

生 3：忘恩负义之人枉判薄命女案。

生 4：假青天昧判夺女案。

生 5：两个势利小人谋判人情案。

师：大家说得都很好！把你们说的综合在一起就很全面了。

这项设计，是在确定了思考方向（怎样在标题上巧妙设计）的情况下，受到了一个不堪大用的只涉及局部的设想的启发，完成了这个“逐项依次添加标题”的教学设计。

（二）开发新领域

学习《辩证唯物主义与历史唯物主义》一书时，我想，这本书的内容，既是世界观又是方法论，若把这样的内容引入语文教学，可以大大提高学生认识事物的能力，不仅有利于提高学生的读写听说能力和思维能力，而且是有效的政治思想教育。只不过还没有人做过这件事。既然此事具有这么重要的意义，我就决定自己试试。

想法有了，但怎么做呢？在一篇课文的备课过程中，身边的一件生活小事使我豁然开朗，想出了办法。

例如我在准备《蚊子和狮子》这篇课文的教学时，恰巧看到了报纸刊登的一篇短文。这是针对一次事故发表的一篇短评，标题是《这是偶然的吗》。这篇短评引发了我的灵感，教学设计成竹在胸。下面是本文课堂教学的摘要：

师：蚊胜雄师和蚊落蛛网这两件事，大家说说，是偶然的呢，还是必然的呢？

生 1：蚊子打败狮子是偶然的。因为并不是所有的蚊子都能够打败狮子。

生 2：蚊子打败狮子是必然的。在敌强我弱的情况下，蚊子善于动脑，专门去咬狮子鼻子周围不长毛的地方，以己之长攻彼之短，因而取得了胜利。

生 3：蚊子落入蜘蛛网也是必然的。因为蚊子打败狮子之后，它唱着凯歌吹着喇叭飞走了。这说明它骄傲了，得意忘形了，所以撞到了蜘蛛网上。

生 4：蚊子落入蜘蛛网是偶然的。如果它冷静下来小心地飞，就不会撞在蜘蛛网上。

师：要解决这个问题，就必须搞清楚偶然和必然两者之间具有什么样的关系。那就是："必然存在于偶然之中"（板书）。换句话说就是：任何偶然的事情，其中都有必然的因素。请大家想想，蚊胜雄师和蚊落蛛网这两件事，是不是这样？

生5：是这样。老师，我明白啦！

师：下面，请同学们用最简练的语言，概括出这两个偶然事件中存在的必然因素，也就是这则寓言的寓意。

经学生发言得出结论：智者胜，骄者败。

上述教学设计，凭借“必然存在于偶然之中”这个认识论的规律，解读了课文，既培养了学生的阅读能力，又进行了一次世界观方法论的教育，可谓一举两得。这样的教学设计，得益于对身边事物的敏感，得益于对科学认识论的学习与实际运用。

为了陈述方便，前述各项采取了以发散思维的三个特性为序的办法。其实，创造性思维的各种形式是彼此相通的，是互有交叉的。所以，作为教学设计的思路，可以单独运用某种思维形式，也可几种思维形式综合运用。

以上介绍了巧妙教学设计的思路，下面谈谈通过多年教学设计的实践悟出的几点体会。

第一，巧妙的教学设计是教学的手段。设计的目的是为了有效地培养学生的语文素养。因此，为了设计而设计，为了巧妙而巧妙，不顾教学内容需要与否，单纯地追求形式而标新立异的做法是不可取的。

第二，做科学教育理念的自觉实践者。没有科学理论指导的实践是盲目的实践。所以，必须学习先进的教育科学理论，并做到把已经懂得的科学理念自觉地运用于实践。什么是自觉的实践呢？就是不管是钻研教材，设计教法，还是掌控课堂教学，不需要刻意地去想，那些科学的教育理念不请自来，就能自然而然地统帅着自己的备课和授课。若能做到这一点，教学设计的一招一式，教师的一言一行，就不会走偏。

第三，做创造性思维的熟练运用者。教学设计的灵感从哪里来？灵感只有长期积累，才会逢事偶得。积累什么？当然是综合素养。其中重要的一项，就是创造性思维的实践。创造性思维的作用，只有在实践中才会显现出来。实践越经常，越持久，越熟练，熟能生巧，创造性思维的作用就越能及时地、充分地发挥出来。所以，不能遇到事情临时去找创造性思维的有关论述，而是平日里想问题，做事情，就采用创造性思维，形成一种良好的习惯。这样，在进行教学设计的时候，创造性思维就会自然涌现。它就会引领设计者走上超凡脱俗的创新之路。

第四，做语文教学的有心人。做事情，无心做和有心做迥然不同。无心做，则庸庸碌碌，无所作为；有心做，则处处经心，事事在意，就会发现他人视而不见的有用信息，就会在不经意间抓住不同事物间的内在联系，从而获得创造性的灵感。所以，只要成为语文教学的有心人，就会在大千世界中找到丰富多彩的有用资源，为语文教学所用。

为什么追求巧妙的教学设计呢？其意图是：要凭借教材，寻求高质量、高效率地培养学生语文素养的教学措施。

2018年2月

怎样掌控课堂教学

在语文教学的课堂上，几十名学生面对课文，会各有各的认识，各有各的想法，各有各的疑问。况且他们提出的疑问中，有的是教师不可预知的。为了有针对性地解决学生的问题，教师就要灵活机动地进行教学。

课堂教学需要灵活机动，但前提是对一些具有原则性或具有重要意义的思想认识必须坚守。下面是掌控课堂教学应做到的几点。

其一，要有利于学生的健康成长。

其二，要遵循语文教学的宗旨，培养学生语言文字的运用，做到万变不离其宗。

其三，要符合语文教学的科学规律，坚持形式为内容服务。

其四，要有利于激发学生的兴趣和调动学生的学习积极性。

其五，要耐心、巧妙地解决问题，避免简单、生硬、急躁。

既然如此，就需要教师在钻研教材、设计教法的基础上，既能做好坚持教育科学理念教书育人，又能灵活机动做好掌控课堂教学发展变化的预案。这就要多方设想课堂教学过程中可能发生的种种情况，以及应对的办法。特别是对学生的非预期性表现，要有充分的思想准备。

在课堂教学过程中，可能发生的情况有哪些？教师要怎样应对呢？

一、学生紧张

平日上课，学生是不会紧张的。如果有身份特殊的人来听课，或是上公开课的时候，学生就会紧张。怎样让学生消除紧张情绪呢？教师说一句“大家不要紧张”，学生就不紧张了吗？其实这是不起作用的。正确的做法是，转移学生的注意力。心理学的研究表明，外界事物使人产生反应，而新的反应对于旧的反应具有抑制作用，称之为“倒摄抑制”。根据倒摄抑制的作用，用一个新事物造成的新反应，去抑制紧张情绪这个旧反应，使注意力转移，从而消除紧张情绪。就课堂教学而言，就是用一个足以吸引学生的话题，把学生的注意力吸引过来，使他们在不知不觉之中消除紧张情绪。

笔者曾多次应邀到兄弟省市上公开课。公开课一般都选在大礼堂举行，学生在礼堂的舞台上入座。在这样的环境和气氛中，他们难免紧张。笔者一贯的做法是，课前不与学生接触，只利用上课前的几分钟时间，在公开课现场当众与学生见面。见面时谈话的内容就是教师略做自我介绍。

师：同学们好。今天和大家初次见面，你们都不认识我，我先做个自我介绍。我姓——“宁”（板书）。“这个字念什么？谁来读一下？

生 1：níng。

生 2：nìng。

师：你们读得都对，这是一个多音字。这个字作为人的姓氏时，该读哪个音？大家说。

生（众）：níng，nìng，níng，nìng……

师：我来说吧！作为人的姓氏，这个字应该读 nìng。大家要叫我 nìng 老师，不能叫我 níng 老师。如果你们叫我 níng 老师，我就觉得你们都要来拧（手作拧人状）我，我很紧张。

（众生欢笑）

师：好。现在上课。

上述课前见面，教师通过自己的姓氏，做了三件事。一是略做自我介绍；二是解释了一个多音字；三是消除了学生的紧张情绪，在学生们欢笑之余开始上课。

有一点略做说明。虽然这次课前见面的意图是消除学生的紧张情绪，但是以一个多音字为话题，这仍然是进行语文教育，依然是在履行语文教师的职责。

再简要举几个例子。教《七根火柴》时，读课文前让学生准备在读后介绍六根火柴的来历（详见《怎样搞好教学设计》一文）；教《杨修之死》时，让学生准备在读课文后说说杨修是正常死亡还是非正常死亡；教《背影》时，让学生准备在读课文之后说说如果本文不写背影而改为写正面形象行不行。这几个教学设计，都会在不同程度上吸引学生的注意力，有利于消除或缓解学生的紧张情绪。

二、施教时机

向学生传授新知识，有个时机问题。时机恰当，事半功倍；时机不恰，则影响教学效果。什么时机最恰当呢？那就是学生渴望求知的时候。这个时机需要教师敏锐地捕捉，也可以由教师有意识地创造这种机会。

最佳时机多种多样，下面介绍几种常见的情况。

（一）思而不解

思而不解是指学生对课文中的某些词语或句段，经过思考还是不解其意。这时，是向学生传授知识的最佳时机之一。

例如《愚公移山》教学片段：

师：课文中说“本在冀州之南，河阳之北”。“河阳”是什么意思？

生：注解说“黄河北岸。山的北面，水的南面，叫阴；山的南面，水的北面，叫阳”。我想了半天，怎么也想不明白。您给我们讲讲好吗？

师：好。我画个图大家看看，看过以后再说说明白了没有。（师板书作图）

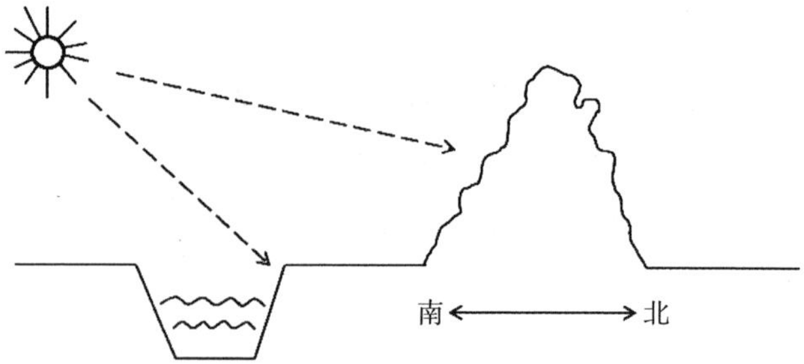

生：噢！我明白了。

这个教学片段，教师没有首先画图讲解，而是在学生看注解后仍然不解其意的时候画图讲解，此时施教，效果良好。

（二）众说纷纭

教师引导学生讨论研究课文中的某个问题，大家各持己见，意见分歧，争论不休。此时传授知识，效果良好。

例如《分马》教学片段：

师：这篇课文里写了很多人物。这么多人物怎样去分析、去理解呢？我教大家一种阅读方法，叫“分类阅读法”。就是把课文中的人物分成几类，然后一类一类地分析理解。现在就请大家再读一遍课文，然后说说这篇课文里的人物分为几类。

生1：分为三类。主持分马的，参加分马的，看热闹的。

生2：分两类。参加分马的，宣布不参加分马的。

生3：可分四类。分到马的，分到牛的，分到骡子的和分到驴的。

生4：我分三类：老年人、中年人、小孩。

师：大家的意见很不统一。怎样意见才能统一呢？那就是要有一个明确的分类标准。大家都按照一个标准去分类，就容易统一了。下面请大家以政治思想觉悟为标准，给课文中的人物分分类。

生1：分三类，党员干部、积极分子、普通群众。

（众生无异议）

师：请大家记住，要分类，就要首先明确分类的标准。这是我们今天学习的一项常识。

这个教学片段，教师采取了“先放后收”的办法。即先不提出分类的标准，让学生各自去分类，等到意见无法统一时，再说分类要首先明确标准，这样做，学生印象深刻。

（三）知困明难

阅读某个篇章，或写作某篇文稿，首先让学生知其困、明其难，然后再带领他们学习其解决方法，这样会使学生更加重视。

例如《人民英雄永垂不朽》教学片段：

师：你们都去天安门广场观看过“人民英雄纪念碑”吧？如果谁没去过，就看一看课本里的插图。然后说说，要写一篇文章，介绍这座纪念碑，容易不容易？

生 1：要想写文章介绍，得先看清楚、看明白。可这纪念碑又高又大，怎么看呢？要想看全面、写全面，就得往远处站。站远处可以看全面了，写全面了，可是纪念碑上的花纹、雕刻又看不清楚了。要是靠近站，可以把碑上的花纹、雕刻看清楚，写出来。可是人小碑大又看不全了。不好办，不容易。

生 2：纪念碑是立体的，有东南西北四面，每一面上下左右都有花纹雕刻，还有碑文。站在哪里看也不行，得转着圈看，还得上下左右地看，才能都看到。再说，碑的四周还有栏杆呢！这可不好介绍。

师：你们说得很好。碑大人小，又是立体建筑，站在哪里去观察，都不能全面地看清楚。这就是写文章介绍纪念碑最大的难处。可是，这个难处本文的作者给解决了。现在大家认真地读读课文，然后说说这个难题作者是怎样解决的。

通过在教师引导下读课文和讨论，师生共同总结出了本文的写作方法：由远而近不断移动观察点，在每个观察点按方位顺序做介绍。

这个教学片段，如果教师不先让学生说说介绍纪念碑的困难，而是直接阅读课文分析研究，那么，学生对课文的写作方法就不会那么重视了。

三、主客有别

教师钻研教材，设计教法，制订教学计划，是为主观一方；学生听课，是为客观一方。若主观设想与客观实际吻合，则教学顺利；若主客有别，则需教师因势变通，调整教学计划。

有哪些情况需要因势变通呢？

（一）舍主言次

教师提问，预想的答案学生未予作答，而说的是一些次要的内容。这时，教师就要改变原设计的提问，采取措施，把学生的思考引入重点。

例如《孔乙己》教学片段：

师：读读课文，然后说说课文前几段的景物描写有什么作用。

生：交代了故事发生的时间、地点，酒店的格局，不同的顾客。

（教师没有接着问“还有什么”，而是继续引导。）

师：你们说得对。大家一起看看这几句：“他们往往要亲眼看着黄酒从坛子里舀出，看过壶子底里有水没有，又亲看将壶子放在热水里，然后放心：在这严重监督之下，羼水也很为难。”介绍这些有什么作用？说明了什么问题？

经讨论，师生的共识是：介绍这些内容，说明当时人与人之间的关系是冷酷的、互相猜疑的、彼此欺诈的关系。

这个教学片段中，教师的提问原为泛指，由于学生忽略了主要内容，再问下去无益。便针对学生忽略之处，把问题改为特指，取得了预期的效果。

（二）思路偏离

学生回答问题，没有按照教师预计的思路去思考，而是想到了其他方面，这就需要教师及时采取措施，把学生的思路引入正轨。

例如《多收了三五斗》教学片段：

师：这篇课文的内容多而不乱，组织这些材料的线索是什么？请大家读读课文再回答。

生1：这篇课文以粜米为线索。

生2：课文以米价为线索。

生3：课文以丰收为线索。

师：这个问题暂时谈到这里，下面就请同学们思考下一个问题，这篇课文写了几件事？还是读读课文再回答。

生4：写了米行粜米、街市购物、船头议论三件事。

生5：老师，我明白了。这篇课文是以旧毡帽朋友的活动为线索组织材料的。

这个教学片段中，当学生的思路走偏时，教师不动声色，另辟蹊径，提出一个看似与原题毫不相干的问题，其实这个问题隐含着很强的启发性和指向性，使问题迎刃而解。

（三）后话先提

按照课文的先后或是教学计划的顺序，一个安排在后面解读的内容，却被学生先提出来了，不妨顺势而为，调整计划，就从这里开始解读。

例如《春》教学片段：

师：请同学们读课文，读后大家都来谈一谈这篇课文告诉了读者什么。

生1：这篇课文要告诉读者的，都写在最后三段里了。

师：说得对，那大家就先读读这最后三段，而后请同学们分别用一个字概括每段的意思。

生2：“春天像刚落地的娃娃，从头到脚都是新的，它生长着。”我把这段话概括为一个“新”字。

生3：“春天像小姑娘，花枝招展的，笑着，走着。”这一段，我概括为一个“美”字。

生4：“春天像健壮的青年，有铁一般的胳膊和腰脚，领着我们上前去。”这段话，我概括为一个“力”字。

师：大家读书都很认真，都开动脑筋思考了。概括符合要求。那么用新、美、力概括春天，是不是本文要告诉读者的呢？我们来研究一下全文就知道了。

在这个教学片段中，学生不按课文顺序，后话先提，打乱了教学计划。教师没有搁置存疑，而是灵活机动，因势利导，以“倒叙”的形式解读课文，顺利地推进了教学活动。

四、发言不止

因为某种原因，学生对某个问题产生了极为浓厚的兴趣，几乎所有人都要争取发言，表达自己的看法，于是课堂上热闹非凡，教学进度恐将受到影响。此时，教师不能生硬地叫停，这样会挫伤学生的积极性；也不能任其如此，影响教学计划；最佳办法就是教师采取有效措施，使学生在不知不觉之中过渡到下一个教学环节。怎样过渡呢？

（一）抓答案过渡

抓答案，就是学生在发言的时候，教师要格外认真仔细地倾听，要有意识、有目的地去发现并当即抓住和下一个教学环节有联系的内容。抓住了这样的内容，马上把它和下一教学环节联系起来的话语说出。这样，在学生毫无察觉的情况下，在不经意间就过渡到下一个教学环节了。

例如《中国石拱桥》教学片段：

师：请同学们读课文之后，给本文加个副标题。就是这样，“中国石拱桥的……”。

（下一个教学环节要讲这篇说明文为什么要举两个例子）

生 1：中国石拱桥的新颖与独特。

生 2：中国石拱桥的精巧与别致。

生 3：中国石拱桥的创新之作。

生 4：中国石拱桥的巅峰之作。

生 5：中国石拱桥的杰出代表。

生 6：中国石拱桥的非凡创造。

生 7：中国石拱桥的不同类型。

生 8：中国石拱桥的典型例证。

师：你说“典型例证”很好。几个例子呢？

生 8：中国石拱桥的两个范例。

师：为什么要举出两个范例呢？

经讨论研究，师生取得了共识：中国石拱桥有独拱和联拱两种类型，所以每类举了一例。通过全课可知，说明群体事物时，可以用分类说明法，一般情况下每类举一个典型范例即可。

这个教学片段中，学生的回答都不错。当生8说出“典型例证”时，教师意识到“例证”和下面要讲的“为什么举两例”有直接联系，于是就抓住不放，马上接下去问“几个例子”。这样不仅止住了其他人再发言，而且向下一环节开始过渡了。

（二）抓话语过渡

如果学生的答案中没有可以用来作为过渡的内容，那就要留意他表述过程中的用词和用语了。要敏锐地捕捉和下一环节有关的词语，以为过渡。

例如《七根火柴》教学片段：

师：大家读一遍课文，然后做这样一件事：假如你就是卢进勇，假如你已经把火柴送到了大部队，请你向部队首长汇报这火柴的来龙去脉。

（下一个教学环节要讲本文作者为什么没有给无名战士取个名字）

生1：报告首长，这是咱们部队里一位年轻的红军战士，在他生命垂危的时候，交给我的干燥的火柴。……

生2：报告首长，这是上交给部队的干燥火柴。是一名战士临终的嘱托。……

生3：红军战士卢进勇报告：首长，这是一位战友，在他生命的最后时刻，嘱托我送来的火柴。……

生4：报告首长，我送来了干燥的火柴。这是一位不知道姓名的青年红军的遗愿。……

师：都说得很好。（面对生 4）你说“一位不知姓名的青年红军”。你知道作者为什么不给他取个名字吗？

上述教学片段的设计，教师安排学生以卢进勇的口吻向首长报告，这个口头表达训练隐含着两个意图，即设限与不限。用卢进勇的口吻向首长报告，必不能用“无名战士”这个称谓，这是隐含的设限。不用“无名战士”这一称谓，不同的学生会想出多种不同的称谓，这是隐含的不限。这个不限，给学生的思维拓展了空间；而不限的只是称谓，就为教师索寻过渡的目标确定了范围。教师一旦听到与“无名”同义的称谓，即可马上搭话、追问，自然而然地完成了过渡。

（三）抓联想过渡

学生发表见解时，其中的某些词句和下一环节的话题并没有直接关系，但是，从这些词句可以很自然地联想到下一环节的话题。这样的词句，也能够用于过渡。

例如《故乡》教学片段：

师：大家再读一遍课文，而后总结一下课文中的“我”在故乡的所见所闻，给他留下了什么印象。

（下一环节要解读“我”的所思所想）

生 1：故乡变了，和他心目中的故乡不一样了。

生 2：故乡变得贫穷了。

生 3：故乡变得落后了。

生 4：故乡的经济衰退了。

生 5：故乡的人变得生疏冷淡了。

生6：故乡人与人之间的关系变得有隔阂了。

生7：他看到故乡的景色荒凉了，破败了。

师：你说他看到故乡的荒凉破败，这是对的。难道他仅仅是看到了这一切而已吗？再读读课文，思考思考。

生7：他还想到了……

这个教学实例中，教师敏锐地抓住了学生发言中的“看到”二字，就顺势过渡到了“想到”的话题。

五、课堂意外

在教学的课堂上，有时会发生与课堂教学内容毫不相干的事情。对于这样的事情，如果不去处理，则对课堂教学冲击干扰；如果理会，也会影响课堂教学的进行。最理想的办法，就是让这样的事情为语文教学服务。

例如学生迟到。教师不过问不行，若如此，今后总有人迟到怎么办？若过问，岂不打乱了课堂教学。我的做法是，迟到者不要敲门喊“报告”，而是悄悄进来站立门旁，待老师讲完一句完整的话后，经教师示意，朗诵一首绝句，而后归位。等到课后，到办公室作结。

再如有人敲门。或许有急事找学生或老师紧急处理，或许是敲错了门，也可能是非正常人所为。我的做法是，告诉学生遇有此种情况，注意观察老师和来人的表情、动作、语言、措施，而后写一段观察笔记。

又如风雨大作。此时学生会情不自禁地向窗外观看，教师若劝阻，也是收效甚微。我则顺势而为，对学生说，注意向窗外看，从空中到地面，花草树木、房屋建筑、人员往来都要看仔细。离窗远的同学，可以站起来看。明天的语文课，写一篇小作文，题目是《雨中》。

以上三例，本来都是影响课堂教学之事，通过教师的机智转化，巧妙设计，做到了让这些干扰为语文教学所用。

2017 年 1 月

应对学生不解文义之策

一个教学班的学生，学习基础不一样，智力水平不一样，接受能力不一样，思考问题也不一样。因此在课堂上，教师进行教学时，学生看问题的角度不同，认识问题的深度不同，于是，他们对课文的理解，也就会有正确与谬误之分，已懂与未懂之别，理解与误解之异，或似可似不可之情形。对于学生不理解文义的各种情况，教师既要保护学生的学习积极性，又要使学生正确理解课文的应对之策。

下面举例课堂教学中几种常见的学生不解文义的情况，以及教师的应对之举。

一、不解其义

学生对课文中的某些陈述，或是不理解它的真实意思，或是不理解它所表达的思想感情，都可统称为不解其义。此时，教师的任务就是采取措施把学生的认识引入正确的轨道。

例如《挖荠菜》文中有这样一段话：

我是那么“馋”！刚抽出嫩条还没有打苞的蔷薇枝，把皮一剥，我就能吃下去；刚割下来的蜂蜜，我会连蜂房一起放进嘴里；更别说什么青玉米棒子、青枣、青豌豆了。所以，只要我一出门，碰上地主家的胖儿子，他就总要跟在我身后，拍着手，跳着脚地叫着：“馋丫头！”

作者年幼时到底是馋，还是不馋，学生们讨论时，说法不一。一种说法是：馋，看见什么吃什么，嘴馋。另一种说法是：馋，但可原谅。因为她饿，又没有别的东西可以充饥。再一种说法是不馋。因为蔷薇枝、蜂房、青玉米棒子等，并不好吃。大家意见不一，眼光投向了教师。

师：什么叫馋？馋的标准是什么？有了标准就好解决了。请大家查查字典吧！

生1：字典里解释“馋”就是挑吃挑喝。她不是挑，而是见什么吃什么，所以不是馋。

师：那她见什么吃什么，这不叫馋，叫什么呢？

生2：她见什么吃什么，是因为她饿。这叫饥不择食。

在这个教学片段中，教师用的是尺度法。

又如《回延安》中，有这样一句：“手抓黄土我不放，紧紧贴在心窝上。”

生1：我不明白。那黄土值得这样吗？也不贵重，也不优美。再说了，把那黄土“紧紧贴在心窝上”蹭一衣服黄土多不美观呀！

师：大家想一想，世界上有没有这样的事情：有些有生命或者没有生命的视觉对象，不管贵重与否，无论外观美丑，不论质量优劣，只要看见它就毫不犹豫地跑过去搂抱甚至亲吻。有没有？

生 2：有，宠物。

生 3：亲生的残疾孩子。

生 4：父母病故，子女在国外，没赶上葬礼，回来时趴在坟上大哭。

师：他们为什么要这样呢？

生 5：爱，深深的爱。

师：那么，诗人的举动大家明白了吗？

生：也是爱。是对延安深深的爱。

这里，教师用的是类比法。

二、误解文义

学生有时不能统观全篇去理解课文的意思，而是孤立地单从某个段落或某些词句断章取义，这样就容易对课文产生误解。这时就需要教师引导学生学习正确地认识问题，学习准确无误地解读课文。

例如《哥白尼》教学片段：

生：经友人一再催促，哥白尼在临终前才出版《天体运行》这本书。这一等就等了三十年。可见他胆小、懦弱，虽有智慧，但没勇气，不能算个革命者。

师：《天体运行》为什么等了三十年才出版，怎样评价哥白尼这个人，怎样解决这两个问题呢？大家还记得吧，我给你们讲过，不能孤立地看问题，而要联系地看问题。就一篇课文来说，不能仅凭某个段落或某几句话就得出结论，而要根据全篇的内容，把一个个段落、一系列语句联系在一起综合考虑，这样才可能得出正确的结论。下面，请大家再仔细地读一遍课文，然后再对这两个问题谈谈看法。

（学生读课文）

生 1：在教会统治的社会里，天动学说处在统治地位。在这样的情况下，哥白尼敢于提出和天动学说完全对立的地动学说，是很了不起的，表现了他的大智大勇。

生 2：哥白尼敢写信给教皇，明确地表明自己的立场，这本身就是革命行动。

生 3：课文写道："他决定谨慎而小心地进行观测工作，务使他的理论能和实际观测相符合。"这说明，他担心的不是遭到诽谤和攻击，而是怕自己的研究出现失误。所以说，他是个有智、有勇、有极强责任心的革命者。

（教师肯定了这几名学生的发言）

在这个教学片段中，教师采用的是书证法。

又如《小橘灯》教学片段：

生 1：课文写作者来到小姑娘家，几句对话之后，问那小姑娘家里有什么人。小姑娘说："现在没有什么人，我爸爸到外面去了。"我认为，这是本文的一处败笔。因为这里不交代小姑娘爸爸的情况，后文还需要交代。课文将近结尾时写道：王春林（小姑娘之父）是个木匠，去年山下的医学院里有几个学生被当作共产党抓走了，以后王春林也失踪了。据说他常替那些学生送信。我想，如果把后面的这些对王春林的介绍放到课文前面去，由小姑娘回答作者的问话时顺便说出来，既合情合理，又语言简练，那不是更好吗？

师：研究一件事或研究一个问题，要把结果和原因联系起来考虑。这样看问题才会全面，不至于片面。请大家再认真地读一遍课文，看能不能找到作者这样安排的原因。

（学生读课文）

生 2：通过再读一次课文，我发现那个七八岁的小姑娘，非常聪明，非常懂事。她的言谈举止，超过了她的年龄。正因为她聪明过人，她怎么可能把自己爸爸的情况告诉给一个初次见面的陌生人呢？所以，小姑娘不说爸爸的情况，才是合情合理的。

生 3：通过课文倒数第三段对王春林的介绍，我们知道他可能是一位从事地下工作的共产党员，最起码也是参与地下斗争的进步人士。由于地下工作要特别注意保密，王春林怎么可能把自己的活动情况告诉给只有七八岁的小女儿呢？所以，小姑娘只说爸爸到外面去了，才是真实的。

生 1：听了他们两个人的发言，我明白了。我现在认为，课文在前面不交代王春林的情况，读者就会想，小姑娘的爸爸是个什么人呢？这是一个怎样的家庭呢？这样，就给读者留下了悬念。所以，课文这样写，绝不是败笔，而是妙笔。

这一次，教师使用的是求因法。

三、似是而非

学生对于文义的理解是否准确、全面，有时难以判断。如果认为正确，好像又有毛病；如果认为错误，似乎又有些道理。怎么办呢？对于老教师而言，这应该不算什么问题；可是对于青年教师来说，这可能会带来些许困惑。要做出正确的判断，就要仔细审读，严加判断，分开点评。说对了多少，就肯定多少；说错之处，也要明确指出，并指导其如何改进。总之，要做到然否分明。

例如《谁是最可爱的人》教学片段。课文中有这样一段话：

朋友，当你早晨乘坐第一辆电车奔向工厂的时候，当你扛着犁耙走向田野的时候，当你坐在办公桌前开始了一天的工作的时候，当你背着书包走进学校的时候，当你和爱人悠闲散步的时候，当你往孩子的嘴里塞着苹果片的时候……你是否意识到你正生活在幸福之中呢？

生1：老师，我有问题。我认为作者说的这段话有毛病，他对幸福的理解是片面的。难道那些长途跋涉、翻山越岭、吃尽苦头的公安战士，他们捉拿到了逃犯，为民除害，他们不幸福吗？难道那些在几千度高温的炼钢炉前，挥汗如雨，为国家炼出优质钢材的炼钢工人，他们不幸福吗？难道在炎炎烈日下，挥舞着锹镐，弓着腰、弯着腿去耕种田地，日后为大家提供粮食的农民，他们不幸福吗？老师，您说呢？

师：你说得没错，他们当然是幸福的。我想，除了他们之外，还有很多人同样生活在幸福之中。下面，大家就补充补充吧！

生2：有房子住，有衣服穿，有饭吃，大人有工作，小孩有学上，这样的家庭就是幸福的。

生3：家人之间、友人之间、同事之间、同学之间，相互关心，相互帮助，团结友爱，没有纠纷，不闹误会，和睦相处的人们就是幸福的。

生4：学生的学习成绩特别好，工作人员的工作成绩很突出。这样的人很幸福。

生5：不得病，不吃药，不打针，不住院，身体健康的人，就是幸福的人。

生6：自己的兴趣爱好，能实现，能发挥，这就是幸福。

生7：在家也好，外出也好，一切顺利，平安无事，就是幸福。

生8：没有大灾，没有人祸，以自己喜欢的方式生活的人，就是幸福的人。

师：你们大家说得都对。其实，幸福就是一种心理感受。那么，什么是幸福呢？为正义、为祖国、为人民做出贡献，从而心情舒畅地生活，就是幸福。你们所说的，就是表现在各个方面的心情舒畅的幸福生活。你们每一个人说的，就是幸福生活的某一个方面。

生1：老师，我明白了。他们每个人说的都是幸福的一方面。课文中说的那一段话也是幸福的一个方面。所以，那段话没有毛病，也不能说那是对幸福的片面理解。

师：很好。大家把各个方面的幸福一一摆了出来，你们自己就从中悟出了道理。你这种勇于自我否定的精神值得称赞。那么，本文的作者为什么偏偏选择这样一些幸福生活的内容写在这里呢？

生9：作者写的是各行各业的人们平静、安宁、有条不紊地生活。作者是在告诉人们，如果没有我们的战士在前方的浴血奋战，上面提到的这一切都可能不复存在。志愿军战士是我们幸福生活的保卫者。

师：说得好！正因为如此，所以作者说志愿军战士是我们最可爱的人。

在这个教学片段里，教师首先发动大家广泛地谈论幸福生活，用的是“以全解偏法”，使那名似是而非的怀有偏见的学生获得了正确的认识。本来这段教学可以到此为止了，可是，教师却顺势而为，又采用了“递进追问法”把讨论引向深入。最后简明扼要地画龙点睛，揭示了文章的主题。

又如《荷花淀》教学片段。文中有这样一段精彩的描述：

要问白洋淀有多少苇地？不知道。每年出多少苇子？也不知道。只晓得每年芦花飘飞苇叶黄的时候，全淀的芦苇收割了，垛起垛来，在白洋淀周围的广场上，就成了一条苇子的长城。

师：请同学们再反复地读一读这段课文，根据这段课文的用意，模仿这段话语的写法，用“……不知道。……也不知道。只晓得……就……”（板书）这样的句式，说一段话。

（学生读课文）

生1：要问他姓什么？不知道。叫什么名字？也不知道。只晓得他在街上勇斗持刀抢劫的歹徒，他就是一个见义勇为的英雄好汉。

师：说得不错。从几个关联性词语的使用，从全句意思的表达都是通顺合理的，还表扬了一位见义勇为的英雄，内容也不错。但是，你说的这段话和原文的那段话认真仔细地比较一下，用意是不一样的。你和大家都再读读课文的那段话，然后说说这两段话有什么不同。

（学生读书）

生1：老师，我好像明白了。课文前面两句的不知道，并不是真的不知道，是故意这样说的。后面的话是对前面两句的巧妙的、形象的回答。我那段话，不是这个意思。

生2：前两个是有意地留下悬念，以引起读者的注意，最后一语道破，使读者有“原来如此”之感。

生3：课文的这几句话，并不是各自独立的，而是前后互相配合、联系在一起的一个整体。它们共同地、艺术性地突出了一个意思，就是白洋淀的富饶。

师：你们三个人说得都很好，很对。（面对生1）还是由你自己重新说一段话，完成这个作业吧！

生1：要问他读过多少语言文学书籍，不知道。写过多少篇读书笔记、观察笔记和习作，也不知道。只晓得他参加今年的全国作文大赛，获得了一等奖。

（教师予以肯定）

在这个教学片段中，教师首先充分肯定了学生作业的正确部分。接着以“剖析范例法”引导学生对原文做了深入细致的阅读，理解了作者遣词造句的意图。最后还请原来作答的那名学生重新完成作业，这既给他留下了深刻的印象，也保护了他的学习积极性。

四、言出意外

备课时，思考得再全面、再周到、再细致，课堂上也会出现意想不到的情况，也就是所谓学生的非预期性表现。学生这样的表现往往使教师措手不及。

遇到这种情况，教师要用良好的心态去面对，不要认为学生是在有意地难为教师，是在成心捣乱。要谅解学生的无知和荒唐，要坚信天马行空是具有创造意识和创造才能的表现。因此，对这样的学生，绝对不能产生对立情绪，而要真诚地爱护他们。

遇到这种情况，需要教师冷静而机智地处理。这对于教师的教学智慧也是一次难得的锻炼机会。如果这些意外情况处理得恰当而巧妙，往往会取得异乎寻常的良好效果，甚至成为当堂课最大的亮点。

例如《松树的风格》教学片段：

生 1：我认为课文所说的松树的风格，并不是松树本身就有的，完全是作者强加给它的。松树是一种植物，也可以说是会长叶子的木头，它有什么风格？它是没有思想感情的，又怎么会有牺牲精神？所以，课文所说的这些不能令人信服。

师：大家再读读课文，然后谈谈你们的看法。

（学生读课文）

生 2：读课文的时候，我觉得课文说得很有道理。可是想想刚才说的松树是没有思想感情的植物，谈不上什么风格，也有道理。我也想不明白了。

生 3：画家、作家、戏剧家、歌唱家各有各的风格，我明白；树，也有风格，我就不明白了。还是您给讲讲吧！

师：好，我来讲讲。咱们就从风格说起吧。什么叫风格？风格就是作风、特点。如果说的是人，风格是指的他的作风；如果说的是物，风格是它的特点。就拿家具来说吧，明朝家具的风格（即共同特点）是构图简约，而清朝家具的风格是雕琢精美。这就说明人和物都有风格。

咱们再来说松树。松树是物，特点它还有吧？课文所写的这些内容，不就是松树的特点吗？既然风格就是特点，那么，把松树这些特点说成是风格，是完全可以的。

一种风格的形成，是不是都需要思想感情的支配呢？不需要。有的风格是有意形成的，有的风格是无意形成的。像花卉展览中的奇花异草，风格各异，是人有意培育的；而草原荒野的野花，风格不同，那是无意的自然形成的。再如室内陈设的盆景，风格奇特，是有意为之；路边白杨伟岸挺拔的风格，却是无意的自然形成的。显然，没有思想感情的松树，它的特点也就是它的风格，也是没有意识的自然形成的。因此松树的风格是它本身固有的，并不是作者强加给它的。

（学生点头表示接受）

教师的这段讲解，先讲什么是风格，再讲人和物都有风格，后讲风格可有意形成也可无意形成，最终落实于松树的风格乃本身固有，并非有人强加。这里采用的是递进解说法。

又如《人民解放军百万大军横渡长江》教学片段：

讲课过程中，一名学生提出，如果把课文标题中的“横渡长江”改为“胜利渡江”更好。因为“横渡长江”只说出了这次军事行动，而改为“胜利渡江”，则不仅说出了这次军事行动，而且说出了这次军事行动的结果。

教师请大家对此发表看法，并提醒同学们最好是引用课文加以说明。

（学生翻看课文）

生 1：我认为课文的标题不能改。因为改为“胜利渡江”就不符合事实了。这篇新闻的电头是“新华社长江前线二十二日二十二时电”。文中在说到西路军的情况时，课文说：“至发电时止，该路三十五万人民解放军已渡过三分之二，余部二十三日可渡完。”这就说明，到发电的二十二日二十二时，渡江的任务已经完成了一多半，但还没有全部完成。这也就是说，渡江的任务正在进行之中，还没有取得最后的胜利。所以，我认为不能改为“胜利渡江”。课文说“横渡长江”是正确的。

师：说得很好。新闻是把国内外最新发生的大事告诉给读者的一种文体。新闻不是文学创作，不能夸大，也不能缩小，更不能虚构。新闻的内容必须真实，一定要反映真实的情况。真实性是新闻的基本特征。大家明白了吗？（学生表示明白了之后教师接着说）既然新闻必须真实，那为什么不在渡江任务全部完成之后，再发关于渡江的新闻呢？

生：渡江是当时最大的事，全国人民每天都希望看到最新的消息。

师：很好。就是这样。新闻必须及时、迅速地把国内外的大事告诉读者。这就是新闻的另一个特征——及时性。如果新闻失去了及时性，那就不是新闻，而是“旧闻”了。

在这个教学片段里，教师先采用事实论证法，解决学生提出的问题。接着把解决学生问题的过程不知不觉地转换成了顺势讲解新闻的真实性和及时性的讲授新课的过程。这样，既解决了学生的问题，又顺势讲了新课，并没有多花时间，可算是一举两得。后者，教师使用的是“顺势推进法”。

2017年3月

语文教学技能五则

语文教学技能，是语文教师教学水平的体现，是提高语文教学质量的必备条件，是语文教师合格与否的一项重要标志。因此，对语文教学技能绝不能轻视。

下面是笔者在语文教学实践中摸索总结出来的一些教学技能。

一、一语道破

课文中有些语句、段落，或因其内容生僻，或因其语言专业，致使学生理解起来颇感困难，就是教师讲解起来，也需多费一些口舌。

《中国石拱桥》一文中有这样一段话："大拱由28道拱圈拼成，就像这么多同样形状的弓合拢在一起，做成一个弧形的桥洞。每道拱圈都能独立支撑上面的重量，一道坏了，其他各道不致受到影响。"

一名学生提问："课文说那个桥洞就像28张弓合拢在一起。是怎么合拢在一起的呢？是前后合拢，还是左右合拢，是重叠在一起还是交叉在一起的呢？那插图只看到一个大桥洞，看不出 28 道拱圈呀！”

又一个学生问道：“拱圈，既然是圈就应该是圆形的。我们常说画个圈或者说大家围个圈，都是圆形的。既然拱圈是圆形的，是不是水下半个拱圈，水上面露出半个拱圈呀？”

第三个学生说：“课文说拱圈就像同样的弓合拢在一起，我在书中或电视里看到的弓都是接近 M 形的，中间低一些，两端比中间高一些。可是桥洞都是半圆的或者接近半圆的呀！课文说的，我怎么想也想不明白。”

学生的问题是由“合拢”“拱圈”“弓”这三个词造成的。怎样把这三个意思解释清楚呢？一一解释就要花费时间，而且这是建筑方面的专业问题，不是语文教学的任务，因而只要学生总体上明白是什么意思就行了。那么怎么用通俗的语言，用简洁明了的话语讲明白呢？教师可以这样说：“这段话的意思就是：用 28 座弧形的小窄桥，一座挨着一座，并行地、紧紧地合并在一起，组成一座大宽桥。这样讲能明白吗？”这里，教师用“通俗解说”之法，解释了学生搞不懂的有关建筑学的几个问题，这可算是一语道破吧！

二、一举多得

有时会遇到这样的情形，即全文或课文的某一部分有着一连串的问题需要解答。像《有的人》这首诗就是这样。下面是这首诗的前四节：

有的人活着
他已经死了；
有的人死了
他还活着。
有的人
骑在人民头上：“呵，我多伟大！”
有的人
俯下身子给人民当牛马。
有的人
把名字刻入石头，想“不朽”；
有的人
情愿作野草，等着地下的火烧。
有的人
他活着别人就不能活；
有的人
他活着为了多数人更好地活。

这四节诗里，“有的人”出现了八次。“有的人”是什么人？这是作者有意给读者设置的悬念，让读者去思考，去回答。在课堂上，对这八个“有的人”，必须做出明确的回答。如果教师引导学生重复作答，这样同一性质的问题，重复问八次，不仅耗费时间，而且越往后学生越是兴味索然。怎么办才好呢？最好是想一个办法，一举把这一连串的问题全部解决。笔者绞尽脑汁，思来想去，办法终于想出来了：

师：大家先读一遍课文。读完课文，把前四节的这八个“有的人”全部换掉。分别换成具体的某一种人或者某一类人。我有一个要求，就是这八次改换前后不能重复。大家可以拿出纸和笔做准备，然后发言。

（学生读书并做准备）

生：

被人民憎恨的人活着
他已经死了；
被人民爱戴的人死了
他还活着。
残酷剥削人民的人
骑在人民的头上：“呵，我多伟大！”
全心全意为人民服务的人
俯下身子给人民当牛马。
妄想流芳千古的人
把名字刻入石头，想“不朽”；
一心默默奉献的人
情愿作野草，等着地下的火烧。
将自己的幸福建立在别人痛苦之上的人
他活着别人就不能活；
处处为他人着想的人
他活着为了多数人更好地活。

如此安排，经几名学生“置换原文”，前四节的意思已明，教师无须再做过多的讲解。这样，教师一举多得的意图已经达到。既培养了学生的阅读能力，又提高了教学效率。

三、变难为易

对于学生来说，课文中的语句段落或是与课文相关的语文知识，可能有一定的难度，或是学生感到生疏，这就形成了教学的难点。

像《人民解放军百万大军横渡长江》这篇课文就是这样。这则新闻，短小精悍，语句通俗，理解其内容困难不大。但是，通过这则新闻，要让学生懂得新闻这种文体的形式，就有一点难度了。其中“标题”“电头”“导语”“主体”这几个专业名词，就是难点。学生对它们感到生疏，因此这几个专业名词就不能孤立地讲，而要结合全文去讲。这就给教学增加了难度。不结合课文去讲，恐怕不便于学生理解；结合课文去讲，需要花费时间，而且会造成重复。怎样解决这个难题呢？怎样使学生不感到困难，而是很容易地就理解这几个专业名词呢？请看以下解决这个问题的方法。

师：请同学们先仔细地读读课文，然后分别用一句简要的话、一两句具体的话和一大段话来介绍这则新闻的内容。用自己的话说也行，引用课文的原话来说也行。

（学生读课文并思考）

生：课文中就有现成的答案。一句简要的话，就是标题；一两句具体的话，就是新闻开头说的话；一大段话就是新闻的全文。

（大家表示没有异议）

师：说得很好，完全正确。一条新闻刊登在报纸上，要非常醒目，要让读者一下子就抓住重点，所以新闻是由四部分组成的。用一句简要的话把新闻的内容概述出来，就是新闻的标题（板书：标题概述）；表明消息来源和时间、地点的话“新华社长江前线二十二日二十二时电”，叫作电头（板书：电头来源、时间、地点）；用一两句具体一点的话略述新闻的内容并且要放在全文的开头，这叫导语（板书：导语略述）；用一大段话详述新闻的内容，这是新闻的主体（板书：主体详述）。

在这个教学片段中，教师安排学生变难为易，按三种通俗的要求。分别介绍这则新闻的内容。而后再告诉他们标题、导语、主体等这几个专业名词。这样，学生经过亲身的经验和感受，去领悟新知识，不仅易于接受，而且印象深刻，教学效果良好。这叫“实践领悟法”。

四、以简驭繁

用简单的方法解决复杂的问题，是一种教学技能，也是一种教学智慧。有的课文人物众多，事件复杂，还可能有其他因素掺杂其中，这就增加了教学的复杂程度。若能以简驭繁，那就太理想了。

《葫芦僧判断葫芦案》就是这样的一篇课文。笔者设想了几套方案，都不理想。思来想去，最后还是想出了办法。

师：请同学们仔细地读课文，之后请你们根据自己对课文的理解，把本文的标题改动一下。改成“什么样的人怎么判什么样的案”（板书）。请大家注意，改动以后的标题，一定要反映人物和事件的特征。另外，读课文之后可以拿出纸和笔准备一下，然后再发言。

（学生读课文）

生1：我改动的标题是“徇私枉法之人胡判命案”。我的理由是：贾雨村照理应该公正判案，捉拿凶手。但是。他听了门子的主意，胡乱了结此案，致使冯渊白白送命，凶手却逍遥法外。贾雨村为了巴结贾家，为了升官发财，处处为自己的利益考虑。徇私枉法，胡乱判案，就是他的特点。

生2：我改动的标题是“阴险奸诈之人乱判凶杀案”。这标题中的“乱判”，是说贾雨村不依法行事。开始，他“大怒”，要“发签拿人”。后来，门子给他介绍了此案的背景，并献上了“护官符”，他已经改变了主意，知道该怎么做了。但是他不说，却是“笑”问门子。门子说出计策，他连说“不妥”。这表现了他的虚伪奸诈。此事皆由葫芦庙内当过沙弥的新门子所为，贾雨村又恐他对人说出当时的贫贱事来，后来寻了他一个不是，远远地充发才罢。这都说明了贾雨村的阴险和狠毒。所以题目改为“阴险奸诈之人”。

生3：我改动的标题是“忘恩负义之人枉判薄命女案”。标题中的“薄命女”指的是英莲。英莲五岁被人拐走，受尽欺负。后被冯渊看中，准备正式迎娶。英莲以为要过好日子了，没想到人贩子又把她卖给了薛蟠，冯渊也被活活打死。英莲告状又遇到贪官贾雨村，再一次掉入“火坑”。她真是个薄命女。标题中的“忘恩负义”指的是贾雨村。英莲是何人？她是帮助过贾雨村的大恩人——甄士隐的独生女。而且，贾雨村还答应甄士隐，替他寻找被拐走的英莲。贾雨村后来的所作所为，说明他就是个忘恩负义之人。

生4：我把标题改为“双面人暗判杀人案”。我认为贾雨村就是个双面人。他表面装“清正廉明”，暗地里却巴结上司，徇私枉法。他就是一个表里不一的双面人。“暗判”是说他不是光明正大地进行审判，而是和门子暗地里偷偷摸摸地做出决定。

生5：我改的标题是“假青天昧判夺女案”。我觉得“夺女案”可以概括案情。这个案子是由薛蟠与冯渊争夺英莲而引起的。“昧判”是说贾雨村判案不讲法律原则，昧着良心瞎判。而“假青天”是指贾雨村在刚开始审案的时候，摆出了“青天大老爷”的样子，可后来，他和门子谋划后，就完全颠倒了黑白，自己撕掉了“清正廉明”的外衣，露出了徇情枉法、卑鄙无耻的本来面目。他是伪君子、假青天。

师：很好！大家说得都不错。如果把你们改动的标题和所谈的理由综合在一起来看，课文当中几个人物的特征和课文中这一复杂的事件，已经越来越清晰了。再发言时，请大家思考不同人物、不同事物特征的共同点和不同点。这样，会得到更深入、更全面的认识。

（学生边翻看课文边思考，不一会儿就有几名学生举手要求发言。）

生6：我想这样改动标题——“趋炎附势之徒共判糊涂案”。我认为贾雨村和门子都是趋炎附势之徒。门子竭力巴结贾雨村，贾雨村竭力巴结贾府甚至四大家族，“趋炎附势”是他们的共同特征。这个案子是这两个人密谋判的，所以应该是“共判”。他们两个人共同徇私枉法，颠倒是非，把本来清清楚楚的案子弄得糊里糊涂，所以说是判成了“糊涂案”。

这个教学片段，教师以“细化标题法”只提了一个问题，就把课文中的人物、事件都包括进来了，并且促使学生对文中的人物和事件不仅做了分析，还做了概括，教学效果明显。这就是教师追求的以简驭繁吧！

五、事半功倍

教师指导学生阅读一篇课文，有多种方法可供选择，可从人物、情节、景物、结构、语言等入手。那么，除此之外还有没有其他切实可行甚至效果更好、效率更高的办法呢？只要开动脑筋，求新、求变，勇于另辟蹊径，就可能探索出有利于培养学生语文素养、符合语文教学客观规律的新颖的教学方法来。

笔者执教《孔乙己》一文时就是这样做的。

师：在文学作品中，作者对所塑造的人物持什么样的态度，是肯定还是否定，是褒还是贬，是爱还是憎，只要细心钻研、认真领会就会看得出来。下面请大家再认真地读一遍课文，然后谈谈作者对于孔乙己这个人物是怎样的态度。

（学生读课文，思考。）

生 1：我认为作者可怜孔乙己。课文写他青白脸色，乱蓬蓬的花白胡子，穿着十几年没补也没洗、又脏又破的长衫。这表明他十分贫困。后来，因生活所迫，偷了丁举人家的东西，被打折了腿。他最后一次出场，已不能用腿走路，是用手爬着“走”来的。后来人们再也没有看到他。作者这样写，流露出对孔乙己的怜悯和同情。

生 2：我认为作者对孔乙己既可怜又不可怜。写他生活贫困，写他被打折腿，可见作者可怜他。但也写他身材高大，会写一笔好字。既然身材高大，说明有劳动能力，完全可以靠力气吃饭，他却越过越穷弄到要讨饭的地步了。能写笔好字，可替人家抄书挣口饭吃。他却好吃懒做，做不到几天，便人和书籍、纸张、笔砚一齐失踪。从中可以看出作者对他的不满，这说明对他又不可怜。

生 3：我认为作者也肯定了孔乙己。他虽然有缺点，但也有好的一面。他在酒店里的品行比别人都好，从不拖欠。虽然暂时没有现钱记在账上，但不出一个月一定还清。最可取的是他有一颗善良的心。有几次他在酒店喝酒，邻舍的孩子们来凑热闹，他便把茴香豆分给孩子们吃，每人一颗。十分贫穷的他，喝酒的钱来之不易，他这样做，说明他天性善良。还有孔乙己教小伙计识字，虽然他卖弄学问说“回”字有四种写法，有些过时，但总比教小伙计如何往酒里羼水要好得多，这毕竟是在做好事。我认为作者写这些，是在肯定孔乙己善良的一面。

生 4：我认为作者恨孔乙己。孔乙己考试落第，就该另谋生路，勤俭度日。他放不下读书人的架子，有力气也不去劳动，整日游手好闲，好吃懒做。没有了，就去偷；偷来钱，又去喝。最可气的是，腿被打折了，用手“走”，也非要去酒店喝酒不可。实在不争气。

生 5：我认为作者是在讽刺孔乙己。课文开头部分就说：孔乙己是站着喝酒而穿着长衫的唯一的人。站着喝酒说明他社会地位低，穿破长衫说明他是个读书人，又没有钱。他身穿长衫而又没条件坐下喝酒，站着喝酒而又不脱去长衫去劳动，有钱人不像有钱人，穷苦人不像穷苦人，这不是讽刺吗？孔乙己不分对象，对谁说话都是之乎者也，说话看来文明，而又干着偷东西的不文明的事，这不也是讽刺吗？再有他说“窃书不能算偷……读书人的事，能算偷吗？”这令人哭笑不得。窃就是偷，读书人窃书也不能例外。他这种自欺欺人的说法，不也是很大的讽刺吗？

生 6：我认为作者为孔乙己而悲伤。从全文看，孔乙己是个悲剧人物。他受科举制度毒害之深，不仅表现在那件破长衫上，而且在于心灵。为什么那件又脏又破的长衫他始终不肯脱下来？那是因为在孔乙己看来读书就是为了追求功名，做高官，得俸禄，光宗耀祖。因此，他苦读诗书，屡次参加科考，虽未考中，也自以为是高人一等的读书人。正因为如此，他才不肯脱去长衫，放下架子，去从事体力劳动来维持生活，以致穷困不堪，快到讨饭的地步了。再加上他好吃懒做，没钱时就去偷窃，以致脸上常有伤痕，直到被打断了腿。他最后一次来酒店，是坐着用手“走”来的。这以后再也没有露面。人都有一死，但是，孔乙己是什么时候死的，怎么死的，却无人知晓。如此悲惨的遭遇，不会凭空发生，如果没有科举制度，他怎会这样悲惨？

生 7：我认为作者是在批判孔乙己。作者对孔乙己是什么态度，要看孔乙己的言行是正确的还是错误的；是高尚的还是恶劣的。他又馋又懒，看不起穷苦人，轻视体力劳动；说话满口之乎者也，思想守旧，自命不凡；不从事体力劳动，又不好好抄书，好逸恶劳；偷人家东西，更是不劳而获，自甘堕落。总之，作者对孔乙己的态度是批判。

师：大家说得都很好。研究一个问题，要从不同的角度去思考，这样获得认识才会全面。你们就是分别从不同的角度来认识作者对孔乙己的态度的。要是把大家的这些看法综合在一起，就已经相当全面了……

在这个教学片段中，教师采用了“作者视角”的办法，启发学生用作者的眼光去解读、评定作品中的人物。此一举，就使学生比较全面而深入地认识了作品中的人物，体现了教师力争事半功倍的教育意图。

2017年1月

语文课堂教学方法八例

语文教材丰富多彩，教学方法多种多样。在提倡改革、创新的时代，怎样设计和选用教学方法呢？有两个要领一定要把握。

其一，万变不离其宗。语文教学的发展变化、改革创新，都不能离开语文教学的宗旨。这个“宗”，就是目的和意图，即培养学生正确理解和熟练运用祖国的语言文字，或者说是培养学生的语文素养。所谓“万变不离其宗”，就是在进行教学设计的时候，在钻研教学方法的时候，超凡脱俗也好，独辟蹊径也罢，无论如何，都不能离开这个宗旨。一切教学措施都要为这个宗旨服务。改革创新，目的何在？就是要更准确、更全面、更高质量、更高效率地去实现这一宗旨。所以，离开了这个宗旨的教学措施，都是不对的。

其二，内容决定形式。教学方式方法的设计从何而来？从引导学生解读教材内容的需要而来。凡是能够高质量、高效率地引导学生解读教材，并从中恰当地培养他们的阅读能力、写作能力、思维能力、审美能力和文化修养的教学方法都是符合规律的方法。如果脱离了引导学生解读教材的需要，单纯地追求形式，标奇立异，任意而为，不合规律，就不对。

若能把握这两项要领并付诸实践，就一定能够设计出有效培养学生语文素养的、切实可行的教学方法来。

下面介绍课堂教学中教学方法运用的几个教学实例。

一、选择性判断

有些比较复杂的课文，学生可能一时理不出头绪，搞不清不同方面内容之间的关系，造成阅读困难。为了使学生尽快地进行实质性阅读，教师可提出几种对课文理解的不同观点，请学生去选择，去判断，进而得出正确的结论。

在《论雷峰塔的倒掉》一文的教学中，笔者就是这样做的。

师：粗读这篇课文，大家是不是有这样的感觉，那就是读课文时觉得很顺畅，读完之后要说一说本文说的是什么，却又一时说不出来。为了使大家尽快地搞清楚本文说的是什么，请大家再读一读课文，读后，谈谈本文说的是人还是物，是事还是理。

生 1：本文说的是物。标题就告诉我们说的是雷峰塔，第一段说“我却见过未倒的雷峰塔，破破烂烂的掩映在湖光山色之间”，这是塔倒前的样子。写白娘娘的故事，其实是交代塔的来历。课文说“上面还造起一座镇压的塔来”，这是建塔的目的。后来写雷峰塔倒了，是说塔的现状。

生 2：课文说“我”见到那塔“心里就不舒服”。这是写对雷峰塔的印象。课文还说“莫非他造塔的时候，竟没有想到塔是终究要倒的么？”这是塔的必然结果。

生3：这篇文章说的是雷峰塔倒掉这件事。第一，标题就指出了论的是塔的倒掉。第二，课文说“他居然倒掉了，则普天之下的人民，其欣喜为何如？”这是写人对塔倒掉的反应。第三，写白娘娘的事，为了说明塔该倒。第四，写法海逃进蟹壳，白娘娘获救，法海永远在蟹壳里静坐，是交代塔倒掉前后的事情。第五，“活该”二字，是说此塔倒了就对了。

生4：这篇文章写的是人。塔倒掉这件事，为什么使人“欣喜”呢？因为这塔和白娘娘，和法海是联系在一起的。如果这塔不是法海造的，如果这塔下没有压着白娘娘，如果它就是一大堆砖，那么它倒与不倒，人们还会关心吗？

生5：第二至五段写的是白娘娘，第六段以后写的是法海。

生6：本文的标题是“论雷峰塔的倒掉”，很明显这是一篇议论文，议论文就是讲道理的。课文写白娘娘，写法海，是用他们说明一个道理——善良的人有好报，恶人有恶报。

生7：白娘娘是善良人民的代表，法海是镇压人民的恶势力的代表，那塔是镇压人民的工具。课文写雷峰塔倒了，白娘娘出来了，法海坐在蟹壳里永远出不来了，这就是说，善良的人民一定能争取到自由，镇压人民的恶势力绝对没有好下场，镇压人民的工具早晚会被粉碎。（全班学生频频点头表示同意）

师：解读一篇课文，不能漫无边际地思考，而要知道想什么和怎么想。这篇课文有人、物、事、理四个方面的内容，对这四个方面的内容做选择、做判断，就是一种思路。大家要注意在今后学习中运用。

在学生讨论的过程中，教师除了最后做小结外，一直静听学生发言，没有任何表态。这是因为起初教师已经做了思路的引导，问题会越辩越明，教师只听不语，意在促使学生独立思考，培养学生的学习能力。

二、代角色陈述

所谓“代角色陈述”，就是由学生代替课文中的某个角色去陈述课文的内容。这是创造性复述的一种。如果再增加某些复述的要求或条件，就可按照教师的意图，引导并促使学生自己去领会课文中内容或形式方面的某个难点。

像散文《荔枝蜜》，学生初读课文，会觉得找不到头绪，理不清脉络。这是初中学生学习这篇课文的一个难点。要怎样尽快使学生明了其线索脉络呢?

师：大家先仔细地读读课文，读后做这样一件事，以“我和蜜蜂”为题，复述这篇课文的内容。

（生读书准备复述）

生：我小时候被蜜蜂蜇过，所以每逢看到蜜蜂，感情上就疙疙瘩瘩的，总不怎么舒服。可是，喝了又香又甜的荔枝蜜后，我觉得生活都是甜的。于是就想到了酿造荔枝蜜的蜜蜂，想去看看一向不大喜欢的蜜蜂。我参观养蜂场时，看到蜜蜂进进出出辛勤劳动，酿的蜜很多，留给自己吃的只有一点点。它们对人无所求，给人的却是极好的东西。我情不自禁地喃喃自语：多可爱的小生灵啊！我透过荔枝林，看见田野里的农民正在水田里分秧插秧。他们正用劳力建设自己的生活，实际上也是在酿蜜——为自己，为别人，为后世子孙酿造生活的蜜。夜里我做了一个奇怪的梦，梦见自己变成了一只小蜜蜂。

在这个教学片段中，教师采用了“代角色陈述”的方法，以“我和蜜蜂”为题，安排学生复述，其意图是引导学生尽快地厘清这篇散文的线索。这看似平常之举，却比较轻松地解决了本文的一个难点。

三、彼此相联系

彼此联系，就是在解读课文的时候，不要孤立地去看问题，而要把有关的人和事联系起来。对课文中的人物、事件，或横向或纵向甚至多向地联系起来去研究思考，以求对课文深入而全面地解读。

《同志的信任》这篇课文写了鲁迅和方志敏两个人物。学生在读课文之后提出了这样一个问题：这篇课文主要是写鲁迅先生，还是写方志敏同志？换句话说就是，这篇课文的主人公是谁？为了引导学生解决这个问题，做了如下安排（摘要）：

师：谁是主人公呢？可以这样思考：写鲁迅先生的内容和方志敏同志有什么关系？写方志敏同志的内容和鲁迅先生有什么关系？这样一想，就想明白了。大家带着问题再读读课文，然后谈谈对这个问题的看法。

（生读课文思考）

生1：课文写鲁迅先生在黑暗统治的年代，收存方志敏同志的文稿，并设法把文稿转送给党中央。对于方志敏同志来说，说明他没有看错鲁迅先生，说明他找对了人，说明信任鲁迅先生是正确的。

生2：写方志敏同志的身份，被捕入狱，在狱中给党中央写信，以及可能被杀害等情况，对于鲁迅先生来说，这说明是一个什么人，在什么时间、什么地点，在什么情况下，把一件什么样的事情托付给了他。这是一位党的高级领导人，把如此重要的事情交给鲁迅先生去办，这是对这位党外人士何等的信任啊！是对鲁迅先生高度的肯定和赞赏。

师：谁是本文的主人公？这样联系地看问题，明白了没有？

众生异口同声：鲁迅先生。

这个教学片段，教师一举两得。一是通过二人的相互作用，明确了本文赞颂的对象；二是教给学生联系地看问题的思想方法。

四、假戏成真唱

假戏真唱，是指原本是虚假的，却变成了真实的。语文教学中有一种“情境教学法”，就是假设一种情境，让学生从中体验，从而深刻地理解课文。这里说的“假戏成真唱”，就是把假设的事情变成了真实的事情去做，使学生在真实的情境中去体验，去感受，从而获得极为深刻的认知，扎扎实实地学到知识。例如上课伊始“取报纸”的案例。

师：今天上课要用一张报纸，我忘带来了。课代表，你到办公室把报纸拿来。

（课代表站立不动，好像有话要说。）

师（抢先催促）：你快去拿报纸，不要耽误大家的时间。

课代表：办公室报纸多了，我拿哪张啊？

师：拿报纸就是拿报纸嘛！快去吧！

课代表：老师，不是我不快去，我是想问问您，办公室里有《人民日报》《光明日报》和《北京日报》，您只说让我拿报纸，到底是拿什么报啊？还有，报架子上有一摞报纸呢，是拿哪天的呀？

师：你的意思是说，我只说让你去拿报纸，你无法确定拿什么报纸？我如果说出拿什么报，拿哪天的报，你就可以确定拿什么啦，是吗？大家也是这个意思吗？

生（众）：是的。

师：那就是说，如果在“报纸”这两个字的前面加上报纸的名称和日期，确定下来，就明确了？如果再加上“干干净净的”“没有破损的”，是不是就更具体了？

生（众）：是。

师：大家的想法和课代表向我提出的问题都是正确的。为了把话说得确定无疑，须在名词（如“报纸”）的前面加上限制性的词语（如报纸的名称和日期）和修饰性的词语（如“干干净净”“没有破损”）。名词前加上去的限制性和修饰性的词语，在语法的句子成分中，叫作定语（板书）。明白了吗？

生（众）：明白了。敢情是这么回事呀！（大家都笑了）

师：我这样做，是为了大家通过亲身感受理解得透彻。好了。下面大家看看课本是怎么讲解定语的。有问题再提出来。

这一出假戏真唱，把本来枯燥的语法教学变得生动活泼，使学生在亲历的体验感受中，扎扎实实地学到了本来比较难懂的语法知识。

五、添改原标题

《我的叔叔于勒》一文，看标题会认为于勒是本文的主人公。可是看完全文才知道菲利普夫妇才是本文的主人公，于勒只是使菲利普夫妇暴露嫌贫爱富、缺乏亲情思想本质的线索。这是作者的一种写作方法。怎样使学生尽快明白这种写作方法，把解读课文的注意力从于勒的身上转到菲利普夫妇的身上呢？

师：大家读读课文。读完课文以后做个练习，根据你对课文的了解，把本文的标题改动一下。要在保留“我的叔叔于勒”这六个字的基础上，使改动后的标题符合文义。

（生读课文，思考。）

生1：我见到了我的叔叔于勒。

生2：我的叔叔于勒原来是这样的人。

生3：我的叔叔于勒令人失望。

师：把于勒和其他人联系起来了，这样改动标题，思路是对的。

生4：我的叔叔于勒使人先喜后忧。

生5：我的叔叔于勒让人从盼望到失望。

生6：贫穷的我的叔叔于勒使父母躲避。

生7：我的叔叔于勒引出我父母的嫌贫爱富。

生8：从我的叔叔于勒说起。

（教师做小结，重点肯定了第八个标题具有内容和形式两方面的意思。）

“添改原标题”这个教学方法，既使学生熟悉了课文的内容，又让学生明白了本文以于勒为线索的写作方法。

六、类比解疑难

众所周知，两种事物某些特征相似时，那么，其他特征也可能相似。这是一种推理的方法——类比。通俗地说，就是同类事物相比。把这种推理的方法用于语文教学，有时可以比较轻松地解决一些不太好解决的问题。

诗歌《有的人》中，有这样一句：

有的人

俯下身子给人民当牛马。

有一名同学把这句的“有的人”解释为劳动模范。用这种具有代表性的人物来解释，本来是毫无问题的。没想到，有位同学却提出了反对意见。他说：“这样说不对。好多没有被评为劳动模范的工人、农民、干部，也是俯下身子给人民当牛马呀！光说劳动模范，我不同意。”

这回有点麻烦了。原来发言的学生没有错，后来持不同看法的学生说得也有道理。这个问题怎么解决呢？请看教学片段：

师：大家有什么看法？

生：我认为他们两个人说的都有道理。我的意见是：在“劳动模范”四个字后面再加上一个“等”字，不就解决了吗？

师：你们肯动脑筋，坚持独立思考，勇于发表不同意见，这都很好。我想问大家一个问题。我说“牛吃草”。这样说对不对。

生（众）：对。

生：老师，我明白了。牛吃草，不排斥羊吃草、马吃草。那么，劳动模范给人民做牛马，也不排斥别人给人民做牛马。所以，劳动模范这个说法，没有错。

师：大家知道我用“牛吃草”解决这个问题，这叫什么方法吗？这叫类比法（板书），就是用同类事物做比较。大家要学习运用。

这个教学片段是由一名学生的非预期性提问引起的。笔者灵活应变，用“牛吃草”三个字就解决了三名学生的见解，并借此向学生传授了类比的思考问题的方法。这也是对教师教学智慧的一次有益的历练。

七、顺势传新知

《口技》一文的教学进入了最后阶段：

师：本文开头写了“一桌、一椅、一扇、一抚尺而已”。结尾又一次写到“一桌、一椅、一扇、一抚尺而已”。这样重复地写这句话，是作者有意安排的。这样安排的目的是：反复强调，首尾呼应，突出了口技表演者技艺的高超。

生：我认为这样写不好。啰嗦重复。我认为只在结尾一处写“一桌、一椅、一扇、一抚尺而已”就行了。开头没有必要写这句话。

师：你能说说你的理由吗？

生：能。如果开头不写“一桌、一椅、一扇、一抚尺而已”，当读者读到文中对口技精彩复杂表演的描写时，就会猜测这幕后得需要多少道具，可是读到结尾才知道原来只有“一桌、一椅、一扇、一抚尺而已”，他们就又会想原来只是这样啊！读者就会非常惊叹口技表演者技艺的高超。如果这样写，表达效果会更好。

师：大家有什么看法？

（众生议论纷纷）

师：（问提出不同看法的那名学生）你知道你提出的这种写法叫什么写法吗？

生：知道。这叫设置悬念。

师：很好。你坚持独立思考，勇于对课文提出不同看法，而且你的看法还有道理，这都值得表扬。

大家还记得我讲过的发散思维吗？那就是解决一个问题可以有多种正确的方法。写文章也是这样。一篇文章可以有多种正确的写法，都可以取得良好的表达效果。这就是语言文学界公认的“文无定法”（板书）。大家明白了吗？

（众生表示明白）

师：你提出的设置悬念的写法是成立的，应该肯定。但是，那只是写法之一。课文采用的首尾呼应、反复强调的写法，也是成立的，也是可行的方法之一，不能否定。明白了吗？

这个教学片段表明，学生敢于提出对课文的不同见解，说明教师的教学民主，课堂教学宽松和谐。学生不“唯书”，坚持独立思考勇于提出自己设想的写作方法，这是平日思维训练取得成效的体现。教师针对课堂教学的情况，顺势传授新知识“文无定法”，既节约了讲授新课的时间，又便于学生接受。

八、标准与时限

判断人或事的正误优劣，要按客观标准去做。而这个客观标准，随着历史的发展、社会的变化也在发生着变化，并非一成不变。分析课文中的人物，也应如此。

《分马》一文人物众多，教师请学生把这么多的人物分类研究。没想到大多数学生都把“老孙头”分在了“落后分子”一类。原因是他自私，恐怕别人把他看中的那匹“玉石眼”挑去。

这种看法显然是不对的，也是教师事先没有料到的。怎样让学生心悦诚服地正确认识老孙头这个人物呢？

师：要判断一个人是先进还是落后，要有个衡量的主要标准。不过这个主要标准，在不同的历史时期是有所不同的。大家先来说说现在（当时是20世纪80年代后期）衡量一个人是先进还是落后的主要标准是什么？

生1：拥护中国共产党，拥护社会主义，拥护改革开放。

师：正确。那抗美援朝时期呢？

生2：拥护共产党，热爱社会主义祖国，拥护并支援抗美援朝运动。

师：很好。那解放战争时期呢？

生3：拥护共产党，拥护并支援解放军，反对国民党反动派的反动统治，支援前线，解放全中国。

师：说得对。那土地改革时期呢？

生4：拥护共产党，热爱解放军，拥护土地改革，与地主阶级坚决斗争。

生5：老师，我明白了。用这个标准衡量，老孙头属于土地改革积极分子。他要点自私的小心眼，那是小节。不能用党员的标准要求他。

师：大家怎么看呢？

生（众）：同意他的看法。

师：很好。通过给老孙头归类这件事，我们要记住两点：判断人或事的正误优劣，首先要有个客观标准；这个标准不是固定不变的，不同的历史时期，它都会有所不同。

在这个教学片段中，学生的非预期表现，对于教师的应变能力是一次锻炼，也是一次考验。

2017年2月

“标题阅读法”浅释

所谓标题阅读法，就是从课文的标题入手，通过添加、解释、改动等手段，提出问题，启发思考，从而使阅读者对课文获得某一方面或多方面认识的一种阅读方法。

标题阅读法，源自我的一次课堂教学提问。在准备讲授《皇帝的新装》时，我设计了一个提问，请学生读课文后回答“这是一个什么样的皇帝？”此后我想到，如果把这个提问变成请学生给课文加个副标题“一个……的皇帝”，不是更新颖、更能引起学生的学习兴趣、更能调动学生阅读课文的积极性吗？于是，就这样修改了。结果，这个让学生给课文添加副标题的做法取得了良好的教学效果。课堂上，学生踊跃发言，气氛非常活跃，而且学生的发言大多合情合理，有依有据。这次的成功给了我很大的启发。它使我意识到，进行教学设计时，在标题上做文章，是引导学生解读课文的一条行之有效的途径。后来便在这方面下了一番功夫，又摸索到了几种凭借标题启发提问的做法。在实施这些做法的过程中，我又意识到，这不仅仅是一种启发提问的教学方法，而且实际上是一种从标题入手理解课文的阅读方法。现在是教师用这种方法引导学生解读课文，如果让学生掌握了这种方法，如果他们自己能够运用这种方法去阅读课文，那对于培养他们的阅读能力是大为有益的。于是，在后来的教学过程中，凡使用借助标题的方法提问时，我都会在做小结的时候告诉学生，这是一种阅读方法，要记住它，要注意学习运用。就这样，标题阅读法郑重其事地走进了我的课堂教学。

教学实践证明，标题阅读法在语文课堂教学的过程中起到了积极的推动作用。

其一，标题阅读法的优势在于凭借它提出的问题容量大，涉及面广。一般情况下，文章的标题都是针对文中涉及或影响全局的人物、事件或事物而拟定的。因此，从标题入手思考问题，就会涉及全篇的内容。这样，就可以一举解读课文的重大问题，取得一举多得、事半功倍的效果。从教学法的角度来说，凭借标题启发提问，往往问到的都是课文的重大问题、核心问题、覆盖面大的问题，这样提问，就避免了零零碎碎的提问，以免造成课堂教学的松松散散。

其二，标题阅读法利于提高学生的学习兴趣。如果教师的教学方法课课如此，没有变化，那么，学生司空见惯了，也就兴味索然了。而在标题上做文章，是一种学生未曾经历过的、新颖的形式，这样，它对学生就具有一种无形的吸引的力量，从而使学生产生兴趣。于是，学生就乐于按照教师的要求去做，肯于把这件事做好。这就调动起了学生阅读课文的积极性。

其三，标题阅读法利于发展学生的思维。由于要对标题动动“手术”，这种新颖的要求就会引起学生好奇并进而产生疑问，促使学生去积极地思考，并想搞个水落石出。这样，学生的思维就处于积极的状态了。由于短时间内就要作答，由于标题涉及面广，由于要揭示的多为问题的本质，所以对培养学生的思维敏捷性、广阔性、深刻性等思维品质，都具有良好的作用。

其四，标题阅读法利于凭借课文培养学生的语文能力。学生要回答凭借课文标题提出的问题，就要对课文进行研究，就要进行分析、比较、判断、选择；要简要作答就要进行综合、概括，还要用简洁的语言表达自己的看法；发言时还要准确恰当地引用原文支持自己的看法。这些，利于学生解读课文，并在解读课文的实践活动中锻炼他们多种语文能力。

标题阅读法有几种类型。

一、添加标题

添加标题就是在原标题的基础上，再给其增加一些词语，使它含有的意思更加充实、丰满和具体，更能简明扼要地反映课文的内容和形式。给课文添加词语不是目的，这只是一种手段，一种解读课文的手段。因为新增加的词语，就是对课文解读所做的高度概括。其实，要学生添加标题，就是一种经过改造和升级的提问形式。学生给标题添加词语，就是回答问题。所不同的是，添加的词语要用高度概括的语言。要用高度概括的语言作答，需要两个步骤：第一个步骤是根据添加的要求解读课文，第二个步骤是把解读所得用简洁的语言表达出来。这样，就通过添加标题的训练，达到学生领会课文的目的。这对于培养学生的阅读能力和表达能力也是有益的。

根据“重过程，轻结果”的教学理念，让学生给标题添加词语，不能设标准答案。这样做，是为了让学生在添加标题的过程中没有条条框框，没有任何束缚，充分发挥他们自主阅读的能力。只要学生参与添加，就要受到鼓励。允许出错，允许修改。教师在备课时，可以设计预想答案，但不要求学生必须符合预想答案。如果学生添加的词语和教师预想的答案意思相同但用词不同，那么，采用学生的答案，岂不是大大地鼓励了学生吗？如果学生的答案比教师预想的答案更准确、更鲜明、更通俗易懂，那就不但要用学生的答案作结，而且要公开宣布这名学生的答案比教师预想的答案还要好。这样做，比两句表扬的话效果更好。如果学生的添加始终不能到位，教师则可根据预想答案对学生加以引导。如果学生的添加一开始就很理想，甚至一步到位，也不要当即下结论，而要学生继续添加下去。这是因为，安排学生给标题添加词语，并不是为了那个“结果”，而是为了凭借教材让学生在添加的过程中经受锻炼，提高阅读能力。

根据“一个问题可以有多种正确答案”的创造性思维的观点，在学生添加完毕教师做小结时，可以肯定不止一种答案。凡是合情合理、语言简洁的答案，都可以肯定。这样，既尊重、爱护学生，又丰富了对课文的理解。关键是，这不是唯师唯上的硬性理解，而是培养学生自主阅读能力的多元化理解。

（一）标题前添加

标题前添加，就是在原标题的前面添加修饰性或限制性的词语，使添加后的标题对全文具有提要的作用。能否准确恰当地给标题添加词语，可反映出学生对课文的理解程度以及学生的阅读水平。这给教师接下来的教学提供了针对性的依据。这样做的意图是在培养学生阅读能力的同时示范性地向学生传授一种阅读方法。

例如《中国石拱桥》教学片段：

师：下面读课文。读课文之后请大家在课文标题的前面添上一些修饰性的词语。就是这样——“……的中国石拱桥”（在标题前补充板书）。即描述什么样的中国石拱桥。发言时，请引用课文说明为什么这样添加。

生：古老的中国石拱桥。

生：成就辉煌的中国石拱桥。

生：美丽而且坚固的中国石拱桥。

生：巧妙绝伦的中国石拱桥。

生：历史悠久、结构坚固、形式优美的中国石拱桥。

师：这个说法比较全面。我们用三个字来概括，就是“久、坚、美”（板书）。这就是中国石拱桥的共同特点。

（二）标题后添加

标题后添加，就是在原标题的后面添加修饰性或陈述性的词语，使添加后的标题对全文具有提要的作用。这样做的意图同“标题前添加”，不再重复。

例如《荷花淀》教学片段：

师：下面读课文。读课文以后，请同学们在标题的后面添加一些陈述性或修饰性的词语。就是这样——“荷花淀……”（板书）。即描述荷花淀如何。发言时要引用课文加以说明。

生：荷花淀美丽富饶不容侵犯。

生：荷花淀的英雄儿女。

生：荷花淀伏击日军。

生：荷花淀奇袭日船。

生：荷花淀化险为夷巧袭日船。

师：大家添加得都很好。如果把大家添加的这些内容综合在一起就很全面了。

（三）标题中添加

标题中添加，就是在原标题的中间添加一些修饰性的词语，使添加后的标题更加明确具体地揭示作品的要义。这样做的意图同前，从略。

例如《一件小事》教学片段：

师：这篇课文的标题是“一件小事”。读者看到这个标题便会很自然地想到：一件什么样的小事呢？现在我们就来回答这个问题。大家先读一遍课文，读完以后，请大家在标题的中间添上一些修饰性的词语，就是这样——“一件……小事”（板书）。现在大家读课文，然后做添加。发言时，要引用课文说明为什么这样添加。

生：一件难忘的小事。

生：一件教育人的小事。

生：一件促人醒悟的小事。

生：一件使人惭愧的小事。

生：一件发人深省的小事。

师：大家添加得都很好。你们用不同的词语，从不同的角度形容了这件小事。大家说得都有道理，都可取。

（四）添加副标题

如果标题不适合添加，或者适合添加但不能满足教学的需要与阅读的需要，则可采用添加副标题的形式。添加副标题具有很大的灵活性，它不受原标题语言文字的制约，是一个独立的语言结构；可以根据教学与阅读的需要，自行选择任何一种角度进行添加。

例如《皇帝的新装》教学片段：

师：这篇课文的主人公一看标题就知道是个皇帝。大家读课文以后，给这篇课文加个副标题——“一个……的皇帝”（板书）。就是描述这是一个什么样的皇帝。发言的时候要引用课文加以说明。好，大家先读课文，然后发言。

生：一个愚蠢的皇帝。

生：一个虚伪的皇帝。

生：一个无知的皇帝。

生：一个昏庸的皇帝。

生：一个不可救药的皇帝。

师：大家说得都对。通过这个练习，我们对课文中的皇帝有了一定的认识。

以上是添加标题的四种形式。要不要添加，采取哪种形式添加，要依据标题的语言构成和解读课文的需要来决定，不可任意而为。

二、改动标题

改动标题是指对课文原有的标题做或大或小的改动。这当然不是因为原标题有什么问题，需要修改，这只是一种假设性的实践活动，是一种阅读的方法，是一种教学的手段。一篇课文的标题，一般都是概括性、提要性或提示性的，不可能把课文的方方面面都包括进来。这样就为改动标题留下了空间，这样就可以根据解读课文的需要，有目的地安排学生从各种不同的角度去改动标题。

其实，改动标题也是一种变换形式的提问。正是因为形式变换了，学生就有了新鲜感，他们就有了参与这项活动的兴趣和积极性。这也正是设计改动标题这一教学手段的意图。当然也是要教给学生一种新的阅读方法。

改动标题和添加标题做法相同，也是鼓励学生多元认知，欢迎多种正确答案，而不设标准答案。要学生在改动标题的过程中多多参与，经受锻炼，增长阅读能力。

（一）修饰标题

修饰标题，就是通过补充、调整，使标题更加充实、具体、明确地反映课文内容和形式的特点。修饰标题对于学生准确、全面、多角度地理解课文，具有良好的作用。

例如《我的叔叔于勒》教学片段：

师：大家读课文的时候好好想一想，将这篇课文的标题修饰一下，适当改一下，好不好呢？接下来大家读课文，读课文后想好了就发言，发言时要引用课文说明为什么要这样改动。

生：我的叔叔于勒原来如此。

生：我的叔叔于勒令人失望。

生：父母对我的叔叔于勒变了。

生：我的叔叔于勒引出的一段丑事。

生：从我的叔叔于勒说起。

师：大家说得都很好。前三个发言是对故事内容的概括，后两个发言也涉及了课文的内容，更为重要的是它们揭示了本文以于勒为线索人物的写作方法。这是很有见解的。

（二）另拟标题

有的课文的标题并没有全面反映课文的内容，而是突出反映了具有代表性或具有突出特色的某一个方面。这样命题当然无可厚非，但它留给人们认知的空间就很广泛了。对于阅读者来说，对于语文课堂教学来说，这确是放开思路、多方解读、便于实践的好读物。

例如《花儿为什么这样红》教学片段：

师：这篇课文的标题是否符合这篇课文的内容呢？换句话说，这个标题切题吗？这是同学们接下来读课文时需仔细考虑的问题。如果你对于这个标题不满意，就请根据对这篇课文内容的理解重新另拟一个标题，在发言时要引用课文证明自己的看法。好，先读课文，然后发言。

生：多彩的鲜花。

生：鲜花的色彩。

生：五颜六色的鲜花。

生：花儿为什么这样多彩。

生：花儿为什么五彩缤纷。

师：这几个标题都拟得很好，全面揭示了课文的内容。那这篇课文为什么用“花儿为什么这样红”为题呢？大家好好想想。

以上两种改动课文标题的做法由于改动幅度比较大，一定要慎重使用。不是确有把握，切记不可轻易使用，以免造成课堂教学的混乱。

三、解释标题

解释标题，就是对课文标题的语言文字做全面解释、部分解释或对某一个词语进行解释。解释标题，有的是因为标题中的某些文字比较费解，需要进行通俗化的解说；有的是因为语言结构的特殊性不易理解而需要解释；最主要的意图，是借助对标题的解释，打开解读课文的思路，甚至直接解读课文。总之，解读标题依然是一种手段，一种阅读的手段，一种语文教学的手段。

标题的特点是形式不一，有陈述式、描写式、判断式和疑问式多种，而且有文字多的，也有文字少的；有意思单纯的，也有意思复杂的，这就为解释标题提供了解读的线索。比如本文标题为什么要采取这种形式？这种形式的长处是什么？短处是什么？这种形式的最佳效果是什么？最差效果是什么？这样一想，解释的思路是非常广泛的。这样就可以借助标题的特点，根据解读课文的需要，确定对某一标题该解释什么和如何解释了。

解释标题的目的仍是解读课文。为了培养学生的自主学习能力，仍然鼓励多元解读，不设标准答案。

（一）选解标题

选解标题是指标题中的某个词语用法特殊或含义复杂，有的还具有重要意义，便需选择该词语做单独解释，以便借此解读文义。

例如《向沙漠进军》教学片段：

师：这是一篇写治理沙漠的说明文，可是标题却是“向沙漠进军”（板书）。“进军”用在这里是什么意思呢？有什么用意吗？大家读课文后解释一下这个问题。发言时请引用课文说明。

生：治理沙漠不是一件小事，少数几个人是办不到的，要像大兵团作战一样，要很多人。

生：沙漠地带不是个小地方，要像解放军解放大片国土一样，治沙就是一场战役。

生：去治沙就和行军打仗一样，衣食住行都非常艰苦。必须有战斗的精神。

生：沙漠地区的风沙铺天盖地，困难重重，没有战斗作风是不行的。

生：治理沙漠非一日之功，这是一场持久战，一定要有战斗意志。

师：大家说得都对，引用课文也恰当。你们说的这几点概括起来就是“人多、地大、艰苦、风狂、持久”（板书），所以治理沙漠也是一场战役，要以战斗的精神、战斗的姿态，向沙漠进军。

（二）拆解标题

拆解标题，就是把组成标题的词语一个个地拆开来，逐个地解释。这是因为，标题中的每个词语都很重要，如果误解了标题中某个词语的意思，那么整个标题的意思就失去原义，面目全非了。

例如《“友邦惊诧”论》教学片段：

师：本文的标题叫“‘友邦惊诧’论”。这个标题是什么意思呢？大家先读课文，读课文之后说说你们的看法。请引用课文说明。

生：说说友邦惊诧的事。

生：评论友邦惊诧这件事。

生：批判友邦吃惊奇怪的事。

生：驳斥友邦吃惊奇怪的这件事。

生：论证假友好国家假装吃惊奇怪这件事。

师：说得好。你能具体解释一下吗？

生：友邦，就是友好国家，加了引号就是假友好国家。惊诧，就是吃惊奇怪，加了引号就是假装的吃惊奇怪。论，就是论说、评论、论证的意思。结合课文来看，用在这里是论证的意思。

师：完全正确。

（三）通解标题

通解标题，就是全面解释标题的整体意思。为什么要解释标题整体的意思呢？因为标题是各式各样的。有的标题只是列出某人、某事、某地、某物或某种情况，这样就可借此寻求解释——这是怎样的人，怎样的事，怎样的地方，怎样的物件，怎样的情况，从而解读课文。有的标题具有感情色彩，褒贬之意明显。这样，就可以要求解释何以如此评价，顺势解读全文。总之，通解标题的目的，就是凭借标题引发思考，以达到理解课文的目的。

例如《鞠躬尽瘁》教学片段：

师：这篇课文的标题是“鞠躬尽瘁”。鞠躬尽瘁是什么意思？

生：鞠躬尽瘁的意思是小心谨慎，贡献出全部精力。

师：对。课文用这样一个词作标题是什么用意呢？大家先读读课文，读完回答问题。发言时请引用课文说明。

生：这篇课文以“鞠躬尽瘁”为题，用意是说明焦裕禄同志就是这样一个严格要求自己、贡献出全部精力的人。

生：这篇课文的标题是“鞠躬尽瘁”，意思是：什么是鞠躬尽瘁呢？课文里写的焦裕禄同志的事迹就是鞠躬尽瘁。

生：焦裕禄同志全心全意为人民服务的事迹太多了，各方面都有。鞠躬尽瘁，是对他光辉事迹的高度概括。

生：鞠躬尽瘁的意思非常丰富。忘我无私、艰苦奋斗、生命不息、战斗不止的焦裕禄同志，就是鞠躬尽瘁的典范。所以以“鞠躬尽瘁”为题。

生：鞠躬尽瘁是一种非常高尚的思想境界。一篇介绍焦裕禄同志事迹的文章用“鞠躬尽瘁”作标题，是对焦裕禄同志思想品德的崇高评价，这是对焦裕禄同志精神和事迹的高度赞扬。

师：大家说得非常好，完全正确。焦裕禄同志是我们每个人学习的榜样。

（四）求解标题

所谓“求解标题”，就是把原来陈述性的标题改为疑问性的标题，使标题提出问题，寻求解答。由于陈述性标题往往由不止一个词语组成，所以改为疑问性的标题以后，提出的也不止一个问题，而是一串问题。这样就扩大了教学措施的容量，取得了一举多得的教学效果，提高了教学效率。

例如《葫芦僧判断葫芦案》教学片段：

师：这篇课文的标题是“葫芦僧判断葫芦案”（板书）。现在我把这个标题改一下，改成“什么样的人怎么判什么样的案”（在原标题下板书）。下面大家读课文，读课文以后，回答改动以后的标题提出的问题。发言时要引用课文加以说明。

生：徇情枉法之人胡判人命案。

生：阴险奸诈之人乱判凶杀案。

生：忘恩负义之人枉判薄命女案。

生：假青天昧判夺女案。

生：两个势利小人谋判人情案。

师：很好。大家说得都对。把大家说的合在一起就很全面了。

以上介绍了“标题阅读法”的十种具体做法。之所以这样做，是为了以新颖的教学形式引发学生的兴趣，调动学生的学习积极性；是为了以教材为依托，让学生在探讨标题与课文的联系这一过程中得到锻炼，培养其语文素养；是为了优化课堂教学，试图取得事半功倍、举重若轻的教学效果。

2017 年 6 月

从一个词语的教学谈起

笔者给学生讲解“纷纷扬扬”这个词语，是结合课文的解读进行的。通过对这个词语的解释，使学生理解了课文的意思；反之，通过课文，又使学生进一步理解了这个词语。这样讲解词语，使词语的教学和课文的解读相得益彰。

为了使学生学会运用这个词语，在解读课文之后，安排学生用“纷纷扬扬”口头造句。具体要求是，第一，开动脑筋，打开思路，想想哪些事物可以用“纷纷扬扬”来形容，想出的事物越多越好。第二，造句的内容不得重复。就是说，先发言的学生形容过的事物，后发言的学生不能再形容这个事物。

下面是几名学生的口头造句和教师所做的指导：

生 1：数九寒天，冷风刺骨，纷纷扬扬的鹅毛大雪给大地披上了银装。

生 2：四月时节，春风拂面，万物复苏，柳条变成了青绿色。这时，校园里到处是纷纷扬扬的柳絮。

生 3：在果园里，当桃花开败的时候，风一吹，那花瓣纷纷扬扬落了一地。

生4：秋天，树上的叶子枯黄了。一阵秋风刮来，树枝摇动，那枯黄的树叶纷纷扬扬落了下来。

生5：有一天，不知是谁，把一张很薄的纸撕得粉碎，扔得满地都是。我把这些碎纸片扫进簸箕里，向垃圾站走去。路上，突然刮来一阵风，把这些碎纸片刮得纷纷扬扬到处飘落。

师：这几个句子，对“纷纷扬扬”的运用都是对的。请同学们再把这几个句子回忆一下，从中找一找规律，总结一下，什么样的事物才能使用“纷纷扬扬”来形容呢？

生6：刚才说的这几样东西，都是体积小、重量轻的。所以，又小又轻的东西才能使用“纷纷扬扬”来形容。

师：是不是只要具备了“小”和“轻”这两个条件的事物，就可以用“纷纷扬扬”来形容了呢？

生7：不是的。数量还要多。一片枯树叶或一个花瓣是不能用“纷纷扬扬”来形容的。

生8：还得杂乱。排着队、整齐地下落，不叫“纷纷扬扬”。

生9：还要能够飘。直接落地的不是“纷纷扬扬”。

师：补充得很好。我还有个问题。如果说又小又轻的东西才能用“纷纷扬扬”来形容，那么我想问问大家：多大的东西才算“小”，多重的东西才算“轻”呢？（生不语）

师：我举个例子。大家在电视里看见过旧社会时的革命者在街头抛撒革命传单的情景吧？形容那些传单纷纷扬扬飘落下来，这没有错吧？（生点头）可是，那传单比枯树叶、花瓣大多了，也重多了，这怎么理解呢？（生思而不语）好，我们再来研究一下注解。注解的解释是：“飘洒得多而杂乱。”这里有三个要点：

第一个要点就是“飘洒”。能不能飘洒，这是个重要的条件。凡是能够飘洒的，就符合了这第一个条件。就不用以大小和轻重来衡量了。第二个要点就是“多”。第三个要点就是“杂乱”。这三个要点简单说就是三个字——“飘、多、乱”。这也就是正确使用“纷纷扬扬”的三个条件。

词语教学并不是让学生看看注解就可了事这么简单。而要真正做到使学生“正确理解和熟练运用祖国的语言文字”，就要精心设计词语教学，具有针对性地指导学生实际运用。

根据笔者的教学实践，要搞好词语教学，可从以下三个方面着手。

第一，理解。

20世纪50年代，语文课中的词语教学是在解读课文之前单独进行的。讲授一篇课文，在介绍作者和作品的时代背景之后，有一个专门的环节就是“解词”，即把课文中学生应理解和掌握的词语全部挑出来，一个一个地解释。此后才是读课文、划分段落等解读环节。这样进行词语教学，其教学效果显然是不理想的。

所谓理解，就是透彻地懂得、明白，而不是死记硬背词语的注解。透彻地懂得、明白，就是要不仅懂得词语的意思，而且还要明白它为什么是这个意思。即所谓不但要知其然，而且要知其所以然。

怎样做才能使学生理解所学的词语呢？曾经有专门从事语文教学研究的资深学者提出，字词句的教学要做到“字不离词，词不离句，句不离篇”。这个提法对于词语教学而言，起到了推动其健康发展的作用，使词语教学走上了合乎客观规律的轨道。

这个提法表明，词语的讲解不能脱离其语言环境。这样做，词语所在的文句可以帮助学生理解词语的意思；而对词语的理解又可帮助学生理解文句的意思。正可谓相互为用，相辅相成。

例如《挺进报》一文中有“失职”一词。解读到该处时，教师出示词语卡片，请学生解释“失职”的意思。一名学生说：“失职的意思是失去了职业。”教师把手中的卡片翻转过来，使卡片的背面对着学生。那名学生看到卡片背面写着的“失业”二字，自知答错，便说：“老师，我答错了。”教师说：“错了没关系。咱们一起看看课文。课文说白公馆的看守人员‘怕担失职的罪名’，可见，‘失职’是一种罪名，是一种过错。下面大家再看看这部分课文，然后说说，作为反动派集中营里的看守，他们有什么过错？”学生翻看课文以后说：“按照被关押的革命同志的说法，是值班室里没有人，被关押者进入值班室，翻看了屋里的报纸，而后传出了消息。这说明值班的看守私自离开了自己的岗位，没有尽到自己应负的责任。这就是他们的过错。”教师说：“说得好！看守没有尽到自己应负的责任。这种过错，就叫作‘失职’。”此后，教师又带领学生对“失职”一词做了词素分析。失，背弃（同“失信”“失约”中“失”的意思）；职，职责。合起来的意思就是：背弃了职责。通俗地说就是：没尽到职责。

这样讲解“失职”一词，从感性认识到理性认识，学生就不会囫囵吞枣，只笼统地了解个大概，而是完完全全、清清楚楚地懂得、明白了。

在解读课文过程中把词语摘出来讲解，有人可能会担心，这样做还不把解读课文冲击得七零八乱吗？不会的。笔者在教学实践中找到了一个办法，既可从课文中把词语单独拿出来讲解，又使解读课文不中断、不割裂，系统地进行。这种做法就是：那些要讲解的词语，既要拿得出来，又要放得回去。怎样放回去呢？就是把原句中被解释的词语置换成对它的解释。例如从“怕担失职的罪名”一句中，把“失职”一词拿出来讲解，讲解后把对它的解释“没尽到职责”送回原句，取代“失职”二字。这样，教师就把课文的这句话变成了“怕担没尽到职责的罪名”。这样送回去，不就自然而然地按原文往下讲了吗？

有这样一句话：“听到的终会忘掉，看到的才能记住，亲身体验过的才会理解。”这话颇有道理。这就是说，词语教学不能采取老师讲、学生听或老师写、学生抄的办法，而应是教师引导学生自己动脑、动手、动口，使他们通过自己切身的体验理解所学的词语。这样，不仅学生便于接受，而且得到了确信无疑的理解。

第二，记忆。

有一次，笔者问一名学生：“我们讲每篇课文的时候，都要学习一些词语。学了那么多，你作文的时候怎么不用呢？”学生回答说：“我不是不用，我也非常想用，可是写作文的时候，拿起笔来，学过的那些词儿我一个也想不起来呀！”这名学生的话，很值得思考。由于他没有牢牢记住学过的词语，所以到用的时候，就一个也想不起来了。从信息论的角度来说，学生的头脑中没有词语信息的贮存，需要用的时候，拿什么输出呢？由此可见，要想让学生能够使用学过的词语，一定要设法帮助学生把已经学到的词语记忆下来。

若想增强学生的记忆，在教学中就要抓住“识记”和“保持”这两个心理过程。

心理学认为：“识记”是一种反复的感知过程，借以形成比较巩固的联系。“识记”有无意识记和有意识记之分，而无意识记的效果更为良好。所谓无意识记，即事先没有设定识记的目的，不借助什么明显的手段，无须做任何努力的识记。这种识记，往往可以使人在不知不觉中牢牢地记住了某种事物，甚至终身难忘。因此，在教学中要尽可能地发挥无意识记的作用，也就是在教学中，要尽量做到用生动形象的、能给学生留下深刻印象的教学内容和形式传授知识，以利于学生识记。

例如，“虐”字，学生经常写错，教师反复强调“下面那部分开口向右”，学生背来背去反而弄不清是左是右了。后来教师从这个字的字义上做了形象的解说，取得了良好的效果。教师先问学生：老虎发怒时是什么样子？学生说：虎目圆睁，张牙舞爪……教师再问：老虎舞爪时，是向外扑抓呢，还是向里扑抓呢？学生说：当然是向外抓，朝对方抓；若向里抓，不就抓自己了吗？接着，教师向学生指出：“虐”的意思是残暴狠毒，而老虎发怒时的样子就是残暴狠毒，所以这个字的上半部是虎字头，表示“虎”意；下半部是一个变形的“爪”字，因为表示老虎正在发怒，所以那爪是向外的。经教师这样一讲，学生在无意中就记住了，再不会写错了。

“保持”就是使已识记的内容不减少、不缺失，维持原有状态，巩固下来。

心理学的研究表明，确定较长时间的识记目标，则识记保持得持久。因此，笔者在学生初中一年级入学时，就向学生提出，凡是学过的字和词语，三年之内都是复习检查的对象。这样，就把识记的目标确定为三年，增强了学生识记的持久性。

心理学的另一项研究表明，人对识记对象进行识记之初，遗忘的速度很快，此后，遗忘的速度就日趋缓慢了。这就是著名的艾宾浩斯遗忘曲线。根据这一遗忘规律，安排复习和练习，就会取得巩固知识的良好效果。具体做法是：凡是新学的词语，以出示词语卡片的形式，连续三天复习。此后，以抽选词语卡片的形式，间或复习。根据这样的安排，每天复习的内容，既有按计划安排的内容，又有任意抽选的内容；既有刚学到的新词语，又有以前学过的词语。这样，就以“滚雪球”的方式，逐步使学生在记忆中积累了越来越多的词语。由于这样做是按照遗忘规律办事，所以取得了良好的记忆效果。

第三，运用。

培养学生正确理解和熟练运用祖国的语言文字，是语文教学的宗旨。因此，凡是学生应掌握的词语，教师都要精心地指导学生运用。

怎样指导学生运用呢？

其一，打开学生运用词语的思路。

学生运用学到的词语，往往是照猫画虎，思路狭窄。只有引导学生打开了思路，他们使用所学词语的范围才会扩大起来。

例如笔者请学生用“束手无策”造句。

生1：解放战争中，我人民解放军根据毛主席制订的战略战术向前挺进，势如破竹，打得敌人束手无策，节节败退。

生 2：抗日战争中，我们又是地雷战，又是地道战，搞得敌人束手无策，到处吃败仗。

生 3：抗美援朝战争中……

师：这几个造句，说了解放战争，又说抗日战争，再说抗美援朝战争。当然，这几个句子都是对的，但是，说的都是战争，都是敌人，这样，就给人一种大同小异的感觉，好像这个成语的使用范围很窄似的。难道“束手无策”只能用于敌人吗？请大家把思路打开，朝着不同的方向去思考，这样，你们就会明白，这个成语的使用范围是很宽广的。

生 4：在革命战争时期也好，社会主义建设时期也好，面对眼前的困难，我们也有束手无策的时候。但是，只要我们依靠党的领导，依靠广大人民群众，奋力拼搏，就没有攻不破的堡垒。

师：很好！思路打开了。“束手无策”这个成语是个中性词，既可用于反面人物，又可用于正面人物。思路打开了，使用的范围就扩大了。

其二，使学生把握词语的运用规律。

事物都有其自身的规律性，词语的运用也是如此。若能使学生把握词语的运用规律，那他们运用起词语来就得心应手了。

例如笔者安排学生用“襟怀坦白”造句。

生 1：我们的革命先烈为了人民的解放事业，艰苦奋战，勇往直前，抛头颅、洒鲜血也在所不惜。他们襟怀坦白，大公无私，默默奉献，令人肃然起敬。

师：说得好。大家想想，这个成语能不能用于反面人物呢？

生 2：那些投机倒把分子、贪污盗窃分子，只知损人利己，损公肥私，绝不可能襟怀坦白、忠诚老实。

师：很好。你很聪明，采取否定的说法，就把问题解决了。大家再想一想，能把这个成语用在自己身上吗？注意，不能自我吹嘘。

生3：我们青少年是共产主义事业的接班人。我们要大公无私，艰苦奋斗，襟怀坦白，诚恳待人。

师：很好。他是说自己，而又不是自吹自擂。关键是他句子里的那个"要"字。用了这个"要"字，就表示后文是对自己的要求，是努力方向。这样，把这个褒义词用于自身，也就恰当了……下面，请同学们根据以上三个造句，看看能不能总结出一些褒义词的运用规律。

大家很快得出了结论：褒义词用于正面人物时直接使用，用于反面人物时采取否定说法，用于自身采取提出要求的说法。

其三，针对学生运用词语的实际讲评指导。

学生运用词语时会出现什么问题，有时是难以预料的。因此，教师在学生运用词语的实践活动中，及时发现问题，给予针对性的讲评指导，是行之有效的。

例如笔者请学生用"致力于"造句，在学生的口头作业中，有如下两例：

生1：华罗庚同志把全部精力都致力于数学研究了。

师：请你说说"致力于"怎么解释？

生1："把精力用在"的意思。

师：你用"把精力用在"代替"致力于"三个字，把你造的句说一遍。

生 1：华罗庚同志把全部精力都把精力用在……老师，我明白了。重复了。

师：好。那你把句子修改一下，说一遍。

生 1：华罗庚同志一生致力于数学研究。

师：很好。大家注意，一定要首先把词语的意思搞清楚，然后用到句子中去。

生 2：昨天晚上，我致力于一道数学难题，收获很大。

师：怪我事先没有把这个短语的使用范围交代清楚。“致力于”要用在大的事业上，不能用在小的事情上。像“致力于看电视”“致力于写日记”等，这些说法都是不妥的。下面，请你用“致力于”重新造个句吧！

生 2：周恩来总理的一生，是致力于为人民得解放、为人民谋幸福的一生。

师：很好。请同学们注意，在使用某个词语之前，一定要弄清楚它的使用范围。

综上所述，词语教学若能抓住理解、记忆、运用三个环节，精心施教，就会取得理想的教学效果。

2018 年 1 月

广开言路

——在作文题上下功夫

不少学生都害怕作文。他们一听到“作文”二字，就皱眉，就头疼。为什么呢？他们说：“没得写呗！”看来，这真是个值得重视的问题，也是个需要好好研究的问题。

常言道：“巧妇难为无米之炊。”没有米，怎能下锅煮饭？同样的道理，没得写，怎能遣词造句，布局谋篇？没得写，还谈什么表情达意！如此看来，想方设法使学生有得写，是写作教学不可回避的一个重大课题。

让学生有得写，可以组织并指导学生去观察，并写下观察笔记；也可以组织学生多参与一些社会活动，再记点日记。这样做，可帮助学生积累素材，到需要它们的时候，用上去，就有得写了。这些做法无疑是正确的。那么，还有没有其他有效的办法呢？有！那就是在作文题上下功夫。

有的作文题学生有得写，有的作文题可能就没得写。如题目“我最敬佩的一个人”，学生会说：说实话，到现在为止，我还真没遇到这样的人呢！这可怎么办？再如题目“我的理想”，学生则说：长大了做什么工作，我现在还没想好呢！这又该怎么办？如此看来，怎么出作文题，这里确实有学问，轻而易举是不行的。要想使学生有得写，真要在作文题上下下功夫、想想办法了。

如果作文题是让学生写他的生活，他的见闻，他的经历，他的所思所想，他的所作所为，总而言之，就是让学生写他生活圈子里的大事小情，那学生还会没得写吗？

我就是这样想的，也是这样做的。在作文题上下功夫，就要把功夫下在关键之处。这个关键就是了解、判断、掌握学生的生活范围；使作文题涉及的范围等同于学生日常生活的范围。这样做，就会广开言路，使学生有得写了。

我的做法是：用初中一年级这一年的时间，在作文题方面篇篇下功夫，篇篇想办法，重点解决学生“没得写”这个问题。试想，在初中一年级长达一年的时间里，十四篇大作文，篇篇学生都能有得写，那他们就磨炼出来了，也就习以为常了。这样，他们的内心就会在不知不觉中发生着变化。那种对作文的惧怕心理，随着一次次作文自己都“有得写”的成功经历，也就逐渐淡漠进而趋向消除了。

消除学生因为没得写而惧怕作文的心理障碍，绝非一朝一夕可为，必然要有个过程，这就需要时间来解决。而在解决这个问题的过程中，还有个此消彼长问题。因为有得写了，则学生相信自己能写好作文的信心也可树立起来了。当然促使这种此消彼长，促使学生对作文树立起信心，教师还要做一系列耐心细致的工作。这也是要有个过程的，也是要用一些时间的。这也就是我用长达一年的时间稳步地解决这个问题的原因。

在这一年里，我还注意指导学生观察各种事物并参加一些社会活动，从而使他们积累了一些素材。这不仅可以充实他们作文的内容，也为他们在升入初中二年级后再不会没得写和进一步学习“怎么写”打了基础。

下面介绍一下我指导初一学生写十四篇大作文的来龙去脉。

学生升入中学后的第一篇作文尤其重要。如果适当地打消学生“没得写”“怕作文”的顾虑，那就是事半功倍；如果相反，让他们害怕中学的作文了，今后的作文课会更加艰难。

我清楚地知道这一点，但是第一次作文必须成功。思来想去，我想出一条“瞒天过海”之计。

语文课上，我对学生说：开学已经三天了，你们都认识我了——宁老师，可我还不认识你们，如果我一天能够认识一名同学，那要认识全班同学也要花一个多月，太慢了。我想了一个主意，可以很快地认识全班同学，那就是请你们每个人给我写一个自我介绍。

学生没有异议。我接着说：为了不给你们额外加重负担，正好今天两节语文课连着上，你们就在课上写吧。还有一点，我得说一下。你们都看到了，我戴着眼镜，高度近视，所以字写得小或者潦草我都看不清。我看见大家的课桌上都放着稿纸，那就用稿纸清清楚楚地写吧。

我再没有提别的要求。我的意思是，不要左一条右一条，又把学生束缚住。他们拿起笔放开了写就好。文稿收上来，每篇都写点儿鼓励的话，我做了记录后就发回了。至于评分，只有我自己知道，不做公布。

一次没提“作文”二字的作文，就这样在学生不经意间完成了。

两周后，我对学生说：你们到中学已经半个月了。我想，你们小学的班主任一定很惦记你们，也很想你们。我觉得你们该给他写封信了。学生表示赞同。一名学生提问：老师，您说我们写什么好呢？我回答说：你想对老师说什么，你就写什么。老师见到你们的信，一定高兴。

接着我通过板书给学生讲了书信的行款格式和信封的书写格式。而后对学生说：我还是不想增加你们的负担，就在课上写吧。大家可能没有信纸，就用稿纸吧。用稿纸写更工整，对老师更尊重。大家写完都交给我，若有错别字什么的，我帮你们改一下。明天你们想着带来信封和邮票，写好封好后，由课代表一起投入学校门口的信箱。

对学生交上来的“信”，我做了点记录，暗暗记了评分，第二天便发回去，而后就寄走了。几天后，学生收到了小学老师的回信，一个个欢呼雀跃高兴极了。我这一出“假戏真唱”到此结束。

每年 10 月学校都要举办运动会。我对校长说：把今年运动会的现场广播宣传任务交给我吧。校长满口应允，并答应给我们制作 45 个“小记者证”。

语文课上，我对学生说：这次运动会的广播宣传任务，校长交给了我们班。运动会那天，你们都是佩戴“小记者证”的记者，做采访，写报道是你们的一项任务。这节课，我就给大家讲讲怎样做采访，怎样写报道稿。

是日，我坐在广播台上当起了编辑，把小记者们交来的稿件审看、勘误、编排，交广播员播出。我班的学生，当听到广播里播出的是自己写的报道时，奔走相告，喜形于色。

会后，我收集起这几十篇稿件（我要求每个学生最少写一篇报道），记录、评分，如前所述。我这次的“以实代虚”之举，取得了预期的效果。

课本中有《第比利斯的地下印刷所》一文。这篇课文是按方位顺序讲述一个处所的。讲授这篇课文的过程中，一个念头油然而生——我何不在作文课上搞个“按图索骥”呢？

作文课上，我对学生说：我打算到你们每个人的家中做一次家访，可是我又不认识路，我想请你们每个人给我写个“路条”，我看着路条就找到了。这路条怎么写呢？我们不是刚学完《第比利斯的地下印刷所》吗？就按照这篇课文方位顺序的写法，从咱们学校的校门写起，接着写怎么走（包括乘坐公交车）就走到了你的家。我提个要求，就是你们写的路条要做到：我看着路条，按照路条指示的方向、街道向前走，不用问路，就能够走到你家门前。一定要写得清楚明白。可不能让我拿着路条却看不明白，怎么找也找不到你家。

一名学生提问：这路条开头的第一句怎么写呀？如果写“出了校门往东”太生硬了。我告诉大家可以这样写：“老师，去我家请您这样走。”（板书）接下来的事和前几次一样，不再赘述。

这是第四次没有说出“作文”二字的作文。可是，这层窗户纸还是让学生给捅破了。

一天，一名学生问我：老师，从您让我们写自我介绍，到这次写路条，这是不是就是作文呀？我笑了，回答说：是作文也好，不是作文也好，你们不都是写得很好吗？不要把作文看得很高深，写信、记日记、写通知、写便条，不就是有长有短的作文吗？这不是世上的人经常在写的吗？什么是作文，作文就是把想说出来的话写在了纸上。怎么想就怎么说，怎么说就怎么写，写出来就是作文。就这么简单。为什么有些人怕作文？就是把作文看得太高深了。一看到“作文”二字，就想到要郑重其事写文章了，太在意了，于是就紧张了。你们从自我介绍到路条，都写得很好。这是为什么呢？就是因为你们不知道这是作文，没太在意，思想放松的缘故。所以，不要把“作文”二字总放在心上，只想着“写话”两个字，也就是“写我想说的话”就轻松了。

第五次作文，我不再迂回婉转，而改为直截了当了。

师：这堂课是作文课。有的同学一看见作文题，就觉得没得写。怎样才能有得写呢？今天就讲讲这个问题。看到作文题觉得没得写，多半是因为没有把作文题真正地、全面地看懂。怎样才能看懂作文题呢？就是对一道作文题要从正反两个方面去思考。一方面要从正面思考这个作文题的要求是什么；另一方面就是从反面去思考，思考这个作文题目不要求的是哪些，只要是作文题没有提出要求的方方面面，就都可以写。这样就把作文题可写的范围充分地扩大了。所以，在研究一道作文题的时候，一定要从反面去思考，搞明白这道作文题不加要求的都有哪些。要思考得宽广，思考得全面。这样思考，可以写的内容就越想越多，这样就不会没得写了。下面我们就研究一下今天的作文题“下课了”（板书）。谁来说说这个题目的要求是什么？

生1：要写下课铃声响了以后的事情。我看不出别的要求，就这一条。

师：说得对。就这一条时间方面的要求。下面大家说说这个作文题目不要求的是什么？

生 2：除了时间以外，都没有要求。写什么人、什么事、什么活动、什么地方都可以。

师：说得对，就是这样的。下面就从作文题没有要求的方面思考，具体说说都可以写什么。

生 3：可以写下课以后老师和同学都在做些什么事。

生 4：可以写发生在课间十分钟的事，也可以写下午最后一节课以后的事。

师：你们两个人说得都对。第二个发言抓住了“下课了”三个字没有表明是哪一节课这一点，指出课间、课后两个时间的事都可以写。你动了脑筋，非常好。大家继续说吧。

生 5：可以写下课后同学们打扫教室搞卫生时，大家互相帮助的事。

生 6：可以写课后到操场去锻炼的事，也可以写篮球比赛什么的。

生 7：可以写课间打乒乓球的情况。

生 8：可以写课后书法、美术、乐器、舞蹈等的社团活动。

生 9：还可以写有的同学自愿地为班里、为学校去做好事。

师：说得都对。再想一想，下课了还有什么人和事可以写？

生 10：可以写放学回家走在路上发生的事，或者是亲眼看到的事。

生 11：可以写下课以后老师的辛勤工作，改作业、备课、找同学谈心什么的。

生12：可以写下课后学校大门口来接学生的家长们的不同表现。

师：大家说得都很好。从作文题目不要求的方面去想，可以写的内容太多了。可以写的内容多了，就有了选择的余地。要选择自己最熟悉、最感兴趣的，最生动感人、有积极意义的内容去写。这样一定会写好。大家要是没有什么问题了，就先好好想一想，然后就写吧。

第六、七两次的作文题是“下雪了”和“在校园里”。教学过程与第五次作文一致，不再详述。目的是让学生再“看懂”两个不同要求的作文题，进一步解决“有得写”的问题。

要让学生有得写，教师不但要指导学生把作文题看懂，而且还要教师在出题上下功夫，做到拟出的作文题让学生有得写。

初一第二学期第一次作文的题目，就让我费了一番心思。原本想好的作文题是“我家怎样过春节”。春节热闹非凡，哪家不过春节呢？学生一定有得写。后来一想，不妥。如果某一家庭春节时突发特殊情况，这节过不了了，那么这家的学生不就没得写了吗？作文题应让每个学生都有得写，所以这个题目得改，于是改成了“过春节”。我的想法是：过春节不一定写自己家怎样过节，也可以写别人家怎样过节，这样就有得写了。再一想，还是不妥。如果某一家庭突发了特殊情况，这家的学生有心思、有时间去别人家过节，或是去看人家怎样过节吗？他不是还没得写吗？不成，这个题目还得改。于是又把作文题改为了“春节”。为什么这样改呢？因为“春节”这个题目设定的条件是一个特定的时段，可以写过节，也可以不写过节，凡是在这个特定时段内的人物、事件、景物、活动等都可以写。这样在这个题目之内可以考虑的内容就很宽泛了，大家就都有得写了。

本学期另外六个作文题多是几经修改才确定的。依次是："同学""家""春游""老师""下雨了""我上中学一年了"。这几个题目的酝酿过程，就不一一详述了。

综上所述，要解决学生作文有得写的问题，教师就要在作文题上下功夫。题目的容量要大，涉及的范围要广，要注意到每一个学生都能有得写。还要指导学生在作文题上下功夫，要教他们学会看懂题目，既要知晓题目要求什么，也要明了题目不要求什么，从而搞清可以写的范围。若能如此，则广开言路可成。

2017 年 1 月

言之有物

——在指导学生语言表达上下功夫

学生作文，首先要做到语句通顺，内容具体。初中一年级学生的作文，往往平铺直叙，语句单薄，交代性叙述多，细致性描写少，因而作文平淡无味。

那么，在初一基本上完成了“有得写”的教学计划后，从学生升至初二开始，就要教给学生“怎样写”了。为此，我采取了以下教学措施。

第一，加法与减法。

所谓“加法”，就是在学生已完成的前次作文上进行再加工。“加法”的做法不同于“扩写”。在内容上不增加人物、事件，在结构上不增加段落，只在段落内使语句丰满起来，以达到作文充实、具体的目的。

经验证明，为了解决学生作文语句单薄、表达不具体的问题，只给学生讲解写作知识，讲解定语、状语、补语的表达作用等，效果并不理想。于是，我改变了做法。

作文课上，我对学生说：“今天作文课的内容，是由你们自己修改上次的作文。怎么修改呢？有两条要求。第一，每人在自己作文原有的基础上增加一百个字，可以多于一百，不可少于一百。第二，不能增加人物，不能增加事件，不能增加段落。也就是说，要把每一段修改得具体、细致、生动。下课时要把改前、改后的两篇作文一起交上来。”

作文收上来一看，改后比改前充实多了。虽然教师没讲语法修辞或形容描写之类的知识，但是，由于不允许增加人物、事件和段落，只能在段落内增加字数，这样，学生就只能在词句的具体化上下功夫了。教师的意图正在于此。

既然做“加法”初见成效，学生的作文具体些了，那么要求学生作文增加的字数，就要针对实际情况随之减少，就由增加一百个字，变成增加七十、五十，呈递减趋势降下来。这样，经过一段时间做“加法”（时间长短依学生的实际情况而定），学生的作文具体多了，也生动多了。

所谓“减法”，是在已完成的前次作文上减少字数。“减法”和“缩写”不同，不是摘取重要的语句和段落，不是重新组织安排文章，而是在不减少人物、事件和段落的情况下，减掉那些没有实际意义的和可有可无的词语或句子，以达到使作文简练的目的。

为什么要做“减法”呢？这是因为做了一段时间的“加法”以后，学生的作文充实起来了，但同时也出现了啰唆、重复一类的毛病。做“减法”就是要去掉这些毛病，使学生的作文既具体生动，又没有闲言废语。

为此，我在作文课上这样引导学生：“前一段时间，我让大家增加了作文的字数，你们的作文比以前具体了，也生动了。现在，我们再提高一步，要在继续做到具体生动的情况下，把作文再写得简练些。做法还是修改上一次的作文。怎么修改呢？第一，把原来的作文减少五十个字，可多减不可少减。第二，人物不能减少，事件不能减少，段落不能减少。下课时，还是把改前和改后的两篇作文一起交上来。”

和做“加法”的意图一样，教师没有讲道理，没有讲知识，只是规定做“减法”时，不可减人物、事件、段落。这样就使得学生要想把字数减下来，只能在词句上下功夫去精简了。

接下来便是依据每次作文的实际情况，把要求学生作文减少的字数，从五十字酌情递减为三十字、二十字等。经过一段时间（时间长短依实际情况灵活掌握），学生的作文就简练多了。

做完“减法”以后，下一个步骤便是做“个性化加减”。这就是根据学生的不同情况，对每个学生提出不同的要求。有的学生还需要增加字数，加多少，因人而异；有的学生还需要减少字数，减多少，各有不同。经这样一段针对性写作训练，学生的作文质量又得到了一定程度的提高。

从做“加法”、做“减法”的普遍性训练，到“个性化加减”的个性化训练，这三个阶段要适时调整，要在初二这一学年内完成。

作文教学是一项综合性培养训练的过程，所以，在指导学生做“加法”与“减法”的同时，还需采取其他多项措施。

第二，厚积与薄发。

一次，我问一名学生：“咱们在课堂上学了那么多词语，怎么没有用在作文里呀？”学生回答：“我很想用。可是到了写作文的时候，就想不起来了。”

这名学生的话对我触动很大。我意识到，词语教学的目的在于使学生学会运用。如此看来，只让学生理解词义是远远不够的，还要教会学生如何记忆和运用。

为了使学生牢牢地记住所学的词语，我把一个个词语用毛笔写在一张张可供课堂展示的大卡片上。根据艾宾浩斯遗忘曲线，凡是学生新学的词语，连续三天在上课之初，教师出示词语卡片供学生复习。由学生按照卡片上的标记，或解释，或造句。三天以后改为不定期的间断复习。就这样以滚雪球的方式，使学生积累了所学的词汇。

怎样使学生学会“熟练运用”所学的词语？请看以下案例。

师：下面请大家用“无边无垠”这个词语造句。大家要知道，一个词语可以在不同的句子中广泛地使用。也就是说，一个词语可以用来描述不同的事物。所以，大家在练习使用“无边无垠”这个词语的时候，要开动脑筋用它来描述不同的情境。描述的不同事物越多越好。要你们这样做，有两方面的好处：一是掌握这个词语的使用范围；二是有利于打开思路，锻炼思维能力。我再强调一遍，大家在造句的时候，被描述的事物不可重复。下面就请同学们广泛地思考，看看大家能说出多少正确而又生动的句子来。

（以下是学生的口头造句）

我渴望见到黄土高原上那无边无垠的麦浪。

见到那无边无垠的大海，令人精神为之一振。

在无边无垠的大草原上，汽车可以随意驰骋，不用担心超速违章，也没有红绿灯。

看那蓝蓝的无边无垠的天空，有几朵白云在飘荡。

在无边无垠的大沙漠上，有一队骆驼正在行进。

知识的海洋无边无垠，我们应该勇于探索，勇于追求。

红军在无边无垠的草地上艰难地行进。

无边无垠的宇宙等待着我们去揭开它的奥秘。

他坐在飞机上，俯视无边无垠的大地，脸上露出了微笑。

我们的祖先曾经生活在无边无垠的原始大森林里。

夜幕降临，天地间是无边无垠的黑暗。

一群蝗虫飞来，铺天盖地，无边无垠，顷刻间庄稼全被吃光了。

在那暗无天日的旧社会，受尽煎熬的穷苦人感到人生漫漫，无边无垠，哪里是尽头！

中国人民能够推翻一个旧世界，也能创建一个新世界。人民的力量，可以冲破云天，通达地腹，无边无垠！

科学工作者探索未知世界的追求，是无边无垠的。

贪婪的欲望，就像一座无边无垠的地狱，你一旦陷进去，就会被它吞没。

学生们的造句，从物质世界说到精神世界，不落俗套，丰富多彩。教师安排学生这样练习，使其加深了对词语的理解，学习了运用，积累了认识；同时也开扩了视野，开发了智力。

教师在小结的最后告诉学生，掌握的词汇越多，掌握的句型越多，到了使用的时候，选择的范围也就越大。作文时，从积累的众多词语中选择一个最恰当的使用，这就是所谓厚积薄发。大家一定注意这一点，并做到这一点。如果词汇语句能够做到厚积薄发，这就为写作打下了深厚的基础。

第三，说话与写话。

为了培养学生的语文素养，我在每节语文课的前十分钟安排了“常规训练”。所谓“常规训练”，就是在一节课内的固定时间里进行固定项目的训练，形成课堂教学中制度化的常规活动。前文提到的用词语卡片帮助学生复习词语并积累词汇的做法便是“常规训练”的项目之一。这里要说的是“常规训练”的另一项目——口头表达训练。

口头表达训练是本着由浅入深的路线循序渐进的。

初一上学期进行讲说训练。就是按照座次，每节课请一名学生到讲台前讲说。讲说的内容可以是小故事、小笑话、一则童话、一则寓言等。讲什么由学生自己决定，事先准备。这样做的目的是培养学生坦然大方地当众讲话的作风和口头表达能力。

初一下学期进行讲说与听记训练。就是在讲说训练的基础上，当有学生讲说时，其他学生做简要记录。

初二上学期进行口头介绍训练。其训练方式与讲说训练相同，由一名学生到讲台前做介绍。介绍的内容可以是一个人、一件事、一个物品、一处景色、一本书、一则新闻等等。由学生自选内容，事前准备。初一进行讲说训练时，学生能够到讲台前说一段话就好，没有其他要求。现在则要让学生有所提高，向学生提出了语言通顺、有条有理、简明扼要的要求。目的是提高学生口头表达的质量。

从初二下学期开始进行口头作文训练。口头作文，就是不用笔写作文，而是口述作文。对口头作文的要求就是出口成章。要做到把口头作文录音后整理成文字就是一篇文章。学生在课堂上即兴口述一段完整的内容，这里包含了多种写作训练的因素。从确定主题到选择材料，从安排层次条理到遣词造句，都能得到锻炼。再者，口头作文一般都是即兴而为，出题以后一两分钟学生就要作答。对于学生来说，既要想得快，又要想得好，无疑对其思维的敏捷、思路的开阔、思考的条理等都会起到良好的锻炼作用。

口头作文训练也要由易到难，可以从口述片段开始，等学生适应了再口述一段完整的内容。下面是一段以“菜市场里”为题的口述片段：

走进菜市场，人挤人，人碰人，熙熙攘攘。菜架子上，绿油油，红橙橙，五彩缤纷。有绿油油的柿子椒，紫亮亮的大茄子，还有鲜红鲜红的胡萝卜。油菜像扬起了绿色的手掌，西红柿像鼓起了粉红的腮帮，菜花笑得满脸都开了花，真是好看极了。

经过一段时间这样的练习，当学生已经适应了这种出口成章的严格要求的时候，就可以转为口头作文了。

口头作文是书面作文的一个非常得力的帮手。口头作文是说话，怎么想就怎么说；书面作文是写话，怎么说就怎么写。说话是写话的基础。会说了，就会写了；说得好，就会写得好。能够做到出口成章，也就可以做到落笔成文了。这是我长期安排学生做口头作文的最主要的意图。

口头作文是语言表达基础训练的一种形式，它和书面作文还是有所不同的。口头作文的特点是短小精悍，能把一个完整的意思说得清楚明白即可。口头作文都是在课堂上短时间内完成的，不可能像书面大作文那样，从内容到形式都可复杂一些。口头作文从内容到形式都是比较简单的。

口头作文的训练时间也是灵活多样的。除安排每节课上的常规训练做练习以外，还可在课堂教学中针对某篇课文的内容做与之相关的口头作文。在讲授《松树的风格》一文的最后阶段，我安排学生以“青松”为题做口头作文，要求是打开思路，不得重复课文的观点和内容，可以使用课文中的词语。

下面是学生口头作文中的一篇：

一提起松树，人们便会想到它的四季常青，于是，就把它作为坚韧不拔、生命力顽强的象征。是的，松树的这一特点得到了人们的普遍赞誉。谁都会说，无论是春天的风，夏天的雨，秋天的霜，冬天的雪，都改变不了松树的这一特色。

可是，松树的不足恰恰也就在这里。我们想一想：那松树春天是这个样子，夏天也是这个样子，秋天还是这个样子，到了冬天，它也仍然是保持原貌。一年过去了，几年过去了，几十年、几百年，甚至千万年过去了，地球上已经发生了翻天覆地的变化，可是松树呢？它依然是那个老样子。这就叫作一成不变。

一成不变是不好的。我们人类社会就是在不断的发展变化中前进的。从发明工具到改造工具，从手工操作到机械化生产，从人操纵机器到电脑控制，人类社会真可谓日新月异！如果地球上的事物都像松树那样一成不变，那么，我们还会有今天吗？只有在不断的改革与创新中开拓前进，才是我们所需要的。从这个角度来看问题，对松树的这一短处，也不能等闲视之。

像这样的口头作文训练，经过日积月累，学生的表达能力就会逐步增强，就会逐步实现出口成章、落笔成文。

第四，看法与感受。

当时的教学大纲要求初三学生在写作方面要做到叙述与议论相结合。为了扎扎实实地达到这项要求，我从初中二年级下学期便悄悄地引导学生朝着这个目标小步迈进了。

我的做法和学生初一刚入学时采用的不说出“作文”二字的作文的做法相同，这次是不说出“议论”二字的议论。为什么要这样做？因为“议论”二字会把学生吓住。一听到“议论”二字，学生就可能紧张，就可能产生一种觉得其高不可攀的心理。不如把这两个字绕过去，让学生在不知不觉之中开始议论。具体的做法如下。

一开始可这样引导学生：“大家现在写一个人、写一件事已经写得不错了。我想，你们对自己写出来的这个人或这件事，总会有你们自己的看法吧？如果把你们对这个人或这件事的看法在作文中写上一两句，那么，你所要表达的意思就会更加突出，文章也就会更深刻一些了。大家可以试一试，看看效果好不好。”

过一段时间之后，可这样引导：“大家在作文里加上了一两句自己的看法，你们的作文比以前深刻了。但是，这一两句看法有些单薄。你们看到、听到的人和事，或者是你们写出来的人和事，对这样的人和事，你们总会有些感受吧？如果把你们对这样的人和事的感受和看法结合在一起，多写上几句，是不是所表达的意思就更加突出、更加深刻了？大家可以再试试。”

就这样，从写看法到写感受和看法，从一两句到多写上几句，学生的作文正在向叙述与议论相结合的目标悄然地迈进。

下面是我教的一个学生参加作文比赛的真实经历。

经区里选拔，这位学生去市里参加初中生作文比赛。是日，该生骑着自行车从东郊出发，穿过城区，来到了位于北郊的北大附中。到了那里，门外竟空无一人。经向该校传达室人员询问，方知这里不是考场。他恳请传达室的人帮忙进校了解情况后，方知考场是在师大附中。他毫不迟疑，马上骑车来到了位于城南的师大附中。这时，比赛早已开始，他迟到了。他向传达室老大爷说明情况后得以进校。来到考场，他向监考老师解释迟到的原因，并出示了证件。这时，虽然考试已过了二十多分钟，但并没有一人交卷出场，因此监考老师就同意他进场参赛。他坐下来看到比赛的作文题是“当我……的时候”，当机立断，写了一篇“当我走错了考场的时候”。经评定，该文被评为一等奖，并收入《中学生优秀作文选》。下面，我把这篇作文的最后一段抄录于此：

今日之事，有得有失。走错了考场，损失难以意料。而我没有慌乱，没有放弃；争分夺秒，坚持转移；谨言慎行，耐心联系。于是说通了门卫，打动了监考，得以进场参赛。这不同寻常的经历，使我的身心得到了一次难得的锻炼，我也经受了一次前所未有的考验。竞赛迟到，损失当然不小，可我不灰心，不气馁，不受其扰，平心静气，排除杂念，思想专一。我今天的经历，恰恰切合考题。于是，奋笔疾书，抒真情，写实感，泰然成篇。此番经历，使我得到了一次心灵的净化，也使我经受了一次心理素质的洗礼。挽回迟到损失微不足道，对我来说，思想、感情、精神、意志这些方面的收获，已经远远大于竞赛的成绩。

这篇参赛作文从一个侧面表明，我在日常作文教学中所采取的一系教学措施，已在学生的身上产生了影响。

北京八十中1981届初中毕业生孙戎，在2016年学校成立60年校庆活动期间，于《八十校友》特刊上发表文章说：

教语文的是富有改革创新精神的宁鸿彬老师。当年他刚40岁，采用卡片教学，每堂课的前十分钟，让大家轮流抽卡片回答卡片上的问题，很刺激。我坐在椅子上，心跳咚咚，期待自己抽到熟习的题目。他不但重视组词造句，唐诗宋词背诵，更重视我们口头和笔头的语言表达能力。“出口成章”是他常说的词，是他对我们的一贯期望。他经常开公开课，还开到外校，甚至开到北师大去了。他训练我们在诸如他崇拜的王力、吕叔湘大师面前，在成百陌生的老师、校长面前，在电视录像机前，从容自信地表达自己。他自创的古文解释法更是有趣，把很多枯燥的学习，都化成了轻松的游戏。这让我到现在都经常采用这种工作、学习和交流的方式，寓教于乐，把别人眼里的枯燥，变换成自己手中的趣味游戏。

这位毕业生的回忆文章，也佐证了我培养学生表达能力的一系列做法是行之有效的。

2017年2月

言则脱俗

——在发展学生思维上下功夫

根据我初中三年作文教学的总体计划，初中一年级力求解决“有得写”的问题，初中二年级谋求解决“怎样写”的问题，初中三年级力争解决“写精彩”的问题。

下面就谈谈“写精彩”这个问题。

什么叫“写精彩”呢？就是内容上观点先进，颇具教益；情节上曲折引人，超凡脱俗；语言上生动形象，优美动听。

怎样才能做到呢？

我国著名语言学家、语文教育家吕叔湘先生说过：“学生作文写不好，主要不是语言表达问题，而是思维的问题。”如此看来，要想把作文“写精彩”，思维是关键。也就是说，一定要有良好的思维品质。只要想得全面，想得深刻，想得周密，想得富有创造性，就会写出精彩的作文来。可见，要想学生把作文写得精彩，教师就要在发展学生的思维上下功夫。

怎样下功夫呢？我介绍以下具体做法。

一、“联想”指导

（口头作文课上，教师板书“联想”二字。）

师：谁知道什么叫联想？

生1：从一个东西想到和它相类似的另一个东西叫联想。例如从猫想到老虎。

生2：从一件事想到和它相反的另一件事叫联想。例如从现在的幸福生活想到旧社会的贫困生活。

生3：从一个物品想到和它靠近的物品叫联想。例如看到了筷子，想到了饭碗。

师：你们说得都对。所谓联想，就是由一个事物想到另一个事物的思维过程。由一个事物想到和它相类似的事物，叫作“相似联想”（板书）；由一个事物想到和它相反的事物，叫作“相反联想”（板书）；由一个事物想到和它接近的事物，叫作“相邻联想”（板书），也可以叫作接近联想。学会了这些联想，可以充实作文的内容，使作文变得丰富多彩。

（教师展示挂图。图的上半部画着一只河豚，并标着“河豚”二字，下半部画着一个冒着烟的烟斗。）

师：这张挂图就是一道口头作文题。请大家开动脑筋，展开联想，创造性地完成这篇口头作文。

生：大家都听说过河豚这种动物吧？它的肉味道鲜美，是难得的美味。可是，它的某些内脏和血液里，却含有足以使人致命的毒素。尽管如此，那些以美食为乐的人，还是甘冒生命危险而食之。结果发生了一幕幕惨剧。

像河豚有毒人所共知一样，吸烟有害健康也是人所共知的。然而，置危害于不顾，终日喷云吐雾者，却大有人在。

人的生命只有一次，应该珍惜它，切不可像吃河豚和吸烟那样，为口伤身而铤而走险。

师（点评）：这篇口头作文体现了对联想理解得全面和深入。河豚与烟斗，表面看来不相似，不相反，也不相邻，但它们都危害人的健康，这是一种特性的相似。把河豚和烟斗联系在一起，靠的不是表面的、浅显的相似联想，而是一种深入的、本质的联想。我想，通过这个口头作文练习，大家对联想应该更加深入地去理解。下面我再出个口头作文题——“羊肉、菜汤、考试”。这个题目又增加了点难度，希望大家在“联想”上再动动脑筋。

（生思考）

生：他拿着老师刚发回的试卷，拖着沉重的脚步走回家去。一进家门妈妈就问：“考了多少分？”他无可奈何地递上了考卷。妈妈一看：60分！只听啪的一声，妈妈就把试卷扔在了桌上。吃晚饭的时候，偌大的饭桌上，摆着一碗白菜汤。望着这碗菜汤，他的泪水掉了下来。

又一天，他又一次向妈妈递上了考卷。妈妈一看：90分！她乐得连嘴都合不拢了。晚餐有他最爱吃的涮羊肉，但他哪里吃得下去呢！他在想：为什么他没有考好妈妈就给白菜汤吃，为什么他考了高分妈妈就给涮羊肉吃？难道妈妈爱的不是自己，而是那些分数吗？

师：请谈谈你是怎么构思的？

生：羊肉和菜汤接近，可它们和考试就联系不上了。想来想去，我想到了因果关系，于是就想出了考不好吃菜汤，考好了吃羊肉。

师：很好！你创造性地解决了这个难做的题，很可贵。大家知道这叫什么联想吗？这叫“相关联想”（板书），也叫关系联想，因为这是由因果关系产生的联想。世界上的事物存在着各种各样的关系，如因果关系、条件关系、从属关系、对立关系等。由事物之间存在的关系而产生的联想，都叫作相关联想。联想是一种重要的思维方式。如果大家记住并掌握了相似、相反、相邻、相关这四种类型的联想，并且注重去运用，那么，你们的作文不仅内容会更加充实，而且会富有创造性。刚才的两篇口头作文就是证明。

二、“想象”指导

有些专题口头作文训练，需要教师做具体指导。这样，在每节课进行的“常规训练”时间就不够用了。于是，我就把一部分“小作文”课改为了口头作文课。在一次口头作文课上，我指导学生想象。请看教学片段：

今天给大家讲讲“想象”（板书）。什么是想象呢？就是对于不在眼前的事物，想出它的具体形象。比如说，听到或看到“桥”字，就可能想出各式各样的桥的具体形象。这就是一种想象。

想象是各种各样的、丰富多彩的。想象有两种类型。第一种叫作“再造想象”（板书）。这是一种推想的思维过程。就是头脑中本来没有某个事物的形象，然而根据语言描述、图样、图解、符号或是事物的某一个局部，从而推想出这个事物的完整形象。

例如考古学家可以根据一颗古代动物的牙齿推想出这种动物的完整形象。这就是再造想象的作用。

第二种叫作“创造想象”（板书）。这是一种创造的思维过程。就是对头脑中已有的形象，经过加工、改造、变化、提高，创造出一种新的形象。像作家根据他了解的若干不同的人物形象和事物的形象，经过加工改造，创作出含有典型人物和典型事件的文学作品。再如工程技术人员根据旧机械的形象，在头脑中加工改造和提高，产生了新的形象，从而建造出性能更为良好的新型机械。这都是创造想象的作用。

再造想象和创造想象对于提高写作水平具有重要的作用。同学们可以根据你了解的人物、事物的形象，或者是某个人物或事物的局部形象，发挥想象力，经过加工改造，推想出或者创造出完整的人物形象或完整的事物形象来。这样你的作文不就更加充实和生动了吗？大家明白了吗？有没有什么问题？

（没人提问）

师：下面我们就做一个练习想象的口头作文。题目是“王春林”（板书）。昨天，我们学了《小橘灯》这篇课文。大家知道，本文的主人公是那个小姑娘。王春林是小姑娘的爸爸，课文提到他时，只是写道：“王春林，那个木匠，你怎么认得他？去年山下医学院里，有几个学生，被当做共产党抓走了，以后王春林也失踪了。据说他常替那些学生送信……”请大家发挥想象力，完成这篇口头作文。

（生思考）

生：（口头作文）在一个漆黑的夜晚，王春林的家里聚集了几个青年学生，他们正在秘密地开会。

王春林的女儿小英坐在门口，一面吃着学生们送来的橘子，一面替爸爸他们放哨。她听见了里面的谈话。只听见爸爸说："这封信还是我去送，那条路只有我熟。"

"不！王大叔，那太危险了。"一学生说。

"党的利益要紧。这封信关系到几十位同志的安危，非同小可。我现在就去。"王春林坚决地说。

"您可要小心哪！"

"我知道。"说罢，王春林走出了屋子。

"您去干什么？"小英忙问。

"去做一件非常重要的事。"王春林看着自己心爱的女儿，温和地说。

"爸爸，您等等。"小英说罢，揉揉手里的橘皮，熟练地用穿着麻线的大针，将橘皮四面对穿起来，用一根竹棍挑着，里面放上一截点着的蜡烛，递给了爸爸。她说："爸爸，天黑了，路又滑。您用它照路吧。"王春林接过小橘灯走出门去。

第二天，王春林没有回来。小英问妈妈："爸爸怎么还不回来呀？他会不会迷路啊？"

"不会，不会。"妈妈含泪回答，"爸爸有小英做的橘灯呢！"

于是，小英整晚上坐在门口，盼望着红色的橘灯光芒在远处出现。

师：这篇口头作文非常好！同学们一定要记住，想象是有一定根据的推想和创想，绝不是胡思乱想。还有一点要注意，想象出来的，应是积极的思想内容，要有教育意义。这是写作文运用想象时一定要做到的。

三、“变方向思考”指导

师：昨天下了大雪，大家感觉怎么样？不同的人，对雪的感受是不一样的。千百年来，不知道有多少人谈论过雪，评价过雪。有“洁净无瑕、纯洁无私、洁身自好、不卑不亢、不偏不倚、一视同仁、一尘不染、滋润万物”（板书），等等。今天，我们也以“雪”（板书）为题做口头作文。我有个要求，就是不重复已有观点，不能重复对雪已有的看法；要提出自己的、不同以往的、新的看法或新的观点。这样要求会有点难。我希望大家打开思路，做好这篇口头作文。一句话，就是要力求新颖。

（经短暂的思考，学生开始口头作文了，下面是其中的两篇。）

生1：一个寒冬的晚上，大雪无声无息地降临了这座城市。清晨，我穿得暖暖地向街上走去。一路上，看到街道两旁的松墙失去了原有绿意，换上了素装。走进公园里，只见那金黄色的琉璃瓦顶的亭台轩榭，戴上了白白的护士帽。矗立在公园中心的那组青铜雕塑也披上了白纱。雕像周围用五色石铺的花花绿绿的甬道，也被大雪盖了个严严实实。甬道旁那苍翠的松树林和供游人休息的湛蓝色长椅，也都穿上了洁白的衣裙，失去了原来的色彩。望着白茫茫的一切，我不由得想，在雪的装扮下，世界不再是五彩缤纷。那街道，那树木，那房屋……无一例外地变成了单一的白色。雪呀！你掩盖了多彩的世界，你掩盖了绚丽的人间。雪呀！你是多么地冷酷无情啊！

生2：雪把我们这座城市变成了冰雕玉砌的世界。我凝望着天空中飞舞着的白色“羽毛”，不禁想到：有多少人为它的纯洁而咏叹高歌，有多少人为它的晶莹而赞美不止。但是，朋友，你是否想过，那白雪掩盖了人世间的肮脏和丑恶，它似乎变成了它们的保护神。那一堆堆垃圾，一片片污水，一道道断壁残墙，一处处粪便……都被雪美化了。正因为它美化了假、恶、丑，它是见不得人的，所以它最怕阳光。太阳一出来，它就融化了。

师：讲得好！这两篇口头作文好在哪里呢？好就好在，突破旧观点，开拓新思路，非同一般，新颖脱俗。刚才出题的时候，我提了几条不得重复已有见解的要求。表面看来，这是一条条限制，其实呢，正因为有了这些限制，就促使你们的思路奔向了广阔无垠的空间。打开思路，是写好作文的必要条件，而新颖脱俗是写好作文的应有追求。怎样才能做到打开思路、新颖脱俗呢？变方向思考就是其中之一。

什么是“变方向思考”（板书）呢？我们先从方向说起。方向，就是前进的目标。那么思考方向呢？就是思考的目标。换句话说，就是朝着哪个方向去思考。如果对某一事物，不按照已有的、习惯性的思考方向去思考，而是选择一个超出以往的、与众不同的新方向去思考，这就是变方向思考。

刚才的两篇口头作文，实际上就是变方向思考的练习。他们两个人摆脱了已有的、习惯性的赞颂雪的思考方向，进而选择了新的方向，别具一格地对雪提出了批评。这样，这两篇口头作文就富有新意了。变方向思考，就是要推陈出新，通过求变而出新。希望大家学习并运用变方向思考这种思维方式，使思考的范围更加广阔，使思考所得新颖而别致，把作文写得有新意、有特色，超凡脱俗。

四、“变角度思考”指导

请看口头作文课的教学片段：

师：上一次我们学习了变方向思考。思考的方向就是思考的目标，变方向思考，就是改变已知的、习惯性的目标，确定一个全新的思考目标。那么变角度思考是什么意思呢？这也要先从角度说起。角度，就是出发点、着眼点。那么，思考的角度就是思考的出发点或着眼点。由此可知，变角度思考是改变原有的、习惯性思考的出发点或着眼点而开辟新的思考的出发点或着眼点。

就拿上次那两篇口头作文来说吧。两篇口头作文都是变方向思考，但二人所确定的新的思考方向却是不约而同的，都批评了雪的缺点。然而，这两篇口头作文所选的角度，也就是着眼点是不一样的。第一篇批评的角度是白雪“掩盖了多彩的世界”，第二篇批评的角度是白雪“掩盖了人世间的肮脏和丑恶”。这就告诉我们，在确定了思考方向的情况下，可供思考的角度是多方面的。这就为变角度思考提供了条件。

为什么要变角度思考呢？因为在确定了思考方向之后，人们思考问题总是有一些惯性，总是很自然地按照熟悉的、常用的、习惯的角度去思考问题，往往摆脱不了老框框的束缚。如果能够抛开这些常用的、习惯性的角度，选择一个人们不熟悉的、不易想到的新的角度也就是着眼点去思考问题的话，那么一定有别于他人所想，令人耳目一新。对于作文来说，思考角度的求变，依然是为了出新，为了写出常人意想不到的、超凡脱俗、精彩的好作文来。

下面,我们就运用变角度思考做口头作文练习。题目是“夏天的雪”(板书)。这个题目有点难。题目已定下了思考的方向,就是炎热夏天里的寒冷的雪。要在这个独特的着眼点上动动脑子啦!

(经过短暂的思考后,有学生发言了。下面是其中两篇口头作文。)

生1:暑假里,我和爸爸、妈妈一起去拉萨旅行。走的那天,天气异常闷热,我们到达首都机场时已是汗流浃背。登机后才感觉凉爽些。空调送出了凉风,乘务员递过了冰凉的饮料,赶走了我们身上的暑气。不知过了多长时间,我在恹恹昏睡中被妈妈唤醒,原来飞机就要飞越大雪山了。我急忙透过舷窗俯视大地,只见一片耀眼的白光刺入我的眼帘。那是连绵不断、无边无垠的雪峰上的皑皑白雪。在雪的覆盖下,山峰一座挨着着一座,真使人有“原驰蜡象”之感。不一会儿,那白花花、亮晶晶的雪峰,刺得我闭上了眼睛。此时,我不禁想到:我们伟大的祖国是多么地辽阔,刚才看到的还是百花竞放、万紫千红,现在欣赏到的却是碎琼乱玉般的一片洁白。

生2:盛夏时节,艳阳高照。在电影制片厂的摄影棚里,正在拍摄冰天雪地的镜头。那雪是假的,是人工撒下来的小小纸片,可是演员身上的棉袄、皮大衣、毛围巾却是真的。暑热的天气,厚厚的棉衣,还要做着寒冷不堪的表演,这样的艺术创作确实是艰苦的。当然,其他工作又何尝不是如此呢?怕艰苦,贪安逸,是什么事情也做不成的。

师：说得好。这两篇口头作文打开了思路，不同寻常，也有新意，很好。这两篇作文朝着一个思考方向，却选择了不同的思考角度。一篇是务实的角度，描述了广阔无垠的真实雪景，赞美祖国河山的辽阔；另一篇是务虚的角度，讲述了摄影棚内虚拟的雪花，感叹艰苦创业的精神。它们告诉我们：变角度思考，可以使作文做到脱俗而有新意。

五、“独特思考”指导

师：（板书“独特思考”四个大字）什么是独特思考呢？独，就是独立自主；特，就是与众不同。独特思考就是没有条条框框，没有陈规陋习，既不是单纯的变方向思考，也不是单纯的变角度思考，而是整合包括联想和想象在内的一切思维形式，根据需要灵活运用，做独出心裁、与众不同的思考。对某一具体事物来说，独特思考不迷信已有的认知和已做的结论，而是坚持独立思考，勇于根据实际情况提出有别已往、有别他人的新见解、新主张而独树一帜。

下面就请同学们以口头作文的形式，练习独特思考。题目是“‘……’新解”（板书）。引号里的内容由你们自己决定。我举两个例子。像俗语中的“耳听为虚，眼见为实”，成语中的“螳臂当车——自不量力”这一类有结论的话都可以用。希望大家调动自己所有的思维能力，对一个已有结论做出与众不同的全新的解释。

（片刻思考后，学生开始发言。以下是其中的一篇。）

生：我口头作文的题目是“飞蛾扑火”新解。

人们常用“飞蛾扑火——自取灭亡”这句话来嘲讽那些不自量力、过高地估计自己的力量铤而走险的人，然而我却认为：扑火，恰恰是飞蛾的可贵之处。

飞蛾在茫茫的黑夜里奋飞。此时，即使是发现了一星半点的光亮，它也要全力扑上去，扑向那光明的所在，哪怕是粉身碎骨也在所不惜。

飞蛾的这种追求光明的精神，不正如那些为了中国人民的解放，为了新中国的诞生而英勇奋斗、光荣献身的革命志士吗？在那黑暗的年代里，他们为了寻求光明，为了建立一个崭新的社会，毅然决然地奋起斗争。他们不计较个人得失，不顾个人安危，抛头颅、洒热血也在所不惜，即使是牺牲个人的生命，也毫无怨言，泰然自若。飞蛾扑火，不惜献身，和这些革命志士多么相似！

飞蛾扑火并非不自量力、铤而走险，而是向往自由、追求光明。

师（点评）：这篇口头作文先采用变方向思考，把对飞蛾扑火的原有理解——自取灭亡，变成了追求光明；接着，又从飞蛾的追求光明联想到革命志士的追求光明。这样，就使得这篇口头作文具有了积极的思想意义。

（师在黑板上写出第二道口头作文题：“暗示‘明天是星期日’”。）

师：请大家注意“暗示”这两个字，就是“明天是星期日”这六个字不能明着说出来，而是要通过你讲述的内容使人意识到明天是星期日。意识到就是觉察到，这一点一定要注意。说出“今天是星期六”或看日历、看功课表等，就不能算是让人“觉察”到了。这个要求有点高，大家好好地动动脑筋吧！

（经过思考，有几名学生做了口头作文。下面是其中的一篇。）

生：中午放学回家，刚吃完午饭，爸爸就把一元钱放在我手里，要我到胡同口的报刊流动售货车去买一份《北京日报》。我原想躺一会儿休息一下再去上学，现在看来不大可能了。为了争取到一些休息时间，我接过钱便大步流星地走出房间。来到报刊售货车前，我一边说着“买一份《北京日报》”，一边把那一元钱交了过去。然后，我抓起那些找给我的钱，放进衣袋里，抄起那报纸就急匆匆地往回走。走着走着，我觉得有点不对劲儿，那份报纸好像比往常的厚。我举起报纸看了看它的边缘，分明是两张。我又把那人找我的钱数了一遍，七毛四，正好收的是两张报纸的钱。我想，两张就两张罢，反正我也不回去退了。到了家，我递给爸爸一张，自己留下一张就要打开看。我万没想到，爸爸把他手里的那张报纸递了过来，把我手中的那张拿了过去。我心想：“爸爸真有意思。两张同样的报纸，为什么非要我这一张不可呢？”爸爸好像看出了我的心思，指着他手中的报纸让我看，并说：“今天的《北京日报》是八版。我要看的是今天才有的‘副刊’。”（注：当年，北京人大多爱看《北京日报》，特别是它的“副刊”。《北京日报》当年平日四版，只有每个星期日出八版，增设“副刊”。）

师：（点评）这篇口头作文首先采用变角度思考，把着眼点选在了能够体现“星期日”的事物——报纸出版发行的规律上，这个角度新颖、别致，选得好。接着便采用了想象的思维形式，想象出了一段围绕《北京日报》的情节。尤其是在这个想象出来的情节里，还设置了“报厚”和“换报”两处悬念，使得情节有了起伏。这样，情节也就生动了。这样的想象丰富而细致，想得好。

以上介绍了发展学生思维的五项做法。发展学生的思维，是提高学生作文水平的极为重要的措施，切不可忽视。一旦把学生的思维调动起来了，并指导他们获得了良好的思维品质，那么，学生的思维就空前活跃起来了。反映在作文上，就会逐步做到脱俗、创新、精彩。

2017 年 3 月

怎样做一名优秀的语文教师

凡是热爱教育事业、喜爱教师工作、要一辈子做教师的人，无不希望自己成为一名高水平的、深受学生爱戴的优秀教师。怎样才能成为一名优秀的语文教师呢？我认为起码要具备下列几个条件。下面就结合我自身的经历一一说明。

一、热爱

热爱是成为一名优秀教师的基础。如果这种热爱到了痴迷的程度，如果这种热爱到了高于一切的地步，它就会使人迸发出非凡的毅力和智慧的火花，从而战胜一个个困难，破解一道道难题，取得一项项理想的成果。

那么，热爱应体现在哪些方面呢？

（一）矢志不渝

矢志不渝，就是要做一名优秀教师的理想、志向，在任何情况下都毫不动摇。

我读初中的时候就决定将来要做一名教师，于是毕业前夕就报考北京师范学校。当年，北师给了我校 4 个保送名额，我被保送了。可是，离升学考试还有一周时间时，教导主任找我谈话，告知我校保送名额改为 3 个了，因我本学期期中考试成绩低于其他同学，所以就不能保送我了。在这突然的变故面前，我没有动摇，当即向教导主任表示："我一定要考上北师。"当年北师招收 90 名男生，80% 保送，所以全市只招考 18 名男生，通过考试录取有一定难度。我经过一周时间的复习，最终以全市第二名的成绩考入北师，实现了我的愿望。

1955 年，我从北师毕业后走上教师岗位。10 年后，正当我奋发努力向做一个优秀教师的目标迈进的时候，"文革"来了，我被打成牛鬼蛇神，下放到农村劳动改造。就是在这样的境遇里，我依然没有放弃做一名教师的愿望。每天，白天下地干活，晚上卷起被褥坐在坑沿前学习——借当时盛行的"评法批儒"材料学习文言文，以弥补自己古文基础薄弱的不足。

我的亲身经历表明，矢志不渝正是由衷热爱的体现。

（二）自强不息

自强不息，就是在自己为之奋斗的道路上，永远向前，绝不停息。

1952 年我考入北师后，学校为了向新生进行专业思想教育，请来了全国著名优秀教师斯霞、陶淑范等老师给我们做报告。当时，我听得津津有味，并暗下决心：我将来一定要成为他们这样的教师。这是我第一次给自己树立的榜样和奋斗目标。

我在孙河中学、杨闸中学任教期间，经常到北京教师进修学院去听时雁行等老师做的教材教法辅导讲座。我认真地听讲，详细地记录。我想，时雁行等老师是中学语文教师，我也是中学语文教师，为什么人家在台上讲，而我在台下听呢？这是因为人家有在台上讲的资格和水平，而我还只是个无学识、无经验的年轻新手，所以需要进修，需要在台下听。于是我下定决心，一定要努力充实自己，提高自己，成为有资格、有水平在台上讲的人。这是我又一次给自己树立了榜样和奋斗目标。

此后，我在探索中前进，先后被评为北京市劳动模范、全国教育系统劳动模范，1986年成为“文革”后北京市首批特级教师。

这时，市委教育部的一位老领导问我下一个奋斗目标是什么。我虽有想法，但不敢妄言。老领导说：“你要做一个像苏霍姆林斯基这样的教育家。”老领导的想法正合我意。于是，这成了我第三次树立的榜样和奋斗目标。

从此，我更加刻苦地探索语文教学的科学规律，更加勤奋地撰写论文、著书立说。1990年被评为有突出贡献的专家，享受国务院特殊津贴。

我从上师范学校起，几十年来没有停步，三次树立奋斗目标，这是热爱教师工作的又一体现。

（三）一心一意

一心一意，就是要心思专一，绝无他念。

既然愿意一辈子做教师，那就要把教师的工作做到最好，做一个优秀的教师。我就是这样想的。为此，我的心思都用在了教学上。我行路、坐车、饮水、用餐有时会发呆，有时如厕回来会追记所思，有时深夜起床会追记所想，这都是因为有某个教学问题还没有找到理想的解决方法。

区教育局局长两次找我谈话，要我担任北京八十中的校长，均被我婉拒。北京师范大学语文教育学教研室要把我调到他们那里任教授，也被我婉拒。因为我热爱中学语文教师的工作，不可能见异思迁。后来，我应邀担任了北师大的兼职教授。

二、积累

古人讲要厚积薄发，没有广泛而雄厚的语言文字知识和语言文字的运用能力，怎能教好学生，怎能成为一名优秀的语文教师呢？因此，就要不断地学习、积累，不断地充实自己。

都要学习什么呢？我的做法如下：

（一）学习文化科学知识

1. 广泛学习

1957 年，有一名北京师范学院中文专业的毕业生分配到我所在的孙河中学工作。我向他借来了他读中文专业的全套笔记，一边复制一边向他请教。

孙河中学有一位老教师，我便向他学习文言文。在他的指导下，我学习了《古文观止》《唐诗三百首》《唐宋名家词选》等作品。

我购买了各种版本的《现代汉语》（当时汉语的语法体系尚未统一）对照学习。

后来，我又逐步学习了教育学、心理学、教育心理学、语文教育心理学、修辞学、语言学、逻辑学、思维科学、哲学、辩证唯物主义与历史唯物主义、创造学、信息论、控制论、系统论等。

2. 系统进修

1959 年，北京开办了电视大学，我报名参加了中文系的学习。经过五年的在职学习，我以全优的成绩顺利毕业。

（二）学习教育科学理论

我买来国内和苏联编著的各种版本的《教育学》对照学习。

我学习了苏联时期教育家苏霍姆林斯基所著的《和教师的谈话》和《给教师的建议》，还学习或参阅了杜威、布鲁纳等人的有关论述。

我还通过《人民教育》《中学语文教学》《语文教学通讯》《语文学习》等刊物学习有关教育教学理论和先进的教学经验。

（三）学习语文教学技能

向著名语言学家、教育家张志公先生请教发散思维训练的问题。

向东北师范大学朱绍禹教授请教阅读能力训练的问题。

北京师范学院的王向渔先生曾对人说：老宁的卡片教学不可取，因为那是机械记忆。我得知此话后便去向王先生请教，之后便改进了我创始的卡片辅助教学法。

了解、借鉴、学习同行的教学观点、方法和经验。其中有上海的钱梦龙、辽宁的欧阳代娜、江苏的洪宗礼、安徽的蔡澄清、江西的张富、湖北的洪镇涛、河北的张孝纯等当代名师。

四出听课。凡是我听说北京的哪位语文老师课教得好，便想方设法去听课，颇受教益。有一次去听一位老教师的课，只见这位老教师在黑板上左边写个字右边写个词，几番过后，到了总结全文的时候，用线条把黑板上的字词一连接，那原本零零碎碎的板书，赫然成了简要解说全篇课文的整体。这样的板书深深地吸引了我，我决心也要这样做。几经锤炼，我终于学会了这种简明扼要有计划的板书。

下面是我教《林教头风雪山神庙》的板书：

忍 ——————→（民）反
（官）逼

为了不断地总结课堂教学的经验和教训，以利于提高自己的执教能力，每教授一篇课文，我都要写下“教学后记”，及时记录下教学中的得失和自己的心得体会。

正因为我如饥似渴地学习、借鉴、积累，文化科学知识不断增长，教育教学理念不断更新，视野阅历不断开阔，课堂教学也就日渐得心应手了。

三、体谅

所谓体谅，就是要设身处地为他人着想，要谅解他人。这里的“他人”指学生。

为什么要体谅学生呢？语文教学的目的是教学生“正确理解和熟练运用祖国的语言文字”，或曰教学生“语言文字运用”。要达到这一目的，就必须使学生经常地、积极地参与运用语文知识的实践活动。而要学生积极参与语文实践活动，没有一个宽松、和谐的课堂教学气氛是不行的。试想：如果用一系列清规戒律把学生束缚起来，如果总是否定学生、指责学生，那他们还有积极性在课堂上开口去讲、动手去做吗？因此，教师一定要体谅学生，体谅他们的片面、肤浅，体谅他们的偏见，体谅他们的无知。只有这样，学生才会放开手脚，畅所欲言，放手去做。只有这样，培养学生语言文字的运用，才会事有所成。

在课堂教学中要怎样体谅学生呢？我的做法如下：

（一）向学生提出三个“不迷信”

这三个“不迷信”就是不迷信古人、不迷信名家、不迷信老师。

古人给我们留下了丰富的文化遗产，我们要珍惜，而且要继承和发扬。但是，古人毕竟生活在古代，当今社会的飞速发展，他们是难于预见的。他们还受到了时代的局限和个人思想意识的局限。所以，古人所言不一定都是正确的，一定要分辨正误，不可迷信。

名家的学识都很渊博，他们是我们学习的榜样。但名家大多都是对某一领域有深入的研究，而其他领域就不够精通了。就是他们研究的领域，也难免存在未知的方面。所以，名家并非全知全懂，对名家也不可迷信。

学生对自己的老师一般都很敬佩，认为自己的老师很有学问。虽然老师的学识总体上是高于学生的，但在某个方面可能还不及学生，所以，老师也不是万能的，也不要迷信。

实践证明，这三个“不迷信”，对于要学生坚持独立思考，具有重要作用。

（二）向学生提出三个“欢迎”

这三个“欢迎”就是欢迎质疑，欢迎发表与教材不同的见解，欢迎发表与教师的不同见解。

思生于疑，疑问是积极思维的开端，疑问是创造发明的起点。善于发现问题和勇于提出问题，是坚持独立思考的重要环节。所以要鼓励学生大胆质疑。

为此，我向学生提出，谁在课堂上提出问题，就要受到表扬；

如果谁提的问题老师不能立即回答，需要思考一番才能回答，就要受到大力表扬，因为这个问题有深度；如果谁提出的问题问得老师张口结舌答不上来，就要受到特别突出的表扬，说明老师没有想到的问题你想到了，想得比老师还深刻。

欢迎质疑，还要提倡学生随时质疑。在课堂教学进行过程中，学生产生了什么问题，要立刻提出来，以免过时遗忘。

这样会不会干扰教师的授课呢？不会。

信息论认为，教师输出的知识信息是否得当，要由学生输入这些信息的有效程度来检验。该有效程度，学生会通过表情、语言、动作表现出来，学生的这些表现称为反馈信息。反馈信息的作用在于使教师了解教学效果，掌握学生的动态，以便调整知识信息的再输出。学生的随时质疑正是这种反馈信息。它是教师据实调整教学方式方法的信号和依据。

实践证明，学生在教师授课过程中的随时质疑都与教学内容密切相关，不但不会干扰授课，而且可以增强教学的针对性，有利于提高教学质量。

第二个"欢迎"就是欢迎学生发表与教材的不同见解。教材是学生学习的依据，具有权威性和典范性。对于教材，学生必须认真学习。但是，教材在编辑、排版、校对、印刷的过程中，都难免有所疏漏，所以教材也可能有误，也要欢迎学生发表不同的见解。

有这样一个教学实例。在进行《陈涉世家》的教学时，当我讲到"陈胜吴广乃谋曰：'今亡亦死，举大计亦死，等死，死国可乎？'"这一句的时候，有个学生发言说："老师，这话是谁说的呀？是陈胜一个人说的呢？还是吴广一个人说的呢？还是陈胜、吴广同时一起说的呢？”我一听就明白了，他是对课文有看法。于是就请他把自己的意思说得再明白些。他说：“我认为课文有毛病。在‘陈胜吴广乃谋曰’之后用了冒号和引号，这样一来，后面的话显然就是这两个人同时一起说的，而事实上又不可能这样说话，所以课文有毛病。”我请大家发表看法。另一名学生说，这是标点的错误。他认为应该在“陈胜吴广乃谋曰”之后，只用冒号不用引号。因为这是他们二人的共同见解，并非是他们同时说出的话。这名学生最后补充说：这不是司马迁的过错。因为文言文当初没有标点，标点是后人加的。对于这两名学生的见解，我及时给予了肯定和表扬。

试想：如果不允许学生对教材发表不同见解，那么他们就可能把教材中的失误视为正确，这岂不误人子弟！

第三个“欢迎”就是欢迎学生发表与教师的不同的见解。教师是知识的传播者，但是在教学过程中，教师也难免有疏漏或失误之处，所以应当欢迎学生发表不同于教师的见解。

例如《统筹方法》教学片段：

师：通过对这篇课文写作方法的学习，大家要记住，解释说明道理或事物的时候，举例一定要通俗。

生：老师，我不同意您的说法。通俗不通俗要看读者对象。要是写给一般人看的普及读物，举例就要通俗；要是写给专业人士看的学术论文，举例深奥一些也行。您说呢？

师：很好。你说的有道理。我把刚才说的话修改一下，改成：解释说明道理或事物的时候，举例一定要比被说明的对象通俗。

这个教学实例中，教师的话不够周密，经学生提出，教师做了修改，向学生传授了准确无误的知识。可见，欢迎学生发表与教师的不同的见解是十分必要的。

（三）向学生提出三个“允许”

这三个允许就是允许说错做错，允许改变说法，允许保留意见。

允许学生说错做错是一个非常重要的教学观点，这个观点是营造宽松、和谐的教学环境必不可少的。

心理学的研究表明，十多岁的少年，他们的“自我意识”在发展，产生了一种“自我肯定”的需要。他们有一种成人感，希望得到别人的尊重，希望得到别人的肯定。

创造学的研究告诉我们，荒唐和出格往往是创造意识和创造才能的表现。因此，要谅解学生的荒唐和出格，要允许学生说错做错。我的做法如下：

其一，正误不动声色。学生发表自己的见解后，都希望得到老师的肯定。为了消除学生发表见解的顾虑，在学生发表见解后，我都不动声色，不论学生的见解正确与否，我都和颜悦色地说：“我听明白了。请坐。”

其二，首先给予肯定。如果需要对学生的见解明确表态时，我都首先给予肯定，即肯定其正确的部分或正确的方面。如果从学生见解的内容上找不到可以肯定之处，那么就从学习态度、思维品质、方式方法等方面择其正确者给予肯定。如积极参与、勤于动脑、思维敏捷、独立思考，等等。

其三，引出正确答案。就是在教师的启发引导下，使学生做出正确的解答。正确答案出来了，教师给予充分肯定。至于那不正确的见解，虽然教师未予评论，学生也就自己知错了。

例如解词“纷纷扬扬”的教学片段：

师：“纷纷扬扬”是什么意思？谁来解释一下？

生1：纷纷扬扬就是好多东西在空中飘。

师：你强调了“多”是对的，还强调了“飘”，也是对的。谁来补充？

生2：我认为应该是好多物体从空中飘落下来。

师：你又强调了“落”，很好。继续补充。

生3：好多又小又轻的物体从空中飘落。

师：你又强调了“轻”，很好。能举出几个例子吗？

生：雪花，落叶，花瓣，柳絮，楼上落下的碎纸片……

师：这些例子都是对的。那么像传单那样的稍大一点的物体，能用纷纷扬扬形容吗？

生4：能。我在电视片里看到过革命者在街上抛撒传单的情景，就是纷纷扬扬的。

师：为什么稍重一点、稍大一点的传单也可以用“纷纷扬扬”来形容呢？

生5：我明白了。就是比重比较小的物体多而杂乱地飘落。

师：很好，完全正确。《现代汉语词典》是用举例协助解释的。解释为：雪、花、叶等多而杂乱地飘洒。这样解释，不提比重，通俗易懂。大家可按这个说法解释。

这个教学片段，是上述几点“做法”的具体体现。

第二个允许是允许改变说法。

人认识客观事物是有个过程的。总是从不知到知，从片面到全面，从肤浅到深刻的。成年人尚且如此，更何况学生呢?

创造学认为，否定是创造活动的重要环节。只有敢于否定错误的东西才能提出创见。其中，自我否定的精神尤为重要。要培养学生的自我否定的精神，也就要允许学生改变自己的说法。

允许改变说法，就是允许学生自己否定原有的见解，重新发表新的见解。不再赘述。

第三个允许是允许保留意见。

我国古代教育名篇《礼记·学记》提出了“强而弗抑”的主张。意思是在教学活动中，对学生要鼓励不要压抑。再者，学生认识事物是有个过程的。所以，即使教师讲的内容是绝对正确的，也不可强行要学生接受。如果学生一时不能接受教师所讲的内容，可以允许其保留意见，直到心悦诚服为止。

如果教师坚持做到“三个不迷信”“三个欢迎”和“三个允许”，就会营造出宽松、和谐的教学环境，调动起学生的学习积极性，为提高教学质量创造良好的条件。

四、探索

探索就是对未知的事物想方设法寻求答案或办法。就语文教学而言，探索就是对语文教学的科学规律寻求完美的答案，对课堂教学寻求高质量、高效率、高水平的教学方法。

时代在前进，社会在发展，要为国家培养出适合社会需要的人才，语文教学尚有不尽如人意之处。这就需要语文教学界的有识之士去研究、探索，找到解决问题的有效途径。

就语文教师而言，要想成为一名优秀教师，就不能只做个教书匠，而要走教育科研之路，做一名学者型的教师。这就要开阔视野，勇于创新，树立科学、先进的教育理念，探索高超、完美、富有创造性的教学措施。

怎样探索呢？

（一）要有探索精神

由于探索要走前无学人之路，要寻求超凡的认识和高妙的做法，一定不会轻而易举，所以就要在思想、意志方面具有刚毅、坚强、永远蓬勃向上的品质和修养。这样的品质和修养，即是探索者应具备的探索精神。

具体地说，探索精神包括哪些内容呢？

其一，敢为人先的精神。

所谓敢为人先，就是敢于走在他人的前面，做他人没有做到的事，或他人从未做过的事。也就是说，他人想到了，但没能做到的事，自己要做到；他人想不到的事，自己要想到，而且还要做到。

早在20世纪80年代前期，我就认为靠加班加点来提高学生的成绩不是好办法，而轻负担、高质量才是高明的办法。于是就提出了“减轻学生负担，提高教学质量”的观点。我课前不安排学生预习，课后不布置家庭作业，每周减少一个课时的情况下，不做无效教学活动，采取教规律、授方法、养习惯等教学措施，用两年时间教完了初中三年的六册课本，经市、区教研部门检测，学生成绩优秀。

其二，知难而上的精神。

明知难度很大的事情，还非要去做不可，而且还必须要做好，这是一个探索者必备的思想品质。

20 世纪 80 年代后期，通过教学实践我意识到，单纯地从语言文字入手去培养学生的读写听说能力是不行的，必须要培养学生的思维能力，特别是创造性思维能力。

但是，怎么去培养呢？尤其是怎样在语文教学中去培养学生的创造性思维呢？当时，既没有实用的资料可供学习或参考，也没有这方面的成功人士和实践经验可供借鉴，确实难度不小。明知这是个难题，但我没有退却，而是坚定不移地非攻破这个难关不可。经过一段较长时间的努力，我终于摸索出了怎样激发学生的思维和怎样指导学生的思维（包括创造性思维）的一系列教学方法。经教学实践证明，行之有效。

其三，百折不挠的精神。

进行研究探索，不会一帆风顺。可预料的和不可预料的各种困难都会遇到。诸如领导是否支持，同事是否理解，家务是否繁重，钱款是否拮据，知识是否够用，资料是否齐备，时间是否充裕，身体是否适应，等等。这些情况都可能在不同程度上给研究探索造成困扰，必须要有充分的思想准备。面对这些可能遇到的困难，不能怨天尤人，而要靠理性处理。有勇气、有耐心排除困难和干扰，才会勇往直前；只有百折不挠，探索才会成功。

我就是在妻子重病卧床，子女尚且幼小，既要请医求药，又要料理家务的情况下，完成了一项又一项课题研究的。这里不再尽述。

其四，精益求精的精神。

探索研究达到了预期的目的，取得了理想的成果，此时若不安于现状，而是向着更高质量、更高水平的目标进一步迈进，精益求精，那么就不会半途而废，而会使脚下的教育科研之路越走越宽广。

我从 1958 年开始，研究用卡片辅助字词教学。在帮助学生认知理解字词和巩固记忆字词方面，起到了良好的作用。对此我并没有满足，而是想怎样使卡片在字词以外的其他方面也能发挥积极作用，从而提高语文教学的质量。经过不断地研究探索、改进提高，我终于创始了一套以卡片辅助语文教学的“卡片辅助教学法”。“卡片辅助教学法”已经作为词条被收入《语文教学词典》。

下面是我用五张单字卡片，通过排列组合的变换，讲解多种语法结构的一例：

读书	动宾结构
我读书	主谓宾结构
读书好	动宾短语做主语
我读好书	主谓定宾结构
我读书好	主谓宾结构做主语
我好（hào）读书	动宾短语做宾语
我熟读好书	主状谓定宾结构
我读熟好书	主谓补定宾结构

以上介绍了四种探索精神。如能具有这几种精神，则探索成功指日可待。

（二）要有探索的目标

目标是想要达到的境地或标准。没有目标，就没有前进的动力；没有目标，就会迷失前进的方向。对于探索者来说，目标就是探索的指南，目标就是必须达到的业务标准或学术标准。

目标有长远目标和近期目标之分。长远目标，就语文教师而言，可以是表示业务水平或学术水平的具有层级性质的称谓，如高级别的学科带头人，特级教师，有突出贡献的专家，教育家，等等。近期目标可以用一个又一个研究课题来表示。完成了一个课题的研究，再探索下一个学术水平更高的课题。使课题研究的学术标准逐步提高，从而一步步接近长远目标的要求，最后达到长远目标。

我就是这样做的。从1978年起，针对初中，以三年为一个周期，每个周期探索一个课题，共进行了六个周期的教学改革实验。六个周期探索的课题如下：

第一周期，1978年秋至1981年夏。课题：加强基础知识教学，培养读写听说能力。

第二周期，1981年秋至1984年夏。课题：教会学生学习。

第三周期，1984年秋至1987年夏。课题：减轻学生负担，提高教学质量。

子课题一：放开学生手脚，变苦学为乐学。

子课题二：兴利除弊，提高教学效率。

第四周期，1987年秋至1990年夏。课题：发展学生的创造性思维。

第五周期，1990年秋至1993年夏。课题：语文教学中的世界观方法论教育。

第六周期，1993 年秋至 1996 年夏。课题：更新教学思想，优化课堂教学。

子课题一：以教材为手段，培养语文能力。

子课题二：注重过程，在过程中指导学生。

子课题三：怎样搞好教学设计。

经过 18 年教学改革的实验，经过这一个又一个研究课题的探索，经过几十年来语文课堂教学的刻苦钻研，我的奋斗目标可以说是基本达到了。与此同时，在我的思想意识中，确立了一个个教学观点，而且互相关联。在这里我用一段简短的文字把它们表述出来，和大家分享，供大家参考。这就是：语文教学的宗旨，就是培养学生的语文素养。为此，要做到：凭借教材，教读教写；注重过程，发展思维；传授方法，揭示规律；放开学生手脚，培养学习能力；减轻学生负担，提高教学效率。

（三）要有探索的方法

语文教师进行研究探索最大的优势，就是身边有学生。有了新的想法，马上就可到课堂付诸实践，其成败优劣即刻就可获得反馈。修改后随即又可再实践，实践后还可即时再次修改，方便之极。

有了这个优势，就要在探索的方法中充分发挥这个实践优势的作用。可以做到理论假设和付诸实践无缝连接，可以增加实践的比例和频率。

方法是解决问题的门路和途径。当探索的课题其他方面的条件都已具备的情况下，探索成功与否，方法就是决定因素。所以，绝不可小视探索方法的选择，一定要选择科学的、牢靠的、可行的好方法。

我研究探索的方法和不少人是一致的，是一种程序性的办法。简介如下：

第一个步骤，提出课题。

一个研究课题的提出，不是轻易而为，而是审慎之举。提出的课题，语文教学是否需要，对解决语文教学中的问题有无针对性，实用性如何，可行性怎样，这些都要经过认真、仔细的考虑。

例如我 1984 年提出了“放开学生手脚”这个研究课题，就是通过教学实践和调查研究而提出的。我问学生为什么上课不发言。一个学生说：怕说错了，错了多难看啊！另一个学生说：怕说错了挨老师的批评。又一个学生说：您讲到一个地方的时候，我有一个问题想问。可是想到您说过，老师讲课当中不要问问题，要等老师讲到一个段落时再问，所以我就没问。我说：我讲完段后，你怎么也没问呢？那学生说：想问什么，我早忘了。等等。

学生的话让我深受启发。它使我认识到：要想让学生积极地参与到教学活动中来，就不能让他们怕这怕那，就不能有一些条条框框束缚他们，而要营造一个宽松、和谐的教学环境。于是，我就提出了“放开学生手脚”这个课题。

第二个步骤，论证课题。

对进行教育科学研究来说，一个课题的确立，必须严肃认真。因此，对于这个课题是否具有普遍意义和现实意义，科学性如何，实用不实用，是否便于运用等，都要做认真负责的论证。论证可以自己进行；若是申请某个级别的课题，一般是有关单位组织论证。

例如1993年我提出了“以教材为手段，培养语文能力”这个课题。“以教材为手段”这个说法，到底对不对？能不能成立？我自己也没底。必须论证。经多方查证和走访，我找到了可靠的根据。新中国第一套语文课本的主编叶圣陶先生说：“语文教学不能凭空着手，都得有所凭借，凭借什么？就是课本。”凭借，就是依靠。凭，就是倚靠、倚仗。借，就是利用、依靠。意思是要依靠课本、利用课本来进行语文教学。这是课本主编说的话，说的是编这套课本的意图。所以使用课本的人必须遵从。新中国成立至今，我们一直沿用这种文选式语文课本，所以叶老的话具有很强的现实意义。

另，1950年出版新中国第一套语文课本时，当时的国家出版总署在课本首页刊出的《编辑大意》中说：“语文课本的作用，在使学生阅读各种文章的范例。”这是权威机关的权威发布，当然要确信无疑。

把这两个意思合在一起就是：要凭借语文课本中的范例进行语文教学。既然如此，“以教材为手段”这个说法成立，这个课题便可以开题研究了。

第三个步骤，制订计划。

制订教学研究的计划，主要是采取哪些方法措施，以及采取各项方法措施的步骤。再有就是要准备哪些参考资料，要准备或制作哪些教具，等等。

例如1993年秋，我提出了“以教材为手段，培养语文能力”

这个课题。怎样才能体现教材是手段，怎样去培养语文的哪些方面的能力呢？于是制订了探索的计划。下面是这个计划的要点：

1. 要善于发现并且抓住课文中既具有典范性又符合学生程度的字词句篇，以此为例，教懂教会学生。

2. 那些叙写非语文学科内容的课文，只是教学生读懂课文即可，要教会学生学习本文中适合他们学习程度的语文基础知识和写作方法。对文中专业性很强的内容，读懂大意即可，无须深入解读。

3. 要教给学生如下知识：

①以课文为例，学习词语，积累词汇。

②以课文为例，学习遣词造句的方法。

③以课文为例，学习各种语文基础知识。

④以课文为例，训练阅读能力。

⑤以课文为例，学习写作方法。

⑥以课文为例，训练思维能力。

第四个步骤，教学实践。

到了教学实践阶段，就要根据计划一丝不苟地去做，但遇到具体问题时也可适当变通。而这一变通，往往会使该探索得以充实和发展。

例如 1993 年我提出了“怎样搞好教学设计”这一课题。于是在教《中国石拱桥》时，就设计了让学生添加标题的阅读方法，即“……的中国石拱桥”。结果，到了课堂上，学生很顺利地就抓住文中的关键词语，填出了“历史悠久、结构坚固、形式优美的中国石拱桥”。教学效果很理想。

但是，并不是哪篇课文都可以使用添加标题的阅读法的。我一篇一篇课文地研究，终于又找到了几种借助标题启发学生的阅读方法。现举几例：

修改标题：如“从我的叔叔于勒说起”。

另拟标题：《花儿为什么这样红》另拟为“五颜六色的鲜花”。

加副标题：“一个……的皇帝”。

实践证明，在实践阶段活动中获得的灵感灵性极强，可创造出很好的教学方法来。

第五个步骤，反思修订。

反思就是认真地往回想。想想有何成败，有何得失，有何优劣；想想有什么可喜的经验，有什么必须记取的教训；想想有什么精彩的课例，或原件或复制，把它们收藏起来；想想下步怎样改进提高。

例如1993年我研究的课题是“优化课堂教学”。施行中有一个具体方法叫作“创造性简要复述”。目的是让学生熟习课文，能够去粗取精把握重点，训练学生的提要能力，同时训练学生的思维能力、口头表达能力。用创造性复述（如以文中某个人物的身份和口吻复述）的方式，一是为了增加一些难度，二是为了提高学生的兴趣。

可是学生多次复述就是做不到简要，教师变换方式方法多次指导仍无济于事。在此次反思的过程中，我改变思考角度，变换思考方向，多次想方设法。功夫不负有心人，我终于找到了一个又简单、又实用、又有效的教学方法。

复述前我对学生说，大家再认真读一遍课文，然后复述。有三个要求：第一，以一个旁观者的身份给友人学说此事；第二，课文中的人物不能少，课文中的情节不能少也不能改；第三，不能超过一分钟，必须讲完。

这样做的效果良好。

第六个步骤，检测总结。

通过严格的检测和认真的总结，已经明其成败，晓其正误，析其所以，进而扶正纠偏，以利再战。就这样，修订，实践，再修订，再实践，几经往复，步步提升，则探索可成。

以上介绍了要成为一名优秀的语文教师的四个基本条件。这四个基本条件，若能完完全全地具备，扎扎实实地践行，则做一名优秀语文教师的梦想定然成真。

2016 年 12 月

评课之我见

通常情况下，某位教师讲研究课，总要请专家学者、教研人员、有关领导或年长的教师评课。

既是研究课，就要确有研究之意，就要结合所讲之课，探讨语文教学的真谛，探讨语文教学的科学规律，探讨培养学生语文素养的有效教学方法，等等。

既是评课，就是对该课堂教学进行评论。评，具有评判、评定之意；论，做分析、说明之解。因此，评课就是对该课做分析、说明和评定。

既如此，评课就是一件很严肃的事情。评课就要言之有理，言之有据；就要发表真知灼见。不可轻率而为，不可含有个人的感情色彩。既要使讲课者心悦诚服，得到教益，也要使听课者受到启发，有所收获。

鉴于此，评课要尽力做到下列几点。

一、评课要讲求科学性

评课时，从教材的解读到教法的运用，评论其正与误、深与浅、精与粗、雅与俗，都要有科学的依据。科学，就是反映客观规律的知识。就语文教学而言，就是科学的教育理论和语文教学的客观规律。评课，就要以此为据。具体地说，评论课堂教学，最主要的是看其教学过程是否在培养学生正确理解和熟练运用祖国语言文字的能力，或者说是培养学生的语文素养；所采用的教学方法应该是内容决定形式，而不是单纯地追求形式的巧立名目。若说细一些，还要看其是否注意培养学生的思维能力，是否注意培养学生的审美情趣和文化修养。简言之，评课的重点就是：以科学教育理论为依据，去评具有方向性的问题；以科学教育规律为标准，去论具有原则性的问题。这是评课者首要的评课之道。笔者在评课时，尤其注重科学性。例如在点评北京八十中涂洁老师的《鸿门宴》课堂教学时，笔者分别从正、深、新、实四个方面，指出其教法的可取之处。涂洁老师今天教学的成功，也正可以用这四个字概括。详述如下。

第一个字是“正”，意思是路子正。

大家都知道，我们使用的语文课本，几十年来一直采用文选式。为了给学生提供阅读各种文章的范例，课文内容的选材面极为广泛，涉及文理各个学科。如果忽视了语文学科要培养学生正确理解和熟练运用祖国语言文字的能力，或培养学生的语文素养这个语文教学个性化的教学目的，课文写什么内容，就盲目地精读细讲这些内容，就可能把语文课教成了政治课、历史课或者科技课，等等。这样就失去了语文课的意图，就失去了语文教学的本色。

再者，语文课本的作用是什么？新中国第一套语文课本的主编叶圣陶先生说："语文教学不能凭空着手，都得有所凭借，凭借什么？就是课本。"这就是文选式语文课本的编辑意图。明白地说，课本就是语文教学的凭借，课本就是语文教学的手段。这就是语文课本的作用。既然是这样，语文教师不是去教课本，而是去用课本去教——教读写听说。

通过涂洁老师的课堂教学看得出来，她的教学理念和教学实践，和我上面刚说过的那些观点是吻合的。她虽然正在进行新的课题研究，教学过程也有了变化，但她做到了"万变不离其宗"。这个"宗"就是语文教学的宗旨，就是语文教学的目的和意图，就是语文教学的客观规律。在课上，她不是被动地就课文去教课文，而是主动地凭借课文去教读写听说。她教给学生怎样抓住关键性的语句去剖析人物内心世界的阅读方法；她以"刘邦、项羽谁是英雄"为题，展开课堂讨论，培养学生分析、综合从而做出判断的评价能力；她引导学生思考项伯、刘邦、樊哙三人对项羽的说法基本相同，为什么项羽没有反应这个问题，教给学生不能孤立地看问题而要联系地看问题，培养学生的思维能力；她还引导学生对比刘邦、项羽双方在鸿门宴上的处境及情节发展的态势，最后用"机"和"势"两个字做结论，培养学生从现象到本质认识事物的能力和语言概括能力。这都表明，她是以引导学生解读课文为凭借，去逐步地培养学生的语文素养。由此可见，涂洁老师的语文课，走得是一条语文教学的正路。

第二个字是"深"，意思是解读深。

说它深，首先是教师对课文的理解深。她不受已有观点的束缚，坚持独立思考，把鸿门宴这一事件，解读为刘邦和项羽之间的“机”和“势”的相互转化过程。这样解读既简洁明快又深刻入理。

说它深，再一点就是教师的用意深。她不是只让学生理解课文本身，而是在学生理解课文的基础上，进一步向纵深拓展。从《鸿门宴》到《高祖本纪》和《项羽本纪》，再到《史记》和司马迁的历史观，让学生理解课文有了深厚的根基，让学生学到怎样从一个历史片段去追寻历史的宏大背景，怎样搞清楚作者的历史观。她这是在教给学生怎样阅读史书典籍，怎样认识历史，可见教师的用意之深。所以说，这是一堂深刻的语文课。

第三个字是“新”，意思是方法新。

说它新，首先是具有创造性。涂洁老师的教学过程不同于一般，读课文后先由学生质疑，而后，在教师的指导下，师生共同解疑，最后得出结论，解读了课文。这样，学生不仅理解了课文，而且从中学到了质疑和解疑的一些方法。这篇课文，学生提出的问题还是很有质量的。例如“项羽为什么由原来的主动变为被动？”这个问题就问到了点子上。接下来，是在教师的引导下，师生互动，共同解疑，使学生理解课文的内容和形式。这种以学生质疑、师生共同解疑为教学主线的做法，区别以往，很新颖，具有明显的创造性。

说它新，再一点是具有开放性。在讨论“谁是英雄”的过程中，教师不设标准答案，欢迎学生对刘邦、项羽这两个人物进行多元解读。这样做，提倡学生个性化解读课文，对于多角度地全面理解人物形象，对于突破已有的认识，对于发展学生的思维，都是有益的。所以说，这是一堂新颖的语文课。

第四个字是“实”，意思是过程实在。

说它实，是因为涂洁老师的教学过程实实在在。没有单纯追求形式的花样翻新，没有走过场的华而不实。她每解决一个问题，都要做到有实际的效果。让学生或是学到知识，或是增长能力，或是发展思维。她的宗旨是教给学生的都要有用。学生质疑时提出的问题，她总是根据具体情况，采取不同形式，或详或略地给予回复，让提出问题的学生有所收获。引导学生探索司马迁的历史观，落实于“不虚美，不隐恶”的实录精神，给了学生有用的知识。像板书中画龙点睛的“机、势”两个字，对于怎样把握课文的精华，怎样概括总结对作品的理解，具有很强的示范作用。所以说，这是一堂扎实的语文课。

总而言之，涂洁老师讲授的《鸿门宴》，继承了语文教学的优良传统，又做了“明宗旨、合规律”的创新尝试，这是正宗的语文课。

二、评课要具有指导性

评课不是随随便便地闲评漫论，而是面对执教者和听课者，对教材的内容与形式，对教学的方式与方法，进行严肃认真的、具有指导性的评论。具体地说，就是讲评教材的解读是否到位（不同年级的要求不同），教法的运用是否得当。不仅如此，而且还要分析其所以然。即：解读到位，为什么能做到到位；教法得当，为什么能做到教法得当。再进一步，从个别到一般，从感性认识到理性认识，从中总结出可以推广的经验。另一方面，解读不到位，为什么会不到位，怎样做就能到位；教法不得当，为什么会不得当，怎样做就能够得当。这样，也可以从中总结出改进提高的努力方向和途径，与大家共勉。这样评课，执教者和听课者双方均可从中受益。

评课时，可指导的内容很多。诸如怎样以教材为范例，凭借教材教给学生阅读的方法和写作的方法；怎样重过程轻结果，在教学过程中指导学生；怎样激发学生的思维和指导学生的思维；怎样兴利除弊，提高教学效率；怎样培养学生的自主学习能力；等等。以上各项，均需依据执教的教材实际和执教者业务水平的实际，从中择其有针对性者，适当地给予具体的指导。

对于涂洁老师的公开课点评，我是这样条分缕析进行指导的：涂洁老师的课讲得很有章法，看得出来，她的教学智慧还有进一步发挥的潜力。因此，提出以下建议。

质疑教学，可进一步求新。

涂洁老师正在研究质疑教学。今天讲授的《鸿门宴》一文，就是从学生质疑到师生共同解疑这样的教学思路。这项教学研究，有见识，有创新，有成效。对于质疑教学怎样充实和发展，我想提点建议，供参考。总的意思就是要进一步求新。所谓求新，不是单纯追求形式的别出心裁，而是要遵从内容决定形式这一指导思想，开辟新的思路，不同的课文可进行不同的质疑和解疑的设计，做到新颖独特，超凡脱俗。

语文课本所选的课文多种多样。有的浅显，有的深奥；有的单纯，有的复杂；有的直陈，有的委婉；等等。所以，可以针对课文的不同情况进行不同的质疑设计。可在解读课文之前安排学生质疑，也可在解读课文的过程中适时地安排质疑；可一次性集中质疑，也可多次分散质疑；可固定安排质疑，也可随时质疑；可针对全文广泛质疑，也可针对某个具体问题做专题质疑。总之，就是从课文的实际出发，打开思路，不拘一格，不断地创造出丰富多彩的新的质疑设计。

就质疑和解疑的方法来说，也可以进一步求新，使学生掌握更多的办法。这样，他们在阅读实践中就会更加得心应手。我的建议是：可否借鉴一下思维的方法、修辞的方法和写作的方法等再创造一些质疑和解疑的方法呢？可否引进是非问句、选择问句、特指问句等提出的问题的句式，丰富一下质疑的形式呢？

如果可以这样做，质疑教学就会多姿多彩，学生也会有新鲜感，提高了他们的学习积极性，从而提高了教学质量。

教学方法，可进一步求变。

无论多么好的教学方法，如果一成不变，时间长了，学生的感受也会疲劳，学习的兴趣也便随之下降。如果同类的教学内容，教师的教学方法不断地有所变化，学生就会感到新鲜，从而提高了学习的积极性。所以，教学方法要求变。

所谓求变，就是寻求变异，殊途同归。因为，解决同一个问题，可以有多种正确、可行的方法，所以，求变是丰富教学方法的有效途径。怎样求变呢？就是不受已知的教学方法的影响，开拓思路，另辟蹊径，寻求高兴致、高质量、高效率、新颖别致的教学方法。

如果这样思考的话，像《鸿门宴》一文，就会想出多种解读课文的方法。除了涂洁老师采用的已见成效的“人物评价法”之外，还有几种解读课文的方法，是否可以列入考虑的范围之内？

一是对比法。就是把刘邦与项羽、张良与范增、樊哙与项庄这三组人物，两两对比，研究分析，从而理解课文。这是从人物入手解读。

二是分段法。就是把全文故事情节的发展变化分为几个阶段，从而去理解每个阶段中刘项双方矛盾冲突的演变及其原因。这是从情节入手解读。

三是求因法。就是研究鸿门宴的结局是哪些原因造成的。这是从故事结局入手解读。

四是铺陈法。就是把课文中关键之处的重要词语，像“大怒”“许诺”“默然不应”“未有以应”“竖子不足以谋”等，让学生把人物当时的表情、动作、心理活动等，详详细细地描述出来，以此理解课文。这是从语言入手的解读。

以上，以《鸿门宴》为例，提出几种教学设想，是想以此说明讲授诸如此类的课文时，如果能够开动脑筋，多方思考，用心求变，就可能设想出多种可行的教学方法来。方法多了，选择的余地就大了。这样，就可以根据课文的需要，或是择优选用，或不止一种配合使用，或是几篇课文更换运用。如此，课堂教学的方法适时变换，就会做到常讲常新了。

三、评课要有亲和性

评课者的言行举止、表情态度对于执教者是有直接影响的。若是不苟言笑，过于严肃，执教者的心理就会产生压力，也就难免有些紧张。这样，他就可能专注于对他的评价，而对那些细致的分析和悉心的指导，就会听而不闻。这样，评课的效果就打了折扣。如果评课者谦恭和蔼，面容可亲，执教者则心理放松，踏踏实实，就会专心致志地倾听评课者的讲评。这样，评课的效果会更为显著。如果评课者言语耿直生硬，甚而严苛，则执教者或萌生反感，或失去信心。这就有悖于评课的初衷。若用语温和，措辞委婉，就会使执教者易于接受，乐于接受，并心生感佩，取得良好的效果。如提出不同的意见，最好从建议的角度，用商量的语气，给人的感觉不是吹毛求疵，而是善意地帮助，这样，执教者就可声声入耳，铭记于心。特别是给年轻的教师评课，更要以鼓励为主，多肯定少否定。其优点要尽可能谈尽，其不足之处可择其要者，提出努力方向，真正做到和颜悦色，耐心讲解，深入浅出，娓娓道来。这样，可使人心悦诚服，颇得教益。

总之，评课者不要做裁判、法官，而要做执教者的益友、良师。

如上所述，评课者想要把评课做得尽量完美，就要在评课前做足功课。要谙熟科学的教育理念以及当前的教育理论发展动态；要深入钻研执教者讲授的教材，做到心中有数；要考虑好此教材所需的行之有效的教学方法，可设想不止一套可行的方案；要预想课堂上可能发生的情况以及应对之策。这样，课前有备而来，听课时成竹在胸，评课时也就游刃有余、得心应手，有理有据、言之凿凿，令人信服了。

2017 年 1 月

《皇帝的新装》课堂教学实录

授课时间：1995 年

任课年级：初中一年级

第一课时

师：上课。（师生问好）

师：请同学们打开书！（板书：皇帝的新装）《皇帝的新装》是一篇童话，作者安徒生。下面默读“提示”第一段，读后请大家说说你认为介绍作者这部分内容，应该抓住几个要点。

（众生看书，片刻举手。）

生 1：我认为应该抓住五点：名，安徒生；时，19 世纪；地，丹麦；评，世界著名童话作家；作，《卖火柴的小女孩》等。

师：很好！下面准备读课文。读完之后，请你们给这篇童话加个副标题，一个什么什么样的皇帝（板书：一个……的皇帝）。省略号什么意思？

生（齐）：要填出形容皇帝的词语。

师：对！你怎么认为就怎么填，所以在读课文时，要边读边思考。下面按座次朗读课文。

（八名学生按座次朗读了课文，教师巡视，并不时在书上做记号。）

师：大家读得都比较好。有两个字的读音需要注意："对于自己职位不相——"什么？

生（齐）：不相 chèn。

师：正确！大家跟我读，不相 chèn。

生（齐）：不相 chèn。

师：再读。

生（齐）：不相 chèn。

师："这可 hài 人听闻了"中的"骇"，念 h–ài–hài，标第四声。在书上注一下。跟我读，hài 人听闻。

生（齐）：hài 人听闻。

师：再读。

生（齐）：hài 人听闻。

师：这两个字的读音要多加注意。下面再给大家两分钟准备，请给本文拟一个副标题，一个什么样的皇帝，最好能结合课文做些解释。

（众生看书，思考。）

生 10：我添加的副标题是"一个愚蠢的皇帝"。因为课文中那两个自称是织工的骗子，根本没织衣服，也没给皇帝穿衣服，只是做样子而已。而皇帝为了炫耀自己，还穿着这件实际上并不存在的衣服去参加隆重的游行大典。这一切，作为常人都能分辨出来，他却上当受骗，所以我认为他是个愚蠢的皇帝。

生 11：我拟的副标题是“一个爱美的皇帝”。因为文中的皇帝一天到晚考虑的总是如何穿换新衣服。

师：你说“爱美”是他的优点还是缺点？

生 11：当然是缺点。

师：如果是缺点，光说“爱美”是不行的。爱美之心人皆有之。我也爱美，你们看，我上课还穿西服系领带呢！我这 60 岁的老头儿，也爱美。但是，这是优点不是缺点。作为教师，应该服装整洁，落落大方。你能不能把刚才的说法稍加修改，使人一听，就知道说的是缺点。

（生 11 稍停）

生 11：爱美过度。

师：很好！过分讲究穿戴就是缺点了。这也就是我们常说的——什么词？

生 12：臭美。

（众生笑）

师：就是这样说的。这显然是贬义。

生 13：我认为是“一个虚伪的皇帝”。因为他天天换衣服，每时每刻都换衣服，换得太勤了。

师：这叫虚伪？老换衣服就是虚伪吗？

（生 13 未语）

生 14：这叫虚荣。

师：对！那么什么叫虚伪呢？

生 15：虚伪就是不实事求是，不暴露真面目、真思想，搞伪装，说假话。总之，是装出一副假相。

（师点头表示肯定）

生 16：我添加的副标题是“一个不可救药的皇帝”。因为他整天想的是穿新衣，从来也不关心国家大事，这样治理国家，国家必将走向灭亡。所以他是一个不可救药的皇帝。

师：他不可救药的主要表现是什么呢？

生 16：（似有所悟）噢！主要表现在课文的最后，当那个小孩的话已经普遍传开的时候，那皇帝不仅继续游行，而且表现出一副更骄傲的神气。这表现了他的顽固不化，不可救药。

师：说得好！就是这样。

生 17：我加的副标题是“一个昏庸的皇帝”。他身为皇帝，不去管理国家大事，不去关心臣民，而是整天待在更衣室里，可见他是个昏君。他听信骗子的话，他还听信内臣们的谎话，赤身裸体去游行，都说明他一点儿头脑都没有，是个十分昏庸的皇帝。

生 18：我拟的副标题是“一个无能的皇帝”。他认为最真诚的、很有理智的、最称职的老大臣，却向他说假话，可见这个老大臣是不诚实的，没有理智的，不称职的。这个皇帝连自己身边的最信任的大臣都没有认清，这说明他是十分无能的。

生 19：我添的副标题是“一个无知的皇帝”。我认为那两个骗子并不高明。他们的谎话，只要是有点头脑的人便可识破。可是这个皇帝呢，当他在织布机前看不到布料时，竟然没有丝毫的怀疑，而是在想自己是否不够资格当皇帝。他真是连起码的知识也没有，他是一个无知的皇帝。

生 20：我加的副标题是“一个不称职的皇帝”。我说他不称职并不是因为他看不见布料，而是因为他不务正业，不明是非，不辨真伪。这样一个昏庸、虚伪、无能的皇帝是不称职的。

师：大家从现象到本质阐明了自己的观点，这很好。大家的发言绝大部分是对的，个别有点毛病的也纠正了。通过这个练习，我们对课文中的主要人物——皇帝，有了一定的认识。下面我们再来研究一下这个故事的情节。谁能用一个字概括这篇童话的故事情节？或者说这个故事是围绕哪一个字展开的？给大家一分钟准备。

（众生看书，思考。）

生 21：用“蠢”字来概括。因为皇帝和那些大臣的言谈举止都特别蠢。

生 22：用“骗”字来概括，就是骗子的骗。因为开始是骗子骗皇帝，后来发展到皇帝、大臣、老百姓自己骗自己。

生 23：用“伪”字，就是虚伪的伪。因为皇帝、大臣和老百姓谁也不愿让别人知道自己什么也看不见。他们宁愿欺骗别人、欺骗自己，也不愿讲真话，所有的一切都是虚伪的。

生 24：用“假”字。因为根本没有什么美丽的布料、美丽的花纹，而且骗子、皇帝、大臣、骑士和老百姓对这件衣服全说了假话，所以我用“假”字概括。

生 25：用“傻”字。那两个骗子的骗术很容易识破，而皇帝等人却信以为真。骗子在给皇帝穿衣服时，其实什么也没穿，皇帝却说特别合身。大臣、骑士以及老百姓对皇帝所谓的衣服也大加赞扬。其实穿没穿衣服，只要用手挠一挠不就知道了吗？这个皇帝太傻了！

生 26：应该用“装”字来概括。这个故事从始至终是围绕着那一套新装展开的，如果没有了新装，就没有了这个故事。

生 27：我认为不应该是“新装”的“装”，而应该是“新装”的“新”。因为，那个皇帝喜欢穿新装，关键是那个“新”字。那两个骗子胡说的那些新装的特性，也是指新织的布和用它做出的新装。大臣们称赞的，也是那新织的布和新缝制的衣服。

生 28：我也用一个“心”字来概括，不过不是新装的“新”，而是心脏的“心”。我认为骗子骗人是居心不良，大臣、骑士们说假话是心怀鬼胎，皇帝不说真话也是心里有鬼。因此，我认为这个故事是围绕一个“心”字展开的。

师：大家发表了不同的见解。你们分别用“蠢、骗、伪、假、傻、装、新、心”八个字概括这篇课文。那么，这八个字哪个是正确的呢？

（众生纷纷举手要求发言）

师：很好！大家的积极性很高。不过，如果请你们现在就发表意见，恐怕还是各抒己见，一时很难统一。那么，怎样才能比较迅速地把正确答案筛选出来呢？下面我就教给你们几种办法。（众生活跃）首先，大家使用“排除法”，把不切题的答案排除掉。我们先回忆一下，刚才我是怎么提出问题的。刚才我说的是：谁能用一个字概括这篇童话的故事情节？（“故事情节”四字语气加重）

生 29：既然题目的要求是用一个字概括故事情节，那么“蠢、伪、假、傻”这四个字是不对的，因为这四个字说的是皇帝这个人物，是不切题的。

（众生纷纷点头表示赞同）

师：完全正确。咱们就把这四个字排除掉。现在还剩下“骗、装、新、心”四个字，咱们使用“检验法”进一步解决。什么是“检验法”呢？就是把这四个字，一个一个地试用，进行检验，能够适合于文中所有人物的就留下，不能适合于文中所有人物的就去掉。

生30：“新、装”这两个字都不能单独用在课文中所有人物的身上。因为一单独用就说不清是什么意思了。所以，这两个字是经不住检验的，应该去掉。

生31：“骗”和“心”这两个字都可以。我试了一下，这两个字用在哪个人物身上都说得通。

师：现在还剩下两个字了，咱们使用“比较法”来解决，做最后的筛选。怎样比较呢？就是用这两个字分别用于每个人物，比比看，看哪个字更准确，哪个字更能表现出这个故事的特点。

生31：我认为“心”字不如“骗”字好。在这个故事中，所有的人物都和“骗”字有关系，有骗人的，有被骗的，还有不被骗的。总之，一个“骗”字说出了这篇课文的特色。

生32：我也认为“心”字不如“骗”字。“心”指的是心理活动，就是思想。这个故事中的人物都有他自己的思想。这样一想，用“心”字概括很好。可是再一想，哪一篇课文中的人物都是有思想的。这样一来，这个“心”字，用它概括这课可以，用它概括别的课也可以。所以，用“心”字不能概括出这一课的特色。

师：还有不同意见没有？

（众生摇头）

师：大家的看法是对的，本文是围绕一个“骗”字展开的（板书：骗）。请大家回忆一下，开始你们提出了八个字，我们为什么能够在这样短的时间里就统一了认识呢？这是因为我们采用了恰当的筛选方法，这就是排除法、检验法和比较法。希望大家记住这三种方法，并在今后注意学习运用。

这篇课文是围绕一个“骗”字展开的。请同学们说说，文中的各种人物是怎样围绕这个“骗”字进行活动的呢？

生 33：骗子骗人。

生 34：皇帝受骗。

生 35：那两个老大臣还有其他官员是既受骗又骗人。

师：对大臣等官员们来说，他们在这个故事中的作用，受骗是主要的呢，还是骗人是主要的呢？

生（众）：骗人。

师：对。不管是为了什么，他们实际上是帮助骗子骗了皇帝。

生 36：老百姓也是既受骗又骗人。对他们来说，受骗是主要的。

师：你学了马上就用，很好。老百姓受骗，是那两个骗子直接骗的老百姓吗？

生 37：不是。是听别人说的，逐步就谈论开了。我明白了，是老百姓传播了骗子的谎话。

师：很好！你那个“传”字用得好。

生 38：那个小孩不受骗。

生 39：那个小孩把两个骗子的谎话说穿了。

师：那么，那个小孩在这个故事中起到了怎样的作用呢？

生 40：小孩揭露了骗子。

师：很好！就是这样。现在我们总的看一下。（边说边板书）

骗子行骗，皇帝受骗，官员助骗，百姓传骗，小孩揭骗。这个故事从骗子行骗开始，到小孩揭骗结束，始终没有离开这个“骗”字。所以说，这个故事是围绕着一个“骗”字展开的。

（下课铃响）

师：这节课我们就学习到这里。下课。

第二课时

师：上节课我们做了两件事。第一件事，给课文加副标题——一个什么样的皇帝。通过这项活动，我们对课文中的主要人物——皇帝，有了比较全面的了解。第二件事，用一个字概括课文的故事情节。开始大家提出了八个字，后来我们使用排除法、检验法、比较法进行筛选，最后大家统一了认识，这篇课文是围绕一个“骗”字展开故事的。这两项活动，属于粗读课文，是从整体上认识课文的。这节课我们要精读课文，不但从整体上，而且要从局部细节上结合课文的语句具体地认识课文。在精读的过程中，我还要教给你们一种阅读理解课文的方法。什么方法呢？现在我先不说，请大家在这节课中注意体会。

上节课同学们曾经指出过，这两个骗子并不高明，因为他们的谎言只要是有一点头脑的人便可识破。可是，这两个骗子并不高明的骗术却骗了那么多人。这些人上当受骗的原因是什么呢？请结合课文具体地谈出自己的见解。

生 1：我认为大家上当受骗首先是那两个骗子骗人。那两个骗子针对皇帝特别爱穿新衣服的特点，自称是织工，说他们能织出人间最美丽的布。他们还说：“这种布不仅色彩和图案都分外美观，而且缝出来的衣服还有一种奇怪的特性：任何不称职的或者愚蠢得不可救药的人，都看不见这衣服。”他们的这套话，使得皇帝和其他人上了当。

师：说得对。你引用了骗子的话，说“不称职的或者愚蠢得不可救药的人，都看不见这衣服。”“称职”（出示卡片）是什么意思，谁知道？

生2：称职的意思是和自己的职位相称。

生3：称职的意思是自己配有现在的职位。

生4：称职的意思是能力和水平与所担任的职务符合。

师：你们说的意思都差不多。准确地说，称职的意思是胜任自己所担任的职务。（众生记录）那么，“不可救药”（出示卡片）的意思是什么呢？

生5：不可救药的意思是没有药能治了。

生6：不可救药的意思是变成废品了。

生7：不可救药的意思是没办法救了。

师：你们说的也都差不多。准确地说，不可救药的意思是不能用药物救治了，比喻无法挽救。（众生记录）

按照骗子的说法，凡是不能胜任自己职务的人，凡是愚蠢得无法挽救的人，都看不见用他们织的布料做的衣服。所以那个昏庸、愚蠢的皇帝就上当了。他想：有了这样的衣服今后就知道谁不称职，谁愚蠢了。骗子骗人，这是皇帝等人上当受骗的原因之一。

生8：我认为皇帝、官员，还有百姓，他们都有一种心理，就是不想让别人认为他们愚蠢。在课文中，骗子说：“任何不称职的或者愚蠢得不可救药的人，都看不见这衣服。”官员们是怎样想的呢？他们想：自己要是看不见，岂不是真如骗子所说的那样了吗？于是就照着骗子的描绘说了。

师：你的意思是说，他们都怕自己成为不称职的、愚蠢得不可救药的人，所以都说假话。

生 9：我觉得骗子抓住了皇帝、官员以及老百姓爱慕虚荣的心理。课文上说："'我的老天爷！'他想，'难道我是愚蠢的吗？我从来没有怀疑过自己。这一点决不能让任何人知道。难道我是不称职的吗？不成！我决不能让人知道我看不见布料。'"从这里可以看出他的虚荣心特别强。

师：你说的是课文中的第一个老大臣的心理活动。皇帝认为他是称职的，诚实的，很有理智的。（出示卡片：理智）"理智"是什么意思？

生 10：理智的意思是很聪明，而且有分寸。

生 11：理智的意思是有头脑，能评判是非。

师：说得不错。理智的意思是辨别是非利害和控制自己的能力。（众生记录）皇帝觉得他派去的老大臣，既诚实又有理智，也就是说这个老大臣有辨别是非利害的能力，有控制自己的能力。同时就称职这一点来说，谁也不及他，他是最称职的。你们说皇帝对老大臣的看法对不对？

生（杂）：对。不对，不对。

师：这个老大臣是诚实的吗？

生（齐）：不是。

师：说假话了没有？

生（齐）：说了。

师：他很有理智吗？

生（齐）：没有理智。

师：他明明什么都没看见，回去却说了假话。他不能辨别是非，不能控制自己，不能替皇帝查明情况，没有完成皇帝交给他的任务。他称职吗？

生（齐）：不称职。

师：因此，皇帝所信赖的最诚实、最理智、最称职的人，其实是不诚实、不理智、不称职的人。这说明这个皇帝的什么呢？

生 12：说明这个皇帝非常愚蠢，非常无能。

师：正确。皇帝连自己身边的人，自己重用的大臣都不了解，确实是不仅愚蠢而且无能。上面我们评论了皇帝，下面再（继续）评论这个老大臣。他既怕人家认为他愚蠢，又怕人家说他不称职，于是决定回来说假话。那么，这个老大臣受骗是为什么呢？

生 13：是因为他虚伪。

生 14：我认为他第一个想到的不是别人，而是把自己放在了思考问题的首位。

师：很好！第一个老大臣之所以受骗，就是因为他虚伪，就是因为他首先考虑的是自己。那么，其他人受骗的原因是什么呢？

生 15：文中的第二个老大臣也像第一个老大臣那样虚伪，爱慕虚荣。课文写道："'我并不愚蠢呀！'这位官员想，'这大概是我不配有现在这样好的官职吧。这真够滑稽，但是我决不能让人看出来。'"

生 16：第二个老大臣跟第一个老大臣一样，也是怕别人知道他看不见布料。因为如果让人知道了，他这官自然也就当不成了。

为了保住职位，于是说了假话。可见他是虚伪的，是首先考虑自己的。

生 17：皇帝受骗是因为他昏庸、虚伪、首先考虑自己。文中这样写道：“‘这是怎么一回事呢？’皇帝心里想，‘我什么也没有看见！这可骇人听闻了。难道我是一个愚蠢的人吗？难道我不够资格当皇帝吗？这可是最可怕的事情。’于是他忙说，‘哎呀，真是美极了！’”……“‘我十分的满意！’”从皇帝的表现中，可以看出他虚伪，爱慕虚荣，把个人的利益放在了首位，于是大说假话。

师：皇帝心里想，我什么也没有看见，这可骇人听闻了。（出示卡片：骇人听闻）“骇人听闻”是什么意思？

生 18：骇人听闻就是听了使人非常吃惊。

师：很好！“骇人听闻”这个词，理解的关键就是“骇”字。这个字懂了，整个词也就懂了。什么叫“骇”呢？骇，就是吃惊、害怕的意思。（众生记录）“骇人听闻”的意思是听了使人吃惊、害怕。（众生记录）那么，刚才引用的皇帝的这段话说明了什么呢？

生 19：说明皇帝看不见布料非常害怕。他怕别人认为自己是愚蠢的，是不称职的，于是说了假话。根本什么都没有看到，却进行了一番赞扬，这不正说明他非常虚伪，事事为自己打算吗？这就是皇帝上当受骗的原因。

生 20：那些内臣、骑士，事实上他们什么也没有看见，可却都争着赞美那布料，而且夸得还很有特色，什么“华丽的，精致的，无双的，每人都随声附和着”。他们为什么要这样做呢？就是为了表明自己是称职的，是不愚蠢的。总之，都是为个人打算。

师：说得对。你发言中提到了“随声附和”，那么，“随声附和”（出示卡片）是什么意思？

生 21：“随声附和”的意思是别人说什么，他也说什么。

师：不错！“随声附和”的意思是别人说什么，也跟着说什么，没有主见。（众生记录）

生 22：老百姓也是不说真话。课文说：谁也不愿意让人知道自己什么也看不见。因为这样就会显得自己不称职，或是太愚蠢。他们首先考虑的也是他们自身的利益，因此宁可说假话，也不让别人知道自己什么也没看见。

师：这么多人都说假话，却只有一个小孩子说了真话。大家看课文结尾“‘可是他什么衣服也没有穿呀！’一个小孩子最后叫了出来。”这个小孩子为什么会说实话呢？

生 23：因为这个小孩子没有考虑自己，他没有虚荣心。

生 24：因为这个小孩子根本不存在称职不称职的问题，他也不去想愚蠢不愚蠢的问题，其实他也不懂这些，他没有顾虑。

师：说得不错。

生 25：我觉得这个小孩子天真无知。

师：噢！说假话的全是有知识的人？

生 25：不是……

师：应该说是天真无邪！说他知道得少是对的，但说他说真话是因为天真无知，就不对了。他是因为没有看到所谓的衣服而说了实话，说实话不是无知，而是诚实、没有私心杂念的表现。以后再遇到类似的情况，一定要注意用恰当的词语来表述。

大家都极力赞美皇帝的并不存在的新衣服，原因是各有各的想法，各有各的打算。而小孩子说皇帝并没有穿衣服，是因为他天真无邪。这样一对比，就可以从中得出一个结论：皇帝、官员和百姓，这些人在一个骗术并不高明的骗子面前，上当受骗的共同原因是什么呢？

生 26：我认为是愚蠢、虚伪和遇事首先考虑自己。

师：这三点哪点是最主要的，最根本的呢？

生 27：（稍顿）首先考虑自己。

师：很好！首先考虑自己若用一个字来概括呢？

生 28：我认为是自私的“私”。

师：完全正确！（板书：私）如果他们没有私心，不考虑自己，他们就不会这样做了。正因为他们都有私心，都把个人利益放在了首位，怕这怕那，于是就上当受骗，说了假话。正因为那个小孩子没有私心，不考虑自己，没有顾虑，就什么也不怕，说出了真话。那么，从中我们应该明白什么道理呢？

生 29：皇帝、官员和百姓都上当受骗，是因为他们有私心，而那个小孩子不上当受骗是因为他无私。这就说明：有私心就怕这怕那，没有私心就什么也不怕。

师：说得好！

生 30：这个故事说明有私心，就容易犯错误，没私心就不会犯错误。

师：好！你指的是思想方面的错误，不包括科学技术方面的错误。

生 31：说明私心是犯思想错误的根源，是犯罪的根源。

师：说得好！就是这样。你们谈得都很深刻。把你们三个人

的发言综合起来，那就是，这个故事告诉人们：自私自利是罪恶的根源，只有无私才能无畏。（众生记录）

在这节课刚开始的时候，我曾经对大家说，通过学习这篇课文，我要教给你们一种阅读理解课文的方法，请你们在学习过程中注意体会。现在就请大家说说，你们体会到了没有？

生 32：是不是在阅读分析课文的时候，要抓住重要的词和重要的句子呀？

生 33：是不是分析课文以后，要用恰当的词把课文的中心意思说出来呀？

师：你们说得都不错。这两点，都是阅读理解课文的要领。不过，还不是我要教给你们的那种方法。这节课我们一起研究的问题是，皇帝、官员、百姓上当受骗的原因是什么，那个小孩子没有上当受骗的原因是什么。正是因为我们抓住了这个问题刨根问底，追查原因，所以才从现象到本质，比较深刻地理解了课文。这种抓住课文叙写的事件去追查原因的阅读理解课文的方法，叫作“析因阅读法”。（众生记录）希望大家注意学习运用这种方法。

师：这节课我们学习了五个词语，下面复习一下。（出示卡片：称职）

生 34：称职，意思是胜任自己所担任的职务。

师：回答正确。（出示卡片：不可救药）

生 35：不可救药，意思是不能用药物救治，比喻无法挽救。

师：对。（出示卡片：理智）

生 36：理智，意思是辨别是非利害和控制自己的能力。

师：对。（出示卡片：骇人听闻）

生 37：骇人听闻，意思是听了使人吃惊、害怕。骇，吃惊、害怕。

师：对。（出示卡片：随声附和）

生 38：随声附和，意思是别人说什么也跟着说什么，没有主见。

（下课铃响）

师：正确。就学到这里。下课。

《变色龙》课堂教学实录

授课时间：1993 年

任课年级：初中二年级

第一课时

师：上课。（师生问好）按常规做练习。

生 1 朗诵《西江月 · 井冈山》，生 2 朗诵《咏柳》，生 3 朗诵《黄鹤楼》。

师：很好！三位同学朗诵得都不错，但有一个共同的毛病，就是都没有加进与诗内容相配合的手势动作，这是今后应该注意的。要大胆尝试做些动作，勇敢地向自己挑战，即使做错了也没有关系，下次继续努力。

（师依次出示卡片：仄仄、打量、朦胧、无聊、迷茫。众生依次流利作答。）

师：就复习到这里。今天讲《变色龙》。（板书：变色龙 契诃夫）谁把作者的名字读一下？

生 4：qì–kē–fū。

师：有不同意见吗？

生 5：qì–hē–fū。

师：对！契诃夫的“诃”很容易读成 kē，这个字的读音应该加以注意。大家跟我读：qì–hē–fū。

生（齐）：qì–hē–fū。

师：qì–hē–fū。

生（齐）：qì–hē–fū。

师：这节课准备教大家一种阅读课文的方法，讲完课后，根据你的理解，可以试着总结一下今天所运用的是什么阅读方法。

下面看课文注释①。根据以往我们所介绍的有关知识，你认为关于作者应掌握哪些内容？

生 6：我认为应掌握四个方面的内容：名，契诃夫；时，1860—1904；地，俄国；评，批判现实主义作家。

师：很好！对于作者就这样掌握。下面读课文，读完后，请你重新给课文拟个标题。现在按座次朗读课文。

（共计 19 人按要求依次朗读课文）

师：大家读得都比较好，但有两个字的读音须要注意：一是“恐吓”的 hè，大家跟我读：恐 hè。

生（齐）：恐 hè。

师：恐 hè。

生（齐）：恐 hè。

师：再有就是“逮住它”的 dǎi，这个字还有 dài 的读音。如何区分呢？单用这个字的时候，读成“dǎi”；和别的字组成词的时候，读成“dài”，比如逮捕。大家跟我读，dǎi 住它。

生（齐）：dǎi 住它。

师：dài 捕。

生（齐）：dài 捕。

师：现在给大家两分钟准备，重新给课文拟个标题。发言时，先说出你拟的标题是什么，然后稍做解释。

（众生翻书思考，片刻举手。）

生 7：我拟的标题是“奉承多变的奥楚蔑洛夫”。理由是奥楚蔑洛夫警官在处理狗咬人的事件时，他的言行举止变来变去。在不断变化之中，奉承那些有钱有势的人。

生 8：我拟的标题是“两面人”。所谓“两面人”是指，奥楚蔑洛夫有对穷苦、没有地位的人凶狠的一面，还有对有权力有威望的人一味地顺从的一面。

师：好的。你的意思是说一个人有两副面孔，对没钱没势的人一副面孔，对有钱有势的人一副面孔。

生 9：我拟的标题是“穷人和富人”。因为奥楚蔑洛夫警官对穷人是一个态度，而对富人则是另一个态度。

师：你的意思是对的，但你拟的“穷人和富人”容易让人误解。比如说有一个作文题目“穷人和富人”，怎样理解这个题目的意思呢？你一定会认为让你写两个人，一个穷人，一个富人。你能不能稍微改动一下。

生 9：（沉思片刻）穷人？富人？

师：很好！

生 10：我拟的标题是“狡诈多变的警官”。理由是：奥楚蔑洛夫来回变了几次，一会儿夸狗，一会儿又说把狗弄死，这些说明多变；而且在每次变化时，又总是为自己找到比较好的借口，这又说明他非常狡诈。

生 11：我拟的标题是“荒唐的奥楚蔑洛夫”。课文写奥楚蔑洛夫一会儿这么说，一会儿又那么说，对狗的态度忽上忽下，对赫留金的态度忽左忽右，做法十分荒唐。

师：大家拟的标题都对，奥楚蔑洛夫警官是这篇文章的主人公。那么作者为什么要以“变色龙”为题呢？

生 12：变色龙是爬行动物蜥蜴的一种。这种动物皮肤的颜色可以随着四周的物体颜色而改变。本文的主人公奥楚蔑洛夫的言行也是随着环境、事态发展的变化而变化。警官的做法好比是变色龙，所以作者用变色龙为题目。

师：很好！刚才大家发言用词虽然不同，但都抓住了警官奥楚蔑洛夫的一个显著特点——变。（板书：变）下面请大家迅速浏览一下课文，看看奥楚蔑洛夫一共变了几次？并且用简要的话概括一下这几次变化。

生 13：我认为奥楚蔑洛夫一共变了六次。第一次事件开始，奥楚蔑洛夫不知狗的主人是谁时，说它是“野畜生”“疯狗”，“把它弄死好了”，肯定赫留金是受害者。第二次有人说好像是将军家的狗时，奥楚蔑洛夫对赫留金说道：“它那么小，怎么会咬着你的？”又说赫留金“鬼东西，手指头一定是给小钉子弄破的”。第三次巡警说不是将军家的狗时，奥楚蔑洛夫对狗的态度发生了骤变，“什么玩意儿！毛色不好，模样不中看，下贱胚子”。而对赫留金却说：“你呢，受了害，绝不能不管。”第四次，当有人说“没错儿，将军家的”时，奥楚蔑洛夫又说它是“名贵的狗，娇贵的动物”，对赫留金说：“混蛋，不用把蠢手指头伸出来，怪你自己不好。”第五次，当厨师说不是将军家的狗时，奥楚蔑洛夫又说它是“野狗，弄死算了”。第六次，当厨师说是将军哥哥的狗时，奥楚蔑洛夫又说这小狗“不赖，怪伶俐的，一口就咬破了这家伙的手指头！……这坏蛋生气……好一条小狗”，而对赫留金却说：“我早晚要收拾你！”

师：对！同是一条狗，三次说是野狗，三次说是名贵的狗。课文就是在警官奥楚蔑洛夫对狗的态度变化中，展现了主人公的一大特点——变。这种变来变去的作风叫什么？

（众生思考片刻举手）

生 14：奉承。

生 15：随机应变。

生 16：欺软怕硬。

生 17：顺其自然。

生 18：看风使舵。

师：大家的发言可以概括为三种情况：第一种是用褒义词概括，第二种是用中性词概括，第三种是用贬义词来概括。对奥楚蔑洛夫这样的人物应该使用哪种感情色彩的词语呢？

生（齐）：贬义词。

师：那么用哪个词语来概括最为恰当呢？

生（齐）：看风使舵。

（师板书：看风使舵。下课铃响）

师：下课！下一节课继续学习。

第二课时

师：上节课我们在初读课文后，对《变色龙》这篇课文重新拟定了标题。大家抓住了课文主人公——奥楚蔑洛夫警官人物性格的特点，拟出的标题基本正确，可见大家对课文已有了比较清楚的认识。课文为什么要以“变色龙”为题。讨论后，我们又用简练的语言，一个“变”字和一个成语“看风使舵”概括了警官奥楚蔑洛夫的性格特点。下面大家进一步想一想，除了“变”这个特点外，奥楚蔑洛夫有没有始终不变的思想或行为？

（师板书：不变。众生翻书思考，片刻举手。）

生19：我认为奥楚蔑洛夫始终不变的是讨好有钱有势的人。当他得知狗是席加洛夫将军家的时，他说：“你把这条狗带到将军家里去，问问清楚。就说这狗是我找着，派人送上的。告诉他们别再把狗放到街上来了。说不定这是条名贵的狗。”最后当他得知这条狗是将军哥哥的时，课文写道：“‘他哥哥来啦？是乌拉吉米尔·伊凡尼奇吗？’奥楚蔑洛夫问，整个脸上洋溢着含笑的温情，‘哎呀，天！我还不知道呢！……这么说，这是他老人家的狗？高兴得很……把它带走吧。这小狗还不赖，怪伶俐的，一口就咬破了这家伙的手指头！哈哈哈……得了，你干什么发抖呀？’”这些无不说明奥楚蔑洛夫为了讨好有钱有势的人，阿谀奉承。

生20：我认为警官奥楚蔑洛夫始终不变的是欺负权势和地位不如自己的人。课文开头写奥楚蔑洛夫穿过广场，“他身后跟着一个火红头发的巡警，端着一个筛子，盛满了没收来的醋栗”。

由此可见，奥楚蔑洛夫倚仗自己的权势，从中剥削劳动人民。再有，当他得知狗是将军家的时候，他一反刚才的嘴脸，说道："说不定这是条名贵的狗，可要是每个猪崽子都拿烟卷戳到它的鼻子上去，那它早就毁了。狗是娇贵的动物……你这混蛋，把手放下来！不用把你那蠢手指头伸出来！怪你自己不好！……"言谈话语之中，流露出警官奥楚蔑洛夫的蛮横。

师：大家分析得很好！抓住了问题的本质：奥楚蔑洛夫警官对待穷人欺压，对待富人奉承、献媚。他这样变来变去始终为的是自己，对自己怎么有利就怎么变。大家对这个问题的认识是很深刻的。接着我们对课文关键地方再进行研读，加深对课文的理解。

奥楚蔑洛夫警官第一次听到出乱子后，就走了过来，问发生了什么事。赫留金说："长官，我好好地走我的路，没招谁没惹谁……""我正在跟密特里奇谈木柴的事，忽然，这个贱畜生无缘无故就把这手指头咬了一口……"（出示卡片：无缘无故）无缘无故是什么意思？

生 21：无缘无故就是没有原因的意思。

师：有些词按照构成就能知道什么意义，而有些词则需要调整一下顺序。比如说"无缘无故"，其实就是无缘故，缘和故都是原因的意思，无缘故就是没有原因。像这样的词还有"你追我赶、你死我活"等等。懂得调整顺序，便于正确解释词语。"无缘无故"的意思是没有原因。（生记录）再看课文。赫留金继续陈述自己的情况："我是做工的人，我做的是细致的活儿。这得叫他们赔我一笔钱才成，因为也许我要有一个礼拜不能用这个手指头啦……"这时奥楚蔑洛夫警官不知道狗的主人是谁，警官的态度是："我绝不轻易放过这件事！我要拿点颜色出来给那些放出狗来到处乱跑的人看看。"这时警官态度很明确，是站在赫留金一方。而且奥楚蔑洛夫警官还说："那些老爷既然不愿意遵守法令，现在就得管管他们。等到他，那个混蛋，受了罚，拿出钱来，他才会知道放出这种狗来，放出这种野畜生来，会有什么下场……把它弄死好了……这多半是条疯狗……"这是第一次。

"这好像是席加洛夫将军家的狗。"人群里有人说。警官奥楚蔑洛夫的态度变了："难道它够得着你的手指头？它是那么小；你呢，却长得那么魁梧！你那手指头一定是给小钉子弄破的，后来却异想天开，想得到一笔什么赔偿费了。"（出示卡片：异想天开）"异想天开"是什么意思呢？

生 22：异想天开就是胡思乱想。

生 23：异想天开就是不可能的事却想到了。

生 24：异想天开的意思是没有根据的事瞎想。

师：你们说得都对。这个词的关键是要弄懂"异"字，"异想天开"就是想法与众不同，特别奇怪，不可能实现。它是想怎么样，不能怎么样，才叫异想天开呢。"异想天开"的意思是想法非常奇怪。（众生记录）后来，奥楚蔑洛夫警官又说道："你这种人啊……是出了名的！我可知道你们这些鬼东西是什么玩意儿！"又有人说："长官，他本来是开玩笑，把烟卷戳到狗的脸上去；狗呢——可不肯做傻瓜，就咬了他一口……他是个荒唐的家伙，长官！"（出示卡片：荒唐）"荒唐"是什么意思呢？

生 25：荒唐就是可笑的意思。

生 26：荒唐就是非常幼稚，没有道理。

师：意思基本正确。“荒唐”有两个意思：一个就是（思想言行）错误到使人奇怪的程度；另一个则是行为放荡，没有节制。（生记录）在这篇课文里则取第二个义项，这是第二次变化。

第三次，巡警说：“这不是将军家里的狗……将军家里没有这样的狗。他家的狗，全是大猎狗。”奥楚蔑洛夫忙追问一句“你拿得准吗”，接着说：“我也知道。将军家里都是些名贵的、纯种的狗”，（出示卡片：名贵）“名贵”是什么意思呢？

生 27：名贵的意思是非常有名，非常贵重。

师：就是这个意思。名贵的意思是著名而珍贵。（生记录）将军家的狗是名贵的，而“这条狗呢，鬼才知道是什么玩意儿！毛色既不好，模样也不中看，完全是个下贱胚子”。这是第三次变化。

那么第四次变化呢？巡警说：“不过也说不定就是将军家的狗……”人群里也有人说是“将军家的”，而奥楚蔑洛夫却说：“说不定这是条名贵的狗；可要是每个猪崽子都拿烟卷戳到它的鼻子上去，那它早就毁了。狗是娇贵的动物……你这混蛋，把手放下来！不用把你那蠢手指头伸出来！”这是第四次。

第五次，厨师说道：“瞎猜！我们那儿从来没有这样的狗！”这时奥楚蔑洛夫警官说道：“这是条野狗……弄死它算了。”这是第五次变化。

“这不是我们的狗，”普洛诃尔接着说，“这是将军的哥哥的狗。”听到这里，奥楚蔑洛夫警官问，“他哥哥来啦？是乌拉吉米尔·伊凡尼奇吗？”说这话时他“整个脸上洋溢着含笑的温情”。（出示卡片：洋溢）“洋溢”是什么意思？

生 28：洋溢就是显露出来。

生 29：洋溢就是充满。

师："洋"表示多、盛大的意思；"溢"就是水满而出。"洋溢"的意思是（情绪、气氛）充分流露。（众生记录）继续看课文。"哎呀，天！……我还不知道呢！"热情有些过火。赶紧夸小狗，"这小狗还不赖，怪伶俐的，一口就咬破了这家伙的手指头！"（出示卡片：伶俐）"伶俐"是什么意思呢？

生 30：伶俐就是聪明、机灵。

生 31：伶俐就是灵巧、灵活。

生 32：伶俐就是可爱。

师：说得很好。"伶俐"的意思是聪明、灵活。（生记录）刚才咱们把主要内容整理了一遍，讲到奥楚蔑洛夫警官的行为表现就是变化无常。（在"变化无常"四个字下画线）通过刚才的分析，我们还知道奥楚蔑洛夫警官行为不变的是：对待有权有钱的人，对待他的上级奉迎，俗话说就是拍马屁（生笑）；对待地位低的人，对待穷人，则是欺压，这一点始终没变。奥楚蔑洛夫警官始终不变的，我们用四个字概括就是媚上欺下（板书：媚上欺下。手指整个板书）这个板书就是奥楚蔑洛夫整个人的特点。我们学习这课书就是要研究、读懂这个人物的特点。这个人物有两个方面，一方面是他的表现变来变去，另一方面是他处处为自己考虑，对地位高的人献媚，对地位低的人欺压却始终不变。看风使舵，媚上欺下就是奥楚蔑洛夫这个人物的特点。大家一定要抓住他"变"和"不变"这两方面来理解这个人物。这是篇小说，小说是以塑造人物形象为中心的，读小说一定要把人物搞懂。

在课文临结束时写道："普洛诃尔喊一声那条狗的名字，带着它从木柴厂走了。那群人就对着赫留金哈哈大笑。"请问这群人笑什么呢？为什么笑？笑的具体内容是什么？

（生翻书思考）

生 33：我认为人们在笑赫留金没有看出奥楚蔑洛夫警官看风使舵、媚上欺下。

师：你的意思是说人们笑赫留金没有看出警官的本质。

生 34：我觉得人们笑赫留金开始想得到赔偿费，最后却落个被收拾的下场，也就是事与愿违。

师：大家的发言意思都对，但还要往深处去思考。

生 35：我觉得人们笑将军哥哥家的一条狗比赫留金都强。一般来说狗咬人是要赔偿的，而将军哥哥家的狗咬了人却不用赔偿，狗的主人地位不同，狗的价值也就不同。

师：你的意思是说在当时沙皇统治的俄国，穷人还不如阔人家的狗，也就是说穷人不如富家犬。（板书：穷人不如富家犬）这条狗为什么受到赞扬呢？只是因为它是将军哥哥的。我们可以这样想，一个人当了将军，将军的哥哥也就值钱了；将军的哥哥值钱了，所以将军哥哥的狗也就值钱了。这就叫一人得势，鸡犬升天。（板书：一人得势，鸡犬升天）

我们来总结一下。人们一笑赫留金的愿望未实现，反而向反方向发展；二笑奥楚蔑洛夫警官看风使舵，媚上欺下；三笑穷人不如富家犬，四笑一人得势，鸡犬升天（手指板书"穷人不如富家犬"和"一人得势，鸡犬升天"）。最后这两点是课文所要告诉人们的深刻的思想内容。

请大家回忆一下，这课书的学习过程渗透着一种阅读方法。你们能不能总结概括一下？

生 36：我觉得是围绕主题进行阅读。

生 37：我认为是弄懂主要人物。

生 38：我认为是从表层到深层。

师：课文写了奥楚蔑洛夫的“变”，咱们在研究变后，又研究了他的“不变”。这也就是说不但要从正面思考问题，还要倒过来从反面去思考问题。这种方法叫“逆向思考阅读法”。

这篇课文结尾写道：“我早晚要收拾你！”奥楚蔑洛夫对赫留金说完这句话后便裹紧大衣穿过广场走了。后来怎样了呢？课文没有交代，留给读者去思考。现在，就请同学们发挥想象力，以“广场事件之后”为题，做口头作文。把后来的事情说出来。这篇口头作文，第一，内容要和原文衔接，不是另编故事；第二，人物的思想品质、道德作风，必须和原文一致；第三，口头作文的中心思想，要和原文中心思想吻合；第四，在符合上述三点要求的条件下，充分发挥想象力，添出生动有趣的故事情节来。

（生思考）

生 39：（口头作文）广场那件事过去已经几天了，可奥楚蔑洛夫一点好消息也没有听到。他本以为将军的哥哥知道是他送回了小狗，会派人来找他，给他奖赏，甚至会升官晋级。可是白白等了几天，他感到希望已经很小了。然而，他并不甘心，又披着那件军大衣，到广场上去打听消息了。

当他刚走到广场的一座塑像下时，便看见从远处跑来一只小狗，并听见“汪汪”的叫声。当他瞪大眼睛仔细看那小狗时，不禁呆住了，这不就是将军哥哥家里的那只可爱的小猎狗吗？他来不及细想，只觉得保护这只小狗，不让它到处乱跑，不让它受到伤害，就是自己的职责。于是，他便伸出双手，去抱那只狗。只听见“哎哟”一声，奥楚蔑洛夫急忙撤开了双手，只看见鲜血顺着他的手指一滴滴地滴在了地上。此时，奥楚蔑洛夫的脸上闪现出了各种各样的表情：惊讶、害怕、痛苦……那只小猎狗咬完了人，蹲坐在地上，冲着奥楚蔑洛夫还在狂叫。奥楚蔑洛夫忍着疼痛，心想：我虽然被咬了，但这终究是将军哥哥的狗，我还是要把它抱去送给将军的哥哥。于是他壮起胆量，用尽力气抱起那只狗，向将军家走去。好不容易到了将军家，他整了整军大衣，戴正了帽子，恭恭敬敬地敲了几下门。过了好半天，从里面走出了一个管家模样的人。奥楚蔑洛夫对他说明了来意。那管家听后，连眼皮也没抬，只是淡淡地说了句：“这是一只疯狗。前几天已经被将军的哥哥用棍子赶了出去！你怎么又给抱回来了，真是多事！”说毕，便猛地关上了大门。

奥楚蔑洛夫听后，宛如晴空打了一个霹雳，直挺挺地站在那里，呆住了。

师：这位同学的口头作文相当不错，符合我提出的四点要求，想象力很丰富，而且有思想性。下面复习一下词语。（出示卡片：伶俐）

生 40：伶俐的意思是聪明、灵巧。

师：对！（出示卡片：洋溢）

生 41：洋溢的意思是（情绪、气氛）充分流露。

师：对！（出示卡片：名贵）

生 42：名贵的意思是著名而珍贵。

师：对！（出示卡片：荒唐）

生 43：荒唐的意思是①思想言行错误到使人奇怪的程度；②行为放荡，没有节制。本课取第二个义项。

师：对！（出示卡片：异想天开）

生 44：异想天开的意思是想法非常奇怪。

师：对！（出示卡片：无缘无故）

生 45：无缘无故的意思是没有原因。

师：正确！（下课铃响。）今天的课就上到这里。下课！

附　板书设计

变色龙

看　风　使　舵　　　　穷人不如富家犬

变
→
不变

媚　上　欺　下　　　　一人得势，鸡犬升天

《七根火柴》课堂教学实录

授课时间：1990 年

任课年级：初中二年级

第一课时

师：上课。按常规作练习。

（生 1 走到讲台前朗诵《凤凰》。生 2 走到讲台前朗诵《海棠》。生 3 走到讲台前朗诵《清平乐·六盘山》。）

师：很好。

生 4：（走到讲台前）今天由我给大家讲故事。故事的题目是“野牛”：

一群野牛遇见了一只老虎，他们立刻排成一个圆形，脸朝外，把小牛们护在中间。他们看见一头牛带着两头小牛在旁边转来转去，就向她喊：

“快来呀！这是大家的事！”

那头牛自言自语着说：“我自己还顾不过来呢！哪有工夫管大家的事！”于是她带着自己的两头小牛就往山谷里跑。

老虎无法进攻那群牛设计的圆圈阵，就扑向山谷追那母子三头牛去了。那头牛眼看着自己的两个孩子被老虎一爪一个拍死了，怎么也想不通：为什么别人都没事，只有我家独自倒霉呢？

（全班学生做摘记，师抬手看表。）

师：时间到。谁记完了？读一下记录。

生5：群牛遇虎，摆圆圈阵护小牛。另一牛带二子奔山谷。虎杀其二子。此牛自觉倒霉。

生6：群牛碰见一虎，他们摆圆圈阵护小牛在中间，见另一牛带二子转，便喊过来，大家协作。独牛自语自身难保，顾不了人家，带二子奔山谷。虎无法进攻群牛阵，追独牛，得其二子。独牛想不通。

师：很好，内容全面。如果语言再精练一些就更好了。

生7：群牛遇虎，圆阵护犊，见另牛带二子转，招之协作。独牛口自身难保，怎顾大家。去。虎弃群牛追独牛，得其二子。独牛不解。

师：你记录得很好，内容全面，关键的地方都记录下来了，而且语言精练，像“圆阵护犊”，仅用了四个字就说明了问题。你再读一遍，大家注意听。（生又读一遍）

（师出示卡片。卡片长30厘米，宽10厘米，其上书写着毛笔楷字——“恣睢”。）

生8：恣睢，意思是放纵，凶暴。

师：对。

（教师依次出示“耳闻目睹”“獾”“名词短语”“契诃夫”“《爱莲说》”“说明”“反问”等15张卡片，学生或读或讲或背，一一作答。教师分别表示然否。)

师：今天讲《七根火柴》。(板书：七根火柴)看注释①。作者王愿坚，当代著名作家。本文选自《人民文学》1958年6月号。

下面读课文。读课文后做这样一件事情：假如有一座博物馆叫作“红军博物馆”，假如你是这个博物馆里的一名讲解员，假如在你负责的展台上摆放着六根火柴，请你以讲解员的身份，用讲解员的口吻，根据这篇课文的内容，向你的观众简要介绍这六根火柴的来历。听清楚了没有？

生9：老师，您说得不对。题目是“七根火柴”，您怎么说成了六根火柴呢？

师：你的问题提得很好，这说明你看得认真，听得仔细。不过，你没有说错。那么，明明是“七根火柴”，为什么我出的题目变成了六根了呢？这正是要我们通过认真地读课文来解决的问题。你听懂我的意思了吗？

生9：懂了。

师：下面依座次读课文。

(生依次读课文，每人读一段，共14名学生读完全文。)

师：大家读得都比较好。有三个字的读音需要注意。“连路也给遮没了”的“没”字，不读méi，读mò，在这里是漫过的意思。我们平常说“水很深，没过膝盖了”的“没”就是这个意思。大家跟我读，mò。

(生齐读)

师：“贮满水”的“贮”读zhù，在这里是积存的意思。跟我读，zhù。

（生齐读）

师：往下数三行，“蓦地”的“地”读 dì，不读 de。跟我读，mò dì。

（生齐读）

师：下面给大家两分钟准备时间，然后请你以红军博物馆讲解员的身份，用讲解员的口吻，根据课文内容，向你的观众简要介绍这六根火柴的来历。

（众生翻书思考）

师：谁来介绍？

（两名学生先后走上讲台，做了介绍，教师分别做了讲评。）

生 10：（走上讲台）同志们好，大家请看这个展台。这里放着一个党证，这是几十年前光荣牺牲的一位红军战士的遗物。党证上并排摆放着六根火柴。人们不禁会问，这微不足道的几根火柴怎么会摆在堂堂的红军博物馆里呢？那是因为这六根火柴有着不平凡的来历，它曾经发挥过不平常的作用。就是这六根火柴，代表了一位红军战士对党对人民的赤诚忠心；就是这六根火柴，引出了一个曲折而又动人的故事。

那是红军长征过草地的时候……（故事内容从略）同志们，让我们永远记住这位舍生忘死、大公无私的无名战士吧！

我的介绍完了，请同志们看下一部分。

师：讲解得很好。是讲解员的身份，是讲解员的口吻。开头和结尾设计的也很好，有一定的创造性。

刚才我们所做的，实际上是对课文内容的创造性复述。大家能不能继续发挥创造性，根据你对本文内容的理解，给这篇课文重新拟定个标题呢？发言时请你对所拟的标题稍做解释。

（片刻后学生举手）

生 11：我拟的标题是“点燃生命之火的火柴”。我这样拟标题的理由是当时连队因为没有引火的东西而只好吃生干粮了，部队正在危难之中，战士的健康甚至生命受到了威胁。有了那位不知名的战士献出的火柴，部队就转危为安了，战士们生命之火又燃烧起来了。因此我拟了这个标题。

生 12：我拟的标题是“烈士的遗物”。我所说的“遗物”不仅包括那位战士献出的火柴，而且包括他舍己为人的高贵品质和对党的忠心。

师：你的意思是说那位无名战士给我们留下的既有物质财富，又有精神财富。解释得很好，有一定深度。

生 13：我拟的标题是“无声的回答”。理由是本文写的是一个党员，他在临死（众生：牺牲），牺牲前交给党七根火柴，而且有党证。这说明他一心想着党，牺牲前还想着为党的事业贡献一切力量。这是他用自己的实际行动对党和人民的期望做出的回答。

生 14：我拟的标题是“跳动的火焰”。理由是文中写：“红红的火柴头聚集在一起，正压在那朱红的印章的中心，像一簇火焰在跳。”这表示那个战士临终前的赤诚的心在跳，表示他的精神永远放射着光芒，表示革命的火种是永远不灭的。

师：你这样理解很深刻，这个标题也很形象生动。

生 15：我拟的标题是“点点星火映人心”。我说的“点点星火”是指那位战士的崇高思想，我所说的“映人心”，是指那位战士的精神对别人的教育和鼓舞。这不仅指卢进勇在革命路上大步向前，也指所有的战士受无名战士鼓舞大步前进。

生 16：我拟的标题是“舍己为国的无名战士”。理由是无名战士在生命的最后时刻，在“有一堆火，有一杯热水，也许他能活下去”的情况下，仍舍不得用一根火柴，而是把火柴托付战友交给部队。由此可以看出他为了国家和民族可以舍弃自己的一切。他的品质是高尚的。

师：你是从概括人物精神品质的角度拟的标题，这样拟标题也很好。

生 17：我拟的标题是“普通而又不普通的火柴”。理由是火柴是极平常的东西，又微小又不值钱；但文中的这七根火柴却是一个战士用生命保存下来的，而且对部队能不能走出草地起到了重要作用。所以说它既普通，又不普通。

师：把你的意思概括起来就是火柴本身普通，而它的意义和作用不普通。你说得很好。

生 18：我拟的标题是“永恒的火光，永恒的路标”。理由是火柴的光亮是微小的，但点起篝火来会越烧越旺，无名战士的精神就像这火光一样永远在人们心里闪亮。他临终前“只有那只手是清晰的，它高高地擎着，像一支路标，笔直地指向长征部队前进的方向”。这是他用自己的忠心树起的路标。这路标指着前进的方向，指着胜利的方向。虽然无名战士牺牲了，但他用手树起的这个路标，将永远留在人们的心中。

师：你拟的标题很有文采，既生动形象，又含义深刻。很好。

（仍有学生举手）

师：大家拟的标题都不错，有的还很深刻，抓住了本文的核心内容。这说明同学们对本文已经有了一定的理解。既然你们拟的这些标题都不错，为什么作者却用“七根火柴”作标题呢？请研究一下课文，谈谈你的看法。

生 19：因为“七根火柴”贯穿全文的始终。文章开头写卢进勇非常需要火，在草地这样恶劣的环境中，他的伤口又发炎了，他想：“要是有一堆火烤，该多好呵。”而无名战士更需要火，课文说“要是有一堆火，有一杯热水，也许他能活下去”。但是，无名战士说，这火柴是大家的。他把这七根火柴请卢进勇转交给部队。最后写卢进勇赶上了部队，草地上“一簇簇篝火燃起来了”。这些都说明火柴是贯穿全文的。

师：你的话没有说全。你能不能运用学过的语文知识把你的意思总结一下？

生 20：“七根火柴”是线索吧？

（生点头）

师：“七根火柴”是不是本文的线索呢？（下课铃响）这个问题我们下节课再解决。下课！

第二课时

师：上节课大家针对本文内容做了创造性复述，而后根据自己的理解为课文重新拟定了标题。大家拟的标题都很好，有些标题还很深刻。可是作者为什么要以“七根火柴”为标题呢？看来多数同学认为“七根火柴”是本文的线索。是不是这样呢？这要通过对全文的进一步阅读而后得出结论。

下面大家先看课文前三段草地气候的描写。阅读后请用简练的语言——或者是一个句子，或者是一个短语，把草地的气候特点概括出来，并且要简单解释一下这样概括的理由。

（生看书思考）

生 1：“恶劣”。课文中写道：“明明是月朗星稀的好天气，忽然一阵冷风吹来，浓云像是从平地上冒出来似的，霎时把天空遮得严严的，接着，暴雨夹杂着栗子般大的冰雹，不分点地倾泻下来。”这就说明草地的气候是恶劣的。

生 2：“奇怪”。刚才他引用的那一段课文不仅说明草地气候是恶劣的，而且更重要的是说明草地气候是奇怪的。这一段的开头就说“草地的气候就是奇怪”，我认为这句话是这一段的中心句，全段内容都是说明草地气候的奇怪。

生 3：我认为可以用“天气莫测”来概括。因为“明明是月朗星稀的好天气”，“忽然”天气就变化，“刹时”暴雨冰雹就来了。这说明这里的天气说变就变，使人无法预料。

师：你这四个字用得不错。大家接着说。

生 4：千变万化。

生 5：变化无常。

生 6：变化多端。

师：大家概括得都不错。我认为“天气莫测”更好一些。你们知道这是为什么吗？

生 7：因为“天气莫测”指出了是什么变化无常，是“天气”变化无常。

师：好。

生 8：“天气莫测”还指出天气变化到了“莫测”的程度，也就是到了令人难以预料的程度。

师：好。把你们两个人的发言合在一起就全面了。如果用“变化无常”之类概括当然是对的，但没有指出是什么变化无常，而用“天气莫测”这个主谓短语来概括，意思就完整了。不过人们一般不用“天气莫测”这个说法，你们能不能在意思不变的情况下换一个人们常用的说法呢？

生 9：风云莫测。

师：很好。我们就这样概括。（板书：风云莫测）

大家想一想，本文开头用三段文字写草地风云莫测的气候，与火柴有什么关系？

生 10：草地气候恶劣，说明这里需要火。课文 267 页第 18 行写道：“要是有堆火烤，该多好呵！”表达了卢进勇需要火的强烈愿望。

师：谁有补充？

生 11：我认为不仅卢进勇需要火，而且整个连队都需要火。课文 267 页第 20 行写道：“就在他掉队的前一天，他们连里因为没有引火的东西，而只好吃生干粮了。”这说明连队也需要火。

生 12：那位无名的战士更需要火。他躺在污水里，脸冻得乌青，生命垂危，“要是有一堆火，一杯热水，也许他能活下去”，这说明他比谁都更需要火。

师：说得很好。课文用三个自然段描绘草地风云莫测的目的，是为突出火柴的重要意义：卢进勇、无名战士以及整个连队都迫切需要火。可见这三段景物描写是有目的的，它们的作用就是表

明此时这里需要火。（板书：需火）

课文第一部分的景物描写，说明了这里“需火”。（指着板书）那么，课文下一部分写无名战士把火柴交给卢进勇的内容和火柴有什么关系呢？大家能不能也像第一部分那样（指板书“需火”二字），用两个字概括出来呢？

（生翻阅课文）

生13：得火。

生14：交火。

生15：献火。

师：你为什么用“献火”概括？解释一下。

生15：这七根火柴是无名战士以自己的生命为代价保存下来的。他当时身上就带着火柴，若用一根火柴点一堆火烤，也可能活下去，但他知道整个连队都需要火柴，为了连队安全走出草地，他宁愿牺牲自己的生命，而把火柴留给大家。他所献出的不仅仅是保存完好的七根火柴，而是自己的生命，也是对党的一片赤诚的心。我用“献火”来概括主要是为了突出他这种奉献精神。

师：很好。（板书：献火）下面我们具体地领会一下无名战士献火的过程。课文268页第8行写卢进勇“突然听见一声低低的叫声：‘同志——’”破折号有什么作用？

生16：表示声音拖长，突出战士身体很虚弱。

师：对。卢进勇“蹒跚地跨过两道水沟”，蹒跚是什么意思？（出示卡片：蹒跚）

生17：腿脚不灵便，走路缓慢、摇摆的样子。

师：对。他缓慢地、摇摇摆摆地跨过两道水沟，看清了那个战士。他看到的那位战士当时的身体状况如何？用一个词语概括一下。

生 18：衰弱。

生 19：憔悴。

师：这样概括并不错，但是程度不够。

生 20：生命垂危。

生 21：奄奄一息。

师：用这两个词语概括都很准确。“奄奄一息”更形象一些。你解释一下。

生 21：他的声音是“低低的”，身子是躺在“一汪浑浊的污水里，看来已有很长时间没有挪动了”，“眼眶深深地塌陷下去，眼睛努力地闭着，只有腭下的喉结在一上一下地抖动，干裂的嘴唇一张一翕地发出低低的声音”。卢进勇给他青稞面吃时，他“嘴唇翕动了好几下，齿缝里挤出了几个字：‘不，没……没用了。’”这一切都表明他已经奄奄一息了。

师：讲得很好。这里的一张一翕是什么意思？（出示卡片：一张一翕）

生（齐）：一张一合。

师：那么后文的翕动是什么意思？（出示卡片：翕动）

生（齐）：一张一合地动。

师：他的嘴唇一张一合地动了好几下，才从齿缝中挤出了几个字，正说明他已经生命垂危，奄奄一息。在这样的情况下，“要是有一堆火，有一杯热水，也许他能活下去”。而他的身上就带着引火的东西——火柴。此时，他是怎么做的呢？

生 22：他把火柴留给了大家。他身上有火种，有生的希望，但为了连队的生存，他做出了牺牲自己的选择。他把火柴交给卢进勇时说："记住，这，这是，大家的！"这句话表明，他能够做出这样选择的原因是他把集体的利益看得高于一切。

师：说得很不错。下面我们细心领会一下无名战士把火柴交给卢进勇的过程。270 页第 4 行写道："'同志，你看这……'那同志向卢进勇招招手，等他凑近了，便伸开一个僵直的手指，小心翼翼地一根根拨弄着火柴，口里小声数着：'一，二，三，四……'"这里的小心翼翼是什么意思？（出示卡片：小心翼翼）

生 23：谨慎小心。

生 24：谨慎小心的样子。

师：很好。小心翼翼的意思就是：谨慎小心，毫不疏忽。

（生记录）

师：他谨慎小心，毫不疏忽地一根根拨弄着这七根火柴，而且口中还一根根地数着数目。在写到他数着"一，二，三，四……"的时候，作者在几个数字之间没有使用顿号，而是用了逗号，这是为什么？

生 25：他数数时显得很吃力，每数一个数字后停顿时间比较长。

生 26：他要卢进勇看清楚是七根火柴。火柴太珍贵了。

师：对，就是这样。这里写的是无名战士把火柴交给卢进勇时动作和数火柴的声音。那么，此时他有没有话想对卢进勇说呢？

生（齐）：有。

师：是的。此时奄奄一息的无名战士，要抓紧自己生命中的最后时刻向战友倾诉自己的心愿。可是，他已经没有气力把这些话说出来了。他只能通过一根一根地拨弄火柴这个动作和慢慢数火柴的微弱的声音表达自己的心愿。他有多少话语要对战友说啊，可是他已经不能说出这些话了。同学们，假如你就是这位无名战士，此时此刻，你要对战友说些什么呢？请你把要说的话都说出来。

生 27：这七根火柴能保存下来非常不容易，它是我们生命换来的，可水能把它弄湿，水能让它失去作用呀！

生 28：请你看清楚，这一共是七根，你可要一根不少地交给连队呀！这七根火柴非常重要，它关系到整个连队的安危，你千万不要小看它们呀！

生 29：看来我已经不行了，把这七根火柴交给连队的任务只有请你替我完成了。在以后的道路上，不管多么艰难，多么困苦，你可要一定完成任务啊！

师：很好。你们以无名战士的口吻，说出了无名战士想说而又没有能力说出的六个方面的意思：一是这火柴非常重要，二是这火柴保存下来不易，三是一根不能少，四是妥善收藏，不能损坏，五是把任务托付给战友，六是一定要完成任务。这就是当时无名战士要说的心里话，这就是他的内心世界。你们能够通过阅读，领会到了，这非常好。你们领会这些的过程，也体现着一种读书的方法，请先记住这一点。现在请大家回忆一下无名战士献火的过程，这一过程表现了无名战士怎样的精神品质？

生 30：无私奉献。

生 31：无限忠诚。

生 32：舍生取义。

生 33：舍己为人。

生 34：舍身为国。

师：都不错。哪一个更符合无名战士的特点呢？

生 35：我以为“舍身为国”更符合无名战士的特点。“舍身”说的是无名战士宁可舍弃生命，也要把火柴奉献出来的英雄行为；“为国”说的是无名战士这样做的目的，他是为了长征的胜利，为了国家和民族的存亡。

师：说得好。（板书：舍身为国）无名战士舍身为国，献出了珍藏的火柴，请卢进勇交给连队。下文写卢进勇把火柴交给部队的情节，与火柴有什么关系呢？请大家也像概括前面的情节那样用两个字来表达。

生 36：交火。

生 37：点火。

生 38：用火。

师：是卢进勇和他的连队就地用火吗？

生 39：传火。

生 40：赠火。

生 41：送火。

师：哪种说法更准确呢？

生 42：我认为“送火”准确。因为火柴不是礼品，所以“赠火”不准确。“传火”又不能体现出卢进勇的积极态度。课文说，“这以后的路，卢进勇走得特别快”，这说明卢进勇的态度是积极的；“送火”才能体现出卢进勇牢记无名战士的嘱托，替无名战士把火柴交给了部队，因此，“送火”最准确。

师：很好，就是这样。（板书：送火）卢进勇历尽艰险，把火柴交给了连队，于是，“在无边的暗夜里，一簇簇篝火燃起来了”。当他把剩下的六根火柴交给指导员时，课文写道：“映着那闪闪跳动的火光，他用颤抖的手指打开了那党证，把剩下的六根火柴一根根递到指导员手里，同时，以一种异样的声调数着：‘一，二，三，四……’”这异样的声调，这颤抖的手指，这一根根递火柴的动作，都说明此时此刻，卢进勇同样有许多话要对指导员说。然而，他激动万分，一时连话都说不出来了，他只能这样无声地表达。此时，的确是无声胜有声。同学们，假如你是卢进勇，此时此刻，你要对指导员说些什么呢？

（生思考）

生 43：这几根火柴是那位战士用生命换来的，我们一定要珍惜它呀！

生 44：这几根火柴关系到我们连队的存亡，它太重要了，我们一定妥善保存。

生 45：当时，无名战士如果用一根火柴点一堆火烤，也许能活下来。但是为了咱们连队的生存，他宁愿牺牲生命也不使用一根火柴，这样的战士多么令人敬佩啊！这是他的党证，让我们永远记住他吧！

师：还有吗？（稍停）刚才大家有从火柴的角度谈的，说它来之不易，意义重大；有从无名战士角度谈的，说他令人敬佩，我们要永远记住他。请大家发挥想象力，能不能从另外的角度再想一想。

生 46：无名战士为了长征的胜利献出了生命，他那高擎的手臂，多像一支路标，指着前进的方向，胜利的方向！我们要朝着烈士向往的目标，踏着烈士的足迹，坚定地走下去，直到革命的胜利。

师：很好。这样读书才是真正读进去了，请大家记住这种读书方法。大家能不能用四个字把卢进勇的所作所为、所思所想概括出来呢？

生 47：勇往直前。

生 48：奋勇前进。

生 49：前仆后继。

师：是前赴（出示卡片：赴）后继，还是前仆（出示卡片：仆）后继？

生 50：前赴后继。

生 51：应该是“前仆后继”才更切合本文内容。“前赴后继”是说前边的人冲上去了，后边的人也跟着冲上去。而这里说的是无名战士倒下了，卢进勇等人要继续前进，完成他未完成的事业。应该是“前仆后继”。

师：完全正确。（板书：前仆后继）

上面咱们对本文做了进一步的阅读，现在请大家说说本文是不是以“七根火柴”为线索？

生 52：“七根火柴”就是本文的线索。因为本文的故事情节就是“需火”“献火”“送火”，始终没有离开“火”。我认为火柴就是火种，这里说的火也就是火柴。所以“七根火柴”就是本文的线索。

师：大家同意他的说法吗？

生（齐）：同意。

师：本文开头环境描写突出了“需火”，中间写“献火”，表现了无名战士舍身为国的精神品质，最后写“送火”，表现出卢进勇前仆后继的精神。可见，“七根火柴”就是本文的线索，所以本文以“七根火柴”为标题。

在我们研究本文是不是以“七根火柴”为线索，进一步阅读课文的过程中，有两次我请同学们根据课文的具体情境，以本文中人物的口吻，说出他们想要说而没有说出的话，这是一种有效的读书方法。你们能不能说出这是什么读书方法呢？

生 53：阅读时发挥想象力，说出课文应该写而故意没有写的那些内容。

生 54：阅读时开动脑筋，想出课文故意省略掉的内容。

生 55：读书要能够把含蓄的地方明明白白地说出来。

师：说得都很好。把他们三个人的说法概括起来，大家想是不是这个意思，那就是读书要会读懂言外之意。

生（齐）：是。

师：这些言外之意，人们通常把它叫作“潜台词”。（板书：潜台词）那么，这种根据课文的具体情境想象出言外之意的阅读方法，就叫作“潜台词阅读法”。（板书：阅读法）这种读书方法对于深入理解课文，特别是理解人物的内心世界很有作用，请大家记住这种阅读方法，并在今后注意运用。

刚才我们曾经两次采用了“潜台词阅读方法”。正因为这样，我们才能够比较深入地理解了无名战士和卢进勇这两个人物。进而明确了无名战士是本文的主人公，而卢进勇则是次要人物。大家知道本文是一篇小说，小说的人物是作者依据现实生活塑造的。既然如此，为什么文中的次要人物作者给他起名叫“卢进勇”，而文中的主要人物作者反而不给他起名字呢?

生 56：作者不给无名战士起名，可以使人联想到那些为了中国革命的成功光荣牺牲而没有留下姓名的人。也就是说，无名战士是为革命牺牲了生命却没有留下姓名的革命烈士的代表。

师：很好。大家再想想，无名战士的思想、言行，还代表了什么人?

生 57：还代表了为革命献出了生命也留下了姓名的先烈们。因为，无名战士有党证，是可以查出他的名字的，文中是作者故意不说出他的姓名。

师：很好。这样认识问题就全面多了。无名战士崇高的思想，高尚的行为，确实是为革命献出生命的所有烈士的代表。大家再想一想，无名战士还代表了什么人?

生 58：我认为，无名战士也是全体红军将士的代表。因为，全体红军将士都是忠于革命忠于党的，都具有无名战士这样的光辉思想和高尚品质。如果他们遇到了无名战士遇到的情形，他们也会这样做的。所以说，无名战士是全体红军将士的代表。

师：完全正确（激昂地）。就像同学们所说的，正是无数为了中国革命的胜利而牺牲的留下姓名或没有留下姓名的先烈们抛头颅、洒热血的奋斗，才使得五星红旗冉冉升起！也正是这些具有光辉思想和崇高品质的全体红军将士舍身为国前仆后继，才使得共和国的旗帜在华夏大地上如此鲜艳，高高飘扬！

下面把本课学过的词语复习一下。（出示卡片：蹒跚）

生 59：脚不便，走路缓慢、摇摆的样子。

师：对。（出示卡片：一张一翕）

生 60：一开一合。

师：对。（出示卡片：翕动）

生 61：一张一合地动。

师：对。（出示卡片：小心翼翼）

生 62：小心谨慎，毫不疏忽。

师：正确。这篇课文我们就学到这里。下课。

附　板书设计

七根火柴

王愿坚

风云莫测　需火

献火　舍身为国

送火　前仆后继

潜台词阅读法

《人民解放军百万大军横渡长江》课堂教学实录

授课时间：1995 年

任课年级：初中三年级

师：今天学习《人民解放军百万大军横渡长江》。请同学们打开书和笔记本。（板书：人民解放军百万大军横渡长江）

本文作者是毛泽东主席，文体是新闻。这是毛泽东主席为当时的报纸写的一篇新闻稿。这则新闻报道的是解放战争时期渡江战役中的事。

下面读课文。读课文之后请同学们用三种方式把这则新闻的内容表达出来。第一种方式：用一句话说出这则新闻的内容。第二种方式：用一小段话说出这则新闻的内容。第三种方式：用几段话说出这则新闻的内容。听明白了吗？

生（齐）：听明白了。

师：下面按座次读课文。

（文章共一段，一人读完全文。）

师：读得比较好！吐字清楚声音洪亮，也有语气。有两个字的读音需要注意。第一个字是："由于人民解放军英勇善战，锐不可当"中"锐不可当"的"当"，不读 dǎng，读 dāng，这里是抵挡的意思。跟我读：dāng。

生（齐）：dāng。

师：再读。

生（齐）：dāng。

师：第二个字是"渡至繁昌、铜陵、青阳、荻港、鲁港地区"中的"荻港"读 dígǎng，跟我读 dígǎng。

生（齐）：dígǎng。

师：再读。

生（齐）：dígǎng。

师：注意"荻港"的"荻"与"收获"的"获"这两个形似字的区别。"荻"的右下方是"火"字，"获"的右下方是"犬"字。

下面给大家两分钟的准备，然后分别用一句话说出这则新闻的内容，用一段短话说出这则新闻的内容，用几段话说出这则新闻的内容。发言时，可以用自己的话来说，也可以用课文中的原话来说。

（众生翻书思考，师巡视。用时两分钟。）

师：大家先用一句话说出这则新闻的内容。

生 1：我以为这句话应该是："人民解放军百万大军，从一千余华里的战线上，冲破敌阵，横渡长江。"

生 2：我认为这句话应该是："人民解放军百万大军横渡长江。"

生 3：我认为这句话应该是："人民解放军消灭一切抵抗之

敌，冲破敌阵横渡长江。”

师：谁还说？（无人举手）大家提出了三种说法。哪种说法最符合要求呢？

生 4：我认为第二种说法最符合您提出的要求。他用课文的题目“人民解放军百万大军横渡长江”极为简练地用一句话说出了课文的内容。

生 5：我也同意第二种说法，因为用课文的标题说出课文的内容，正好是一句话。而且这句话较另外两种说法更简练。

师：对，就是这样。既要做到是一句话，又要做到简练。这样，才能和用一段话说出这则新闻的内容具有明显的区别。下面请大家用一段话说出这则新闻的内容。

生 6：我认为应该是：“人民解放军百万大军从一千余华里的战线上，冲破敌阵，横渡长江。”

生 7：我认为应该是：“二十日夜起，长江北岸人民解放军中路军首先突破安庆、芜湖线，渡至繁昌、铜陵、青阳、荻港、鲁港地区，二十四小时内已渡过三十万人。”

师：现在有两种说法。大家想想，哪种说法准确地说出了全文的内容呢？

生 8：我认为第一种说法简明地说出了全文的内容。第二种说法不对。因为这篇文章是说百万大军横渡长江，而第二种说法只说了 30 万，还差 70 万呢！（众生笑）从渡江人数看概括得不全面。

生 9：第二种说法不仅人数概括得不全，而且渡江时间说得也不准确。渡江从 20 日夜开始，23 日才渡完。而他只说了 20 日夜起 24 小时的渡江情况。

生 10：第二种说法只说了中路军的渡江情况。还有东路军、西路军没说呢！所以我认为第二种说法不对。

师：对。从渡江人数、时间及三路大军渡江来看，说得不够全面，但这种积极发言的精神应该发扬。我们再看第一种说法是否准确说出了全文的内容呢？

生 11：我认为是。课文的主要内容就是百万大军横渡长江。

师：用一段话概括这则新闻的内容，不可能把全篇内容全说出来，只能简明地说出主要内容。什么人？（人民解放军）多少？（百万）什么事？（渡江）从记叙的要素考虑，他说的这段话还差什么内容没交待清楚？

生 12：渡江地点。

师：对。应把渡江地点说出来，地点是记叙的要素之一。谁能把第一种说法改一下？

生 13：我认为应该是："人民解放军百万大军，从一千余华里的战线上，冲破敌阵，横渡长江。西起九江，东至江阴，均是人民解放军的渡江区域。"

师：对。用课文开头的第一、二两句话就简明准确地说出了全文的内容。大家同意吗？

生（齐）：同意。

师：以上我们用一句话介绍了全文的内容，又用一段话介绍了全文内容，下面请同学们用几段话说出全文的内容。

生 14：我觉得应该是：20 日夜起，长江北岸人民解放军中路军首先突破安庆、芜湖线，渡至繁昌、铜陵、青阳、荻港、鲁港地区，24 小时内已渡过 30 万人。21 日下午 5 时起，我西路军开始渡江，地点在九江安庆段。至发电时止，该路 35 万人民解放军已渡过 2/3，全部 23 日可渡完。

师：先看这种说法对不对。

生 15：这样说只说了中路军、西路军的渡江情况，东路军渡江情况没说。所以我认为不对。

师：分析得不错。还有别的意见吗？

生 16：我认为，为了把三路大军的渡江情况说清楚，可以把全文都读了。

生 17：我认为具体详细的介绍三路大军的渡江情况是从第三句“20 日夜起”开始的。第一、二句是简明概括地介绍，所以应从第三句读起。

师：同学们同意哪一种说法？

生 18：我认为第二种说法更为准确。因为它把中路军、西路军、东路军的渡江情况分为三层进行了具体详细的介绍，而且没有多余的内容。

师：有不同意见吗？

生（齐）：没有。

师：我们用三种方式介绍了这则新闻的内容，大家应该从中明确以下几点。（一）新闻要有标题。（板书：标题）所谓标题就是极为简练的语言概括一则新闻的最主要的内容。也就是说标题是新闻的提要。（板书：提要）（二）新闻要有导语。（板书：导语）导语是新闻开头的一小段话，大多是简明地概括出报道的事实或中心。导语是新闻的概述。（板书：概述）（三）新闻要有主体。主体是新闻的主干，是事实的叙述和展开。它要求对所报道的内容具体述说。（板书：详叙）大家记住：用一个语句单独介绍新闻的内容叫标题；用一小段话在开头介绍新闻的内容叫导语；用几段话具体介绍新闻的内容叫主体。同学们抓住了“一个语句”“一小段话”“几段话”这三个要点，就能比较顺利地区分新闻的标题、导语和主体了。

课文开头括号部分“新华社长江前线二十二日二十二时电”，这在新闻文体中叫电头。（板书：电头）电头要交待清楚发电时间、发电地点、发电单位。以上我们研究了新闻的结构，它包括标题、电头、导语、主体四部分。大家明白了吗？

生（齐）：明白了。

师：下面思考这样一个问题：把标题“人民解放军百万大军横渡长江”改成“人民解放军百万大军胜利渡江”行不行？最好结合课文说明自己的看法。

生 19：我觉得这样改不行。“横渡”是说渡江有一个艰难曲折的过程，“胜利”是说渡江已经完成。

师：发言最好是有理有据，结合课文做解释、说明，这样说服力才强。大家考虑一分钟。

（生翻书思考）

生 20：我认为不能改。因为导语部分用了“横渡”，所以标题也得用“横渡”。

师：能否用这则新闻的内容证明只能用“横渡”，不能用“胜利”。

生 21：我认为不能改。因为“至发电时止西路军的三十五万人已渡过三分之二”，还差 1/3，23 日才可渡完。东路军也是 23 日才能渡完。

师：说得不错。请看课文“至发电时止，该路三十五万人民解放军已渡过三分之二，余部二十三日可渡完”，这是西路军渡江情况。“至发电时止，我东路军已大部渡过南岸，余部二十三日可以渡完。”既然至发电时止渡江任务还没完成，那么新闻稿能在标题中出现“胜利”二字吗？

生（齐）：不能。

师：对。新闻必须具有真实性。（板书：真实性）真实性是新闻的特点之一。

这则新闻写完了先不发表，等着渡江战役胜利了再发，不就可以用“胜利”二字了吗？

生 22：不行。因为全国人民正急于了解渡江战役的进展情况，当毛主席及时的把渡江战役顺利进行的好消息告诉全国人民时，全国人民欢欣鼓舞。如果晚发就没有意义了。

师：对。新闻要体现一个“新”字，要及时地把国内外的大事告诉给全国人民。这是新闻的特点之二，即新闻必须具有及时性。（板书：及时性）

以上我们结合这则新闻研究了新闻的结构和特点。下面请大家从文中选出恰当的词语，概括一下这篇新闻所报道的敌我双方的情况。敌方如何？我方怎样？

生 23：敌人纷纷溃退，我军英勇善战。

生 24：敌人纷纷溃退，我军锐不可当。（众生点头）

师：敌人纷纷溃退，我军锐不可当。谁还有不同意见？（生

不语）看来意见比较集中。谁来解释一下“溃退”？（出示卡片：溃退）

生25：溃退，意思是溃败，狼狈而逃。

师：差不多。

生26：溃退的意思是敌人崩溃了，无作战能力而逃跑。

师：很好。“溃退”的“溃”是大河决堤，河水一下子涌出而不可收拾。退，是后退、败退。这个词在文中的意思是被打垮而败退。

（生记录）

师：谁来解释一下“锐不可当”？（出示卡片：锐不可当）

生27：锐不可当的意思是锐利无比不可抵挡。

师：“锐”，什么意思？

生28：锐利？

师：“当”，什么意思？

生29：抵挡。

师：完全正确。记下来。

（生记录）

师：这则新闻，毛主席不仅报道了敌我双方的情况，而且还就一些情况做了分析。关于分析的内容我们就不研究了。下面大家回顾一下这堂课讲的内容。

这堂课我们讲了新闻的结构，它包括标题、电头、导语和主体。标题是新闻的提要，导语是新闻的概述，主体是新闻的详叙。为了好记请大家抓住“一个语句”“一小段话”和“几段话”这三个要点。

这堂课我们还讲了新闻的两个特点。写新闻要做到真实和及时，否则就失去了新闻的价值和意义。

师：下面检查刚学过的两个词（出示卡片：溃退）

生 30：溃退的意思是被打垮而败退。

师：对。（出示：锐不可当）一起说。

生（齐）：锐利无比不可抵挡。

（下课铃响）

师：对！这堂课我们就上到这里。下课。

附　板书设计

人民解放军百万大军横渡长江

（1949 年 4 月 22 日）

毛泽东

标题	提要	真实
电头		
导语	概述	
主体	详叙	及时

后　记

这本书收录了我 2017 年以来发表的 21 篇文稿，以及我在职时发表的多篇教学实录中的 4 篇。虽然如此，这却是我几十年来对语文教学经反复思考、修正、补充、更新的最新认识，还有经精心设计、多次实践、不断优化、行之有年的教学措施。由于内容涵盖教学理念及其具体实践、钻研教材、教学设计、课堂掌控、教学方法、作文教学等方面，所以它全面解释了我的教学主张和具体做法。可以说，这是我怎样教语文的全面展示。

我之所以能够探索出这一系列行之有效的教学措施，是因为在多年的教学实践中，越来越深刻地领悟到：在进行求新、求变的教学改革实验时，要切切实实地遵循下列三点。

第一，万变不离其宗。宗，宗旨，目的，意图。此处指语文教学的宗旨，即培养学生正确理解和熟练运用祖国语言文字的能力，或曰培养学生的语文素养。求新、求变，不是教学改革的目的，只是教学改革的途径。教学改革的目的就是怎样高质量、高效率地实现语文教学的宗旨。所以，不论是怎样变、怎样改，都不能背离这个宗旨。在设计新的教学环节、教学措施时，凡是与培养学生语文素养无关的事情一律不做。

第二，万变不离其律。律，规律。这里指语文教学的客观规律。任何事物的发展变化，都有其客观规律。遵循客观规律做事，则事半功倍；违反客观规律做事，恐怕就不只是事倍功半了。就语文教学而言，字词句篇、语修逻文，各有规律；理解事物，有认识规律；陈述论说，有表达规律；巩固记忆，有遗忘规律；复习练习，有报酬递减规律；等等。教学改革，不能凭空设想，随心所欲；不能单纯追求形式，标奇立异；必须在遵循客观规律的前提下，开阔视野，锐意创新，这样，才会取得良好的教学效果。

第三，万变不离其效。效，效率。这里说的是语文教学的课堂教学效率。课堂教学效率，即课堂教学中，有效的教学活动在所有教学活动中所占的百分比。这个百分比越高，则教学效率越高。高效率，通俗的说法就是省时，省力，轻负担，高质量。任何改革都是寻求高效率，语文教学改革亦然。所以，省时、高效、减轻学生课业负担，是教学改革的一项硬指标。任何加重学生学习负担的做法，任何不求教学效率的做法，都是不可取的。

以上三点，我是这样认识的，也是这样做的，并且取得了成效。这样的教学实践，更加坚定了我的认识。我相信，坚持这样去做，语文教学一定会取得理想的效果。

上述文字，是我整理本书全部书稿时，想到书中陈述的种种教学举措，还有一些内在的共同点，却尚未撰写，于是，运笔成文，以就教于广大读者。

作者

2018 年 9 月